GESTÃO DE PEQUENAS EMPRESAS

EDMUNDO ESCRIVÃO FILHO
ANA CLÁUDIA FERNANDES TERENCE

GESTÃO DE PEQUENAS EMPRESAS

Prefácio de
Hilka Pelizza Vier Machado

ALTA BOOKS
GRUPO EDITORIAL
Rio de Janeiro, 2025

Gestão de Pequenas Empresas

ISBN:978-85-508-2611-0

Impresso no Brasil — 1ª Edição, 2025 — Edição revisada conforme o Acordo Ortográfico da Língua Portuguesa de 2009.

Dados Internacionais de Catalogação na Publicação (CIP)
(BENITEZ Catalogação Ass. Editorial, MS, Brasil)

E74g
1.ed. Escrivão Filho, Edmundo
Gestão de pequenas empresas / Edmundo Escrivão Filho, Ana Cláudia Fernandes Terence. – 1.ed. – Rio de Janeiro : Alta Books, 2025.
240 p.; 15,7 x 23 cm.

ISBN 978-85-508-2611-0

1. Administração de empresa. 2. Gestão de negócios. 3. Finanças – Planejamento. I. Título.

04-2025/147 CDD 658.3

Índice para catálogo sistemático:
1. Pequenas e médias empresas : Administração 658.3
Aline Graziele Benitez – Bibliotecária – CRB-1/3129

Grupo Editorial Alta Books

Produção Editorial: Grupo Editorial Alta Books
Diretor Editorial: Anderson Vieira
Editor da Obra: J. A. Ruggeri
Vendas Governamentais: Cristiane Mutüs
Gerência Comercial: Claudio Lima

Produtora Editorial: Ana Clara Tambasco
Revisão: Carlos Bacci e Denise Himpel
Diagramação: Rita Motta
Capa: Tatiana Paiva

ALTA BOOKS
GRUPO EDITORIAL

Rua Viúva Cláudio, 291 — Bairro Industrial do Jacaré
CEP: 20.970-031 — Rio de Janeiro (RJ)
Tels.: (21) 3278-8069 / 3278-8419
www.altabooks.com.br — altabooks@altabooks.com.br
Ouvidoria: ouvidoria@altabooks.com.br

Editora **afiliada à:**
ASSOCIADO

*À vida que, tecida de mistérios e
surpresas, proporciona encontros e nos
coloca exatamente onde devemos estar.*

*Ao mestre Edmundo, com respeito,
admiração e amor.*

SOBRE OS ORGANIZADORES

Edmundo Escrivão Filho

Universidade de São Paulo (USP), Escola de Engenharia de São Carlos (EESC) - SP - Brasil.
Professor Associado, Professor Sênior do Departamento de Engenharia de Produção
Doutor em Engenharia de Produção pela Universidade Federal de Santa Catarina (UFSC)

Ana Cláudia Fernandes Terence

Universidade Estadual Paulista "Júlio Mesquita Filho" (UNESP), Faculdade de Ciências e Letras de Araraquara (FCL) SP - Brasil.
Professora Doutora do Departamento de Administração Pública
Doutora em Engenharia de Produção pela Escola de Engenharia de São Carlos (EESC/USP)

AGRADECIMENTOS

Tecer agradecimentos em uma obra diversificada e com tantas contribuições é algo difícil e inevitavelmente injusto com todos aqueles que participaram do desenvolvimento das pesquisas que resultaram nos capítulos desta obra: servidores, professores e colegas de laboratório e disciplinas. Obrigado!

Nossos agradecimentos pelo constante incentivo de nossos familiares e amigos.

À editora Alta Books, nosso reconhecimento pela presteza e profissionalismo na condução de todo o processo editorial.

Agradecemos ao Grupo de Estudos Organizacionais da Pequena Empresa (GEOPE) constituído na Escola de Engenharia de Produção da Universidade de São Paulo, *locus* de discussões, partilhas e conhecimento. Estendemos nossos agradecimentos às instituições de fomento que, direta ou indiretamente, contribuíram para a elaboração das pesquisas.

Somos gratos aos empresários que contribuíram com informações e experiências fundamentais para o desenvolvimento dos estudos que resultaram nos textos desta obra.

Nós, coautores, não poderíamos deixar de agradecer a grande dedicação, competência e carinho demonstrados pela Ana Cláudia no projeto deste livro. Ela é nossa eterna colega, amiga e construtora do GEOPE. Obrigado, Ana.

Em especial, nossa eterna gratidão ao prof. Edmundo Escrivão Filho, pois sem sua vontade e determinação em contribuir com a teoria da pequena empresa não seria possível reunir autores e interesses comuns. Agradecemos por sua amizade, generosidade e conhecimentos essenciais à nossa formação como pesquisadores. Ao nosso mestre, pela desmedida dedicação e amor ao ensinar, nosso muito obrigado.

SUMÁRIO

PARTE DOIS

ASPECTOS ORGANIZACIONAIS E CONTEMPORÂNEOS DE GESTÃO DA PEQUENA EMPRESA

PREFÁCIO

Hilka Pelizza Vier Machado

Escrevo na condição de observadora. Observadora desta obra singular que traz consigo a história e a trajetória dos professores Edmundo e Ana Cláudia. Eles, sabiamente, recolheram olhares distintos sobre pequenas empresas, em busca de discussões à margem de visões pautadas sobretudo na racionalidade econômica. Ao contrário, as abordagens encontradas nesta obra vão ao encontro de compreensões mais próximas da realidade cotidiana de pequenas empresas. O professor Edmundo, ao longo de anos, construiu um espaço de discussão da gestão de pequenas empresas, extremamente valioso e necessário para estudar esse tipo de empresas no contexto brasileiro e parte de suas ideias se cristalizam nessa obra.

Ainda enquanto observadora, mas observadora de pequenas empresas, trilho com entusiasmo os desafios do campo e coleciono experiências no contato com empreendedoras e empreendedores de pequenas empresas. De fato, não é possível compreender a dinâmica de um pequeno negócio senão de forma conjunta entre dirigente e empreendimento. Meu contato com as experiências de Cora Tsouflidou, no Canadá, foi determinante para enxergar os pequenos negócios como extensão dos dramas, dilemas e sonhos de quem inicia e gerencia um pequeno negócio.[2:7] Isso sugere que teorias pautadas na impessoalidade das organizações não se justificam para estudar a gestão de negócios de pequeno porte, pois ela é influenciada pela expressão emocional[4] e por lógicas singulares de desenvolvimento.[5:6]

A coleção de capítulos reunida nesta obra científica oferece-nos a oportunidade de refletir sobre a construção, sobrevivência e mortalidade de pequenos empreendimentos com foco nas particularidades deles. Isso ocorre desde o primeiro capítulo, no qual os pesquisadores Edmundo Escrivão Filho, Ana Cláudia Fernandes Terence e Fábio Müller Guerrini abordam, em profundidade, a natureza de pequenas empresas. Eles chamam a atenção para o desenvolvimento desses empreendimentos que, na sua maior parte permanecem pequenos e, em geral, não crescem de forma linear. A informalidade e a proximidade são, na realidade, triunfos para essas empresas, que conservam a "cultura da cozinha".[1] Os autores ressaltam a necessidade de olharmos essas empresas a partir de um ângulo qualitativo, o que propicia a identificação de valores diversos criados por esses negócios, que são amplos e não se restringem a valores econômicos. Por vezes invisíveis, as pequenas e médias empresas (PMEs) agitam economias e mercados. Para estudá-las, os autores deste capítulo sugerem concentração em três variáveis principais: organizacionais, decisionais e individuais. Com isso, em síntese, este capítulo inicial apresenta uma contribuição relevante para observar o cenário desses negócios e oferece lentes analíticas para os capítulos seguintes.

Nos capítulos subsequentes, especificamente no segundo, terceiro, quarto, quinto e sexto, os autores Jair de Oliveira, Ana Cláudia Fernandes Terence; Daniela Rosim; Luiz Philippsen Junior; Luiz Fernando Soares Zuin, Murilo Mesquita Baesso, Fernando de Lima Caneppele, Edmundo Escrivão Filho; Kristiane Cêra Carvalho e Edmundo Escrivão Filho descrevem o papel do dirigente, abordando-o sob diversos ângulos que contemplam o processo administrativo e empreendedor, o papel do dirigente, sua racionalidade e o agir comunicacional. O primeiro desses capítulos tem como foco o dirigente e o processo administrativo. Os autores lembram que, embora o dirigente, por vezes, não realize um planejamento estruturado, a ação racional substantiva está presente e ele pensa no futuro da empresa, "planeja seu dia, sua semana de trabalho", ainda que de "modo intuitivo". De acordo com os autores, o dirigente não apenas planeja, mas também organiza, lidera e controla as atividades. No Capítulo 3, a autora desenvolve um pensamento em torno de papéis administrativos e utiliza a abordagem dos papéis de Henry Mintzberg para compará-la com as atividades do dirigente que "faz tudo". No relato de pesquisa realizada, a autora concluiu que os papéis do tipo informacional e decisional foram mais frequentes do que os papéis relacionais. Esse resultado pode prejudicar o desenvolvimento do empreendimento, uma vez que as relações podem influenciar o sucesso,[3] mas, por outro lado, ele pode ser explicado à luz do efeito "faz tudo", que resulta na falta de tempo para a construção de relacionamentos. Prosseguindo, no Capítulo 4, o autor centra o debate no desempenho do dirigente face ao processo empreendedor. Para o autor, a pequena empresa "não pode ser dissociada das motivações e ações realizadas por seu ator principal: o dirigente-proprietário", que projeta a imagem do negócio no futuro. Segundo o autor, as PMEs têm especificidades e são heterogêneas, requerendo uma visão específica do processo. Ele sugere que o processo seja analisado a partir das seguintes fases: visão, criação de uma arquitetura do negócio, animação, monitoramento, e aprendizagem. Por fim, os autores do quinto capítulo nos convidam a pensar o dirigente da pequena empresa a partir de duas óticas, a da alteridade e a da ação dialógica. Alicerçados nos pressupostos de Bakhtin, eles discutem a singularidade da gestão e a importância da base dialógica. Para os autores, a comunicação dialógica busca "um novo sentido compartilhado e próximo" que emerge da diferença dos sentidos apresentados na interação. Em oposição ao narcisismo, por ora valorizado na figura do empreendedor, eles contrapõem a valorização da alteridade e de "variadas vozes" na produção de "variadas estratégias". Já o Capítulo 6, de autoria de Kristiane e Edmundo, apresenta uma reflexão sobre a racionalidade da gestão das pequenas empresas. Confrontando as abordagens da racionalidade econômica (Weber) e da racionalidade substantiva (Guerreiro Ramos), os autores ponderam que, desde a decisão de abrir um empreendimento a ação do dirigente da pequena empresa é uma escolha substantiva na medida em que se pauta em valores de liberdade e autonomia. Por outro lado, sem alternativas de sobrevivência, outros indivíduos são empurrados pelo mercado a criar seus empreendimentos.

Diversos ângulos são apontados pelos autores para evidenciar a predominância de racionalidade substantiva e os contextos que a demarcam, como é o caso da empresa familiar.

Na sequência, o Capítulo 7, de Alexandre Farias Albuquerque, traz como contribuição um conjunto de reflexões acerca de seus estudos em torno do tema mortalidade de PMEs. O autor parte de uma discussão teórica que rompe com a premissa de que as empresas nascem, crescem e morrem, na medida em que muitas morrem em diferentes estágios — gênese, existência inicial, sobrevivência e crescimento. Contudo, o autor salienta que a mortalidade predomina nos estágios de existência e sobrevivência. Além disso, a abordagem do autor demonstra que a mortalidade desse tipo de negócio não deve ser vista como uma ação fracassada do empreendedor, pois fatores associados ao contexto e à organização também foram identificados como causas de mortalidade de pequenas empresas. Em síntese, o capítulo aponta para a necessidade de estudar a mortalidade de pequenos negócios a partir de perspectivas multidimensionais e multitemporais.

Os autores Tiago Fernando Musetti e Sergio Perussi Filho, no Capítulo 8, lançam um olhar para o ambiente externo das PE. O foco central da abordagem trazida pelos autores é o monitoramento do ambiente externo. Há necessidade de que esse monitoramento seja feito de forma constante pelas empresas, pois, segundo os autores, o ambiente externo emite continuamente sinais que podem constituir riscos ou oportunidades para pequenos negócios. Diferentes tipos de variáveis podem ser monitoradas, entre elas as demográficas, ambientais, tecnológicas, socioculturais, entre outras. Elas sinalizam mudanças no ambiente que podem apresentar oportunidades para as empresas ampliarem seus recursos e capacidades.

O tema do planejamento estratégico é discutido no Capítulo 9, pelos autores Ana Cláudia Fernandes Terence e Jair de Oliveira. Os autores comentam que diferentes concepções de estratégia são passíveis de guiar um planejamento empresarial. Eles sugerem um roteiro formalizado para nortear o planejamento estratégico de pequenas empresas, o qual, constituído por seis etapas, tem início com a conscientização do dirigente e se encerra com a apresentação do plano formal. Apontam os autores a relevância de o planejamento se constituir em um processo compartilhado e conter estratégias deliberadas e emergentes.

O Capítulo 10 é dedicado ao tema gestão de pequenas empresas familiares. Márcia Freire de Oliveira, Luiz Ricardo Kabbach de Castro, Mariana Martins Meirelles, Andrea Costa Van Herk Vasconcelos e Vivian Duarte Couto Fernandes tecem considerações sobre governança e sucessão de empresas familiares. A partir do modelo de três ciclos de Gersick, os autores abordam o entrelaçamento de empresa, família e gestão e detalham a estrutura de um plano de governança. Nota-se, ao longo da discussão, a delicada relação entre sucessores e/ou sucessoras e sucedidos e/ou sucedidas. A relevância deste tema está associada à ameaça de muitas empresas familiares descontinuarem suas atividades por falta de sucessores/sucessoras ou por um processo mal estruturado.

Outro tema expressivo nesta obra é a inovação em pequenas empresas. Antonio Iacono e Marcelo Seido Nagano discorrem, no Capítulo 11, sobre a gestão da inovação nessas empresas, e, com base em um panorama teórico da inovação, sugerem elementos para compor estratégias de inovação em PMEs. Enquanto esses autores focam a estratégia associada à inovação, Marcelo Caetano Oliveira Alves descreve, no Capítulo 12, a cultura da inovação em empresas pequenas. O autor chama a atenção para a importância de valorização de uma cultura centrada na criação e no processo criativo contínuo. Para isso, incentivos à aprendizagem e capacitação precisam estar presentes, além do estímulo à integração de áreas e pessoas e da estratégia de conectar as pessoas, entre outros aspectos fomentadores de uma cultura focada na inovação. Prosseguindo neste tema, Tiago Fernando Musetti e Sergio Perussi Filho especificam, no Capítulo 13, a abordagem para a inovação em pequenas empresas de base tecnológica, salientando aspectos da ciência, tecnologia e inovação como basilares para essas empresas intensivas em conhecimento atuarem no mercado. Também associada à inovação, a discussão promovida por Giovana Escrivão e Sergio Luís da Silva, no Capítulo 14, instiga-nos a pensar a criação, retenção, compartilhamento e transformação do conhecimento em pequenas empresas, as quais podem contar com conhecimentos variados, tais como humano, social e estruturado; além de tácito ou explícito, individual, coletivo, codificado e não codificado. O desafio da gestão do conhecimento nessas empresas está associado à vulnerabilidade delas para reter e perder conhecimento, assim como ao desafio de construir uma cultura de conhecimento. Por outro lado, essas empresas apresentam um contexto favorável à produção do conhecimento pela flexibilidade e proximidade.

O encerramento da obra transcorre com o Capítulo 15, de autoria de Paulo Sérgio Martins, Edmundo Escrivão Filho, Marcelo Nagano e Sérgio Azevedo Fonseca, em torno da relevante temática da gestão ambiental em pequenas empresas. Alertando para o impacto negativo provocado por empresas desse tipo e pela reduzida adoção de medidas ambientais tomadas por elas, esses autores sugerem uma gama de fatores capazes de induzir um processo de gestão ambiental no contexto dessas empresas, apesar das barreiras existentes, as quais são por eles arroladas.

Esse conjunto de olhares sobre pequenos negócios reflete o esforço de pesquisadores para construir uma visão da gestão de pequenas empresas para além de uma gestão baseada na impessoalidade. Dessa forma, aliar a visão de observadores e observados contribui para fugir das amarras de uma gestão padronizada e nos induz à apreciação da grandeza do pequeno negócio. Embora os assuntos apresentados nesta obra não esgotem as possíveis temáticas da gestão de pequenos negócios, eles constituem um valioso chamamento para o estudo e observação dessas questões.

REFERÊNCIAS

[1] BIRLEY, S.; MUZYKA, D. F. **Dominando os desafios do empreendedor**. São Paulo: Makron Books, 2001.

[2] CARDINAL, J. **De Cora à Cora Déjeuners une biographie**. Presses de l'Université du Québec, 2014.

[3] FILION, L. J. **Vision et relations: clefs du succès de l'entrepreneur**. Les éditions de l'entrepreneur. Montréal, 1991.

[4] MACHADO, H. V. Expressão emocional no exercício da atividade empreendedora por mulheres. **Organização & Sociedade**, v.13, n.38, 2006. https://doi.org/10.1590/S1984-92302006000300004.

[5] MACHADO, H. P. V. Crescimento de Empresas na Perspectiva de Pequenos Empreendedores de Base Tecnológica. **Revista de Administração Contemporânea**, v. 22, n. 6, pp. 817-840, 2018 http://doi.org/10.1590/1982-7849rac2018170255.

[6] MACHADO, H. P. V., GAIOTTO, S. V., & MACHADO, M. R. Growth and social entrepreneurs: the challenge of conciliating economic and social values. **Revista de Gestão**, 28 n. 1, pp. 2-22, 2021 10.1108/REGE-02-2019-0033.

[7] TSOUFLIDOU, C. **Entre le Soleil et moi**. Marcel Broquet: Saint-Sauver, Québec, 2011.

PARTE UM

O DIRIGENTE DA PEQUENA EMPRESA

CAPÍTULO 1

A PEQUENA EMPRESA NÃO É UMA GRANDE EMPRESA EM MINIATURA:

É PRECISO RECONHECER SEU DNA, SUAS CARACTERÍSTICAS TÍPICAS

Edmundo Escrivão Filho

Ana Cláudia Fernandes Terence

Fábio Müller Guerrini

O texto inicia sua argumentação com a localização histórica do papel da pequena empresa na economia, na sociedade e nos estudos acadêmicos. Embora dominante até o final do século XIX na economia, a pequena empresa, no período de 1870-1970, foi "desprezada" pela sociedade e "desprestigiada" nos estudos em razão do constante crescimento das grandes empresas. Esse cenário gerou um entendimento, a partir dos estudos, de que não valia a pena analisar em profundidade as pequenas empresas.

Cessado o crescimento das grandes empresas, e em virtude da reestruturação e corte de pessoal decorrentes do impacto causado pelos computadores, a pequena empresa tornou-se a esperança dos governos em barrar a onda de desemprego mundial. Nesse período há um reconhecimento pela revalorização das pequenas empresas; nos estudos, alguns pesquisadores se "rebelam" contra a posição de tratar pequenas e grandes empresas como tendo a mesma natureza.

O interesse dos governos na contribuição e importância da pequena empresa para a sociedade leva a uma questão fundamental: como classificar a pequena empresa? Se o apoio dos governos deve ser direcionado para as pequenas, então é preciso saber o que é pequeno. Surgem as classificações quantitativas das empresas, permitindo separá-las por porte. Logo as características quantitativas trouxeram uma insatisfação, pois certos aspectos gerenciais não eram revelados por essas classificações.

Surge, então, a classificação qualitativa com o propósito de revelar características típicas da pequena empresa, como o estilo de gestão, a capacidade de planejar, o aproveitamento de oportunidades de negócios, a liderança de pessoas, mas também de forma a diferenciá-la da grande empresa. A pequena empresa é muito mais centrada na pessoa de seu dirigente, e a grande empresa depende de seus sistemas.

Os primeiros passos da classificação qualitativa foram seguidos por uma exploração dos estudos do ciclo de vida das organizações; ainda que esses modelos não estivessem preocupados com as pequenas empresas, eles propiciaram aos pesquisadores se dedicarem aos estágios iniciais da descrição de desenvolvimento (ou crescimento) das organizações e identificarem ali características apropriadas à descrição das pequenas empresas.

O passo seguinte foi denominar esse conjunto de características típicas da pequena empresa como especificidades da pequena empresa e lutar por um espaço legítimo de estudo e pesquisa nas universidades. Evidentemente, o resultado desejado desse esforço não é simplesmente reconhecimento acadêmico: o que esses pesquisadores desejam é identificar essas características para ajudar os dirigentes de pequenas empresas a obter maior sucesso e promover o desenvolvimento econômico e social local, não entrar nas estatísticas da mortalidade de empresas. E, também, ajudar os governos a terem políticas públicas de maior eficácia no apoio à pequena empresa.

REVALORIZAÇÃO DA PEQUENA EMPRESA NA DÉCADA DE 1980

A pequena empresa se tornou, ao final do século XX, imagem idílica do século anterior, quando os autores clássicos da economia descreviam um mercado de concorrência perfeita e a atuação da pequena empresa era amplamente valorizada pela sociedade. Até a década de 1980, a pequena não mereceu atenção dos acadêmicos a ponto de se preocuparem em formular conceitos apropriados à sua realidade. Eram rotuladas de "pequena grande empresa" por serem uma grande em natureza, mas ainda não em tamanho; assim, elas dispensavam uma preocupação teórica.

"As pequenas empresas tendem a desaparecer"[16] em vista da burocratização dos sistemas sociais (como a grande empresa e o Estado moderno) e do desaparecimento daqueles sistemas que não sofreram tal transformação, como a tribo, o clã e o feudo, por exemplo. Evidentemente, aquelas pessoas que não viveram o período pós-guerra (1950-1980) terão dificuldade em avaliar que o registro dos professores simplesmente refletiu o "espírito da época" e não um erro de previsão.

No século XIX, a base econômica era formada por um grande número de pequenas empresas, fornecendo elementos para a teorização da economia clássica e sua descrição da "mão invisível" do mercado para coordená-las na oferta e procura. A partir de 1870, convencionou-se denominar este contexto de capitalismo monopolista em razão do aumento do tamanho das empresas e do controle que elas passaram a exercer na economia. O tamanho médio das unidades empresariais continuou a aumentar até o início da década de 1970, com destaque para as empresas situadas na Inglaterra e nos Estados Unidos.

O pensamento no período 1870-1970 era que a pequena empresa tendia a desaparecer e ceder lugar à empresa grande. O grande inimigo dos pequenos é o que poderíamos chamar de "cultura do grande", isto é, o condicionamento de novas elites a lidar com os grandes empreendimentos, de feição oligopolista, caracterizando a "síndrome do faraonismo".[14]

O papel adquirido pelas pequenas empresas a partir do choque dos preços do petróleo em 1973 foi inesperado.[26] Antes das dimensões das fábricas começarem a encolher na década de 1970, muitas instalações industriais eram operadas em uma escala maior do que a ótima. Havia uma idolatria quase universal ao gigantismo. O economista britânico Schumacher ressaltava a necessidade de insistir nas virtudes da pequenez, onde fosse razoável aplicá-la.[22]

No século XX, até a década de 1980, a ideia de que as pequenas empresas pudessem ser vistas como a explicação para a regeneração econômica, como o caminho para o crescimento renovado do emprego e para a luta contra o desemprego em massa, poderia parecer, nessa época, excêntrica ou mesmo absurda. Foi a partir de 1990 que tal visão começou a parecer muito menos artificial.[13]

Esse período, denominado de "renascimento das pequenas e médias empresas", caracteriza-se por: mudança na economia, associada à tendência à segmentação de uma parte crescente dos mercados; novas aspirações dos trabalhadores por informalidade; capacidade das novas tecnologias informatizadas em atender às necessidades da pequena escala; críticas à economia de escala, pois já se sabe ter sido alcançado o ponto da deseconomia de escala no estresse dos funcionários e nos custos de controle, além da perda de qualidade de vida nas grandes cidades; e causas específicas, como a entrada das mulheres em pequenos negócios no setor de serviços com horários flexíveis.[8]

A maior participação das pequenas empresas na sustentação dos empregos e o clima favorável à obtenção do próprio negócio geraram "um entusiasmado abraço dos economistas ortodoxos à ideia do novo empreendedorismo". O debate sobre a pequena e média empresa "não pode ser levado pelo entusiasmo descontrolado nem pelo ceticismo completo". O reconhecimento exato da importância da pequena empresa pode ser construído com a colaboração da pesquisa acadêmica.[13]

Na Europa, a Organização para a Cooperação e Desenvolvimento Econômico (OCDE) concluiu, em 1985, uma tendência de vários estados-membros em reconhecer a concentração de empregos na pequena empresa. Diversos políticos passaram a recomendar apoio via financiamento às empresas desse porte. Portanto, a questão é saber: O que é uma pequena empresa?

CLASSIFICAÇÃO QUANTITATIVA DAS EMPRESAS

As iniciativas governamentais, desde o período após a Segunda Guerra Mundial (início da década de 1950), de apoiar a pequena empresa enfrentaram dificuldade em defini-la. Não há consenso no mundo sobre o que seja pequena empresa; os critérios utilizados são bastante diversos. Entre aqueles que desejam reconhecer a natureza diferente da pequena, em relação à grande, há um esforço de construir critérios qualitativos de classificação. Tais critérios não são simples, ainda demandam muita pesquisa, reflexão e debate.

Estudos sobre a classificação e a definição do porte das empresas surgiram na década de 1950 com o propósito de determinar o grau de fragilidade dessas empresas e as modalidades de apoio. Os programas de apoio à pequena empresa surgem como um problema do pós-guerra — de um lado, as grandes empresas se agigantavam e traziam o perigo da formação de monopólios; de outro, ocorria a reentrada no mercado de trabalho de um contingente de mão de obra até então envolvido no esforço de guerra. Aos governos cabia incentivar o autoemprego, garantir um mercado competitivo e estimular as vocações empresariais.[27]

Nos Estados Unidos, em 1953, o governo tomou para si a responsabilidade de defender e assistir os pequenos empreendimentos. Surge, assim, a *Small Business Administration* (SBA) e, com ela, um amplo conjunto de benefícios para esse segmento empresarial, as políticas públicas de apoio e fomento ao pequeno negócio.[23]

Pode-se pensar que tal iniciativa estivesse fundamentada em uma bem delineada classificação e definição de pequena empresa, o que não era verdade, pois a própria SBA, 25 anos após sua criação, se ressentia da falta de critérios racionais e objetivos para definir a pequena empresa; predominava a definição de classificar "não grande" as empresas com até 500 trabalhadores.[27]

O início da política governamental brasileira de apoio à pequena empresa ocorreu em 1964, quando o então BNDE, atual BNDES, instituiu o Programa de Financiamento à Pequena e Média Empresa (FIPEME). Em julho de 1972, por iniciativa do BNDE e Ministério do Planejamento, é criado o Centro Brasileiro de Assistência Gerencial à Pequena Empresa (CEBRAE). A primeira medida legal estabelecendo tratamento especial às empresas de pequeno porte foi o Estatuto da Microempresa em 1984. A Constituição Federal de 1988 estabeleceu marcos legais fundamentais nos artigos 146, 170 e 179. Em outubro de 1990, o CEBRAE transformou-se em Serviço Brasileiro de Apoio às Micro e Pequenas Empresas (SEBRAE). Em 1994, um segundo estatuto da microempresa foi aprovado, mas não resultou na regulamentação dos benefícios. Só em 1996 a aprovação do Sistema Integrado de Pagamento de Impostos e Contribuições (SIMPLES) incluiu a pequena empresa e ampliou os benefícios.

Considera-se um marco fundamental no reconhecimento da pequena empresa no Brasil a promulgação da "Lei Geral das Micro e Pequenas Empresas". Com o objetivo de aprimorar o ambiente de negócios, foi publicada, em 14 de dezembro de 2006, a Lei Complementar Nº 123/2006, conhecida como Lei Geral das Microempresas e Empresas de Pequeno Porte. A lei traz em seus dispositivos uma série de diretrizes que buscam a efetivação e garantia do tratamento diferenciado e favorecido à microempresa (ME) e à empresa de pequeno porte (EPP), previsto no Artigo 146 da Constituição Federal. Por meio da Lei Geral, foi instituído o regime tributário específico para o segmento, com redução da carga de impostos e simplificação dos processos de cálculo e recolhimento, que é o Simples Nacional. Além disso, a lei prevê benefícios para as pequenas empresas em diversos aspectos do dia a dia, como simplificação e desburocratização; facilidades para acesso ao mercado, ao crédito e à justiça; e estímulo à inovação e à exportação.[23]

Portanto, existe um regime de tratamento especial para a pequena empresa, mas a questão para o legislador é saber exatamente o que é uma pequena empresa. Um dos problemas presentes nos estudos sobre pequena e média empresa é o da definição ou classificação do que seja uma pequena empresa.[20] Há um amplo reconhecimento de que não existe uniformidade para classificar as empresas,[10:20:27] provavelmente decorrente de o objeto de estudo denominado pequena empresa ter como traço mais flagrante a extrema heterogeneidade.[11] Chamar de pequena empresa todas as empresas que não forem grandes coloca em uma mesma categoria elementos muito diferentes.

No entanto, não se pode cair na inação porque, em certa medida, o problema da indefinição da pequena empresa assume, em muitos casos, características de um falso problema, uma vez que, apesar da ausência de uma categorização unívoca, as agências [governamentais e de apoio] estabelecem e redefinem critérios para distinguir as empresas grandes das não grandes.[27]

No esforço de estabelecer uma classificação das empresas, o critério em geral utilizado é o quantitativo,[10] um critério econômico, com os medidores financeiros amplamente empregados como faturamento, vendas, patrimônio líquido, receita bruta, receita operacional, ativo fixo e investimento.[27]

A classificação de porte de empresa adotada pelo Banco Nacional de Desenvolvimento Econômico e Social (BNDES), ilustrada no quadro 1, é um exemplo de critério quantitativo e utiliza uma variável financeira, a receita operacional bruta anual, aplicada indistintamente à indústria, comércio e serviços para efeito de enquadramento nas condições de financiamento de todos os Programas do Banco que estabelecem a classificação de porte.

Quadro 1 » Classificação de porte de empresa do BNDES[1]

Porte	Receita operacional bruta anual
Microempresa	até R$360 mil
Pequena Empresa	de R$360 mil a R$4,8 milhões
Média Empresa	de R$4,8 milhões a R$300 milhões
Grande Empresa	acima de R$300 milhões

Outra classificação quantitativa de grande importância para as pequenas empresas, baseada em variável financeira, é o regime simplificado de tributação, o SIMPLES, criado em 2006 pela Lei Complementar 123, voltado para as micro e pequenas empresas, incluindo os microempreendedores individuais (MEI), com o objetivo de reduzir a burocracia e os custos dos empresários, criando um sistema unificado de recolhimento de tributos e simplificando declarações, entre outras facilidades. O critério utilizado é o faturamento, mas existem outras condições que precisam ser atendidas: não haver outra empresa no quadro societário (apenas pessoas físicas podem ser sócias) e uma pessoa física não pode ser sócia de outra empresa, entre outras condições.

Quadro 2 » Enquadramento no Simples Nacional[24]

Porte	Faturamento nos últimos 12 meses
Microempresa (ME)	até R$360 mil
Empresa de Pequeno Porte (EPP):	de R$360 mil a R$4,8 milhões

Ressalte-se que o critério mais utilizado é o de número de empregados, aparecendo ora isoladamente, ora em conjunto com uma variável financeira,[27] e pode ser classificado como um critério econômico-social pelas indicações que oferece dos problemas sociais de absorção de mão de obra, nível de renda e produtividade.[10] O SEBRAE faz uma combinação do número de pessoal ocupado na empresa com o do setor (quadro 3).

A problemática de classificação das pequenas empresas é mundial.[27] Não há uma uniformidade em classificar as empresas, em geral, e definir pequena empresa, em particular. Com referência aos Estados Unidos, o site da *SBA - Small Business Administration* exibe uma complexa tabela envolvendo número de funcionários, faturamento e setor;[21] grosso modo, vale a "regra dos 500", isto é, para fins de pesquisa o SBA classifica empresas com menos de 500 empregados como pequenas.[12; 21]

Quadro 3 » Porte de empresa de acordo com o número de pessoas ocupadas[24]

Porte	Indústria	Comércio e Serviços
Microempresa	até 19	até 09
Pequena Empresa	de 20 a 99	de 10 a 49
Média Empresa	de 100 a 499	de 50 a 99
Grande Empresa	acima de 499	acima de 99

CLASSIFICAÇÃO QUALITATIVA DAS EMPRESAS

O desejo de usar critérios qualitativos para classificar o porte das empresas e, consequentemente, alcançar uma definição de pequena empresa surge de uma insatisfação dos resultados obtidos com os critérios quantitativos. Os critérios convencionais, tais como número de empregados ou valor do faturamento, se mostram insuficientes, e mesmo índices baseados em capital social, patrimônio líquido e investimentos em ativos fixos não permitem o estabelecimento de categorias adequadas.[20] Considera-se, portanto, que os critérios qualitativos apresentam uma imagem mais fiel das empresas, uma vez que tocam, essencialmente, em sua estrutura interna, em sua organização e nos estilos de gestão.[10]

A busca por critérios qualitativos para definir a pequena empresa praticamente congrega os pesquisadores que criticam a elaboração da Teoria Administrativa baseada somente em grandes empresas.[3] A visão da construção da Teoria excluindo as características típicas das pequenas deu origem ao denominado paradigma da "pequena grande empresa", ou seja, uma pequena empresa é uma grande em natureza que ainda não cresceu e, portanto, irá crescer (ou fechar dada a alta taxa de mortalidade). Nessa concepção, questiona-se: Para que gastar tempo em fazer uma "Teoria" da pequena empresa?

Alguns autores se inseriram neste questionamento alegando que: 1) crianças não são pequenos adultos, assim, pequena empresa necessita de sua própria teoria organizacional;[3] 2) elas são similares no título, mas uma pequena empresa não é uma grande empresa.[28] Se concordamos que a pequena unidade não representa ou reproduz as características de uma grande, e esta tampouco é a somatória de muitas pequenas unidades, somos levados a admitir que a passagem de uma dimensão para outra (de pequena para média, para grande) provoca mudanças qualitativas na estrutura da empresa.[19]

Uma nova perspectiva para o estudo da pequena empresa seria considerá-la consistente com os relacionamentos pessoais existentes na família. Com isso, pode-se dizer que a compreensão dos relacionamentos na família é mais útil ao administrador da pequena empresa do que estudar princípios da grande empresa, que são "óculos" que deformam a visão da realidade dos pequenos negócios. Esta sugestão é coerente e mostra a preocupação com conceitos de estrutura, tomada de decisão, autoridade, informações etc. Talvez este seja um dos aspectos para compor a "Teoria" da pequena empresa.[3]

A partir desses questionamentos, pode-se definir critérios qualitativos para classificar a pequena empresa, tais como:[27]

- identidade entre a propriedade e a gestão diária da empresa;
- vínculo estreito entre a família e a empresa;
- independência em relação às grandes empresas;
- posição central do empresário, o responsável pela condução das atividades da empresa em todos os seus aspectos;
- disponibilidade reduzida de recursos financeiros;
- dificuldade de acesso ao mercado financeiro;
- alta dependência ante os fornecedores, concorrentes e clientes;
- caráter pessoal das relações com o cliente;
- procedimentos, em geral, intensivos em mão de obra;
- trabalhadores não qualificados e em número reduzido.

A preocupação nos últimos anos com a pequena empresa gerou o desenvolvimento de pesquisas empíricas e científicas de sistematização e aperfeiçoamento dos aspectos qualitativos das pequenas empresas.

CICLO DE DESENVOLVIMENTO DAS ORGANIZAÇÕES

Os estudos do ciclo de vida das organizações podem esclarecer aspectos úteis para a administração, principalmente aqueles relacionados às empresas novas (pequenas empresas). No entanto, os modelos existentes são limitados por relacionarem inexoravelmente tamanho à idade em uma evolução linear, pois em sua maior parte as pequenas e médias empresas permanecem sempre pequenas, mesmo após 50 ou 100 anos.[8] Um ponto nevrálgico dos modelos do ciclo de vida, até hoje não levado a sério na pesquisa científica, é o de que o tempo calendário e o tempo organizacional não são necessariamente idênticos. Organizações frequentemente têm ritmos e ciclos bastante independentes de sua idade cronológica.[9]

Nesses estudos de ciclo de vida, os autores sugerem que mudanças ocorram nas organizações seguindo um padrão previsível que pode ser caracterizado por estágios de desenvolvimento.[18] E, em consequência, se o crescimento é para ocorrer, então a principal implicação de cada estágio é que as ações da administração são estritamente prescritas pelo modelo.[15]

Há vários modelos de desenvolvimento (ou ciclo de vida) das organizações. O modelo proposto por Greiner, publicado pela primeira vez em 1972, é uma contribuição pioneira no campo ainda considerado muito útil para o entendimento dos problemas relacionados com o crescimento.[7:15] Para construir seu modelo, Greiner estabelece cinco dimensões principais: idade da organização, tamanho da organização, estágios de evolução, estágios de revolução e crescimento da indústria. As cinco dimensões são estruturantes na representação da figura 1.

Apesar de a proposição expressar um desenvolvimento linear das empresas, de crescimento permanente, sem rotas alternativas e destino definido, o autor faz algumas observações:[6]

1. Poucas empresas passam por todos estágios, a maioria irá à falência e outras deixarão de existir, pois serão adquiridas por outras empresas em fases mais avançadas.
2. A transição de um estágio para outro não é límpida; há sempre um período de sobreposição.
3. A descrição dos cinco estágios admite pensar na existência de minifases dentro de cada estágio, algo não feito neste modelo mas aberto a tal possibilidade; na reedição do artigo em 1998, o autor sugeriu um sexto estágio no nível interorganizacional com a

possibilidade da criação de empresa *holding* ou na transformação da empresa em rede.

4. O modelo é um simples esboço das dificuldades enfrentadas pela administração ao lidar com o crescimento.

Figura 1 » Ciclo de vida das organizações[6]

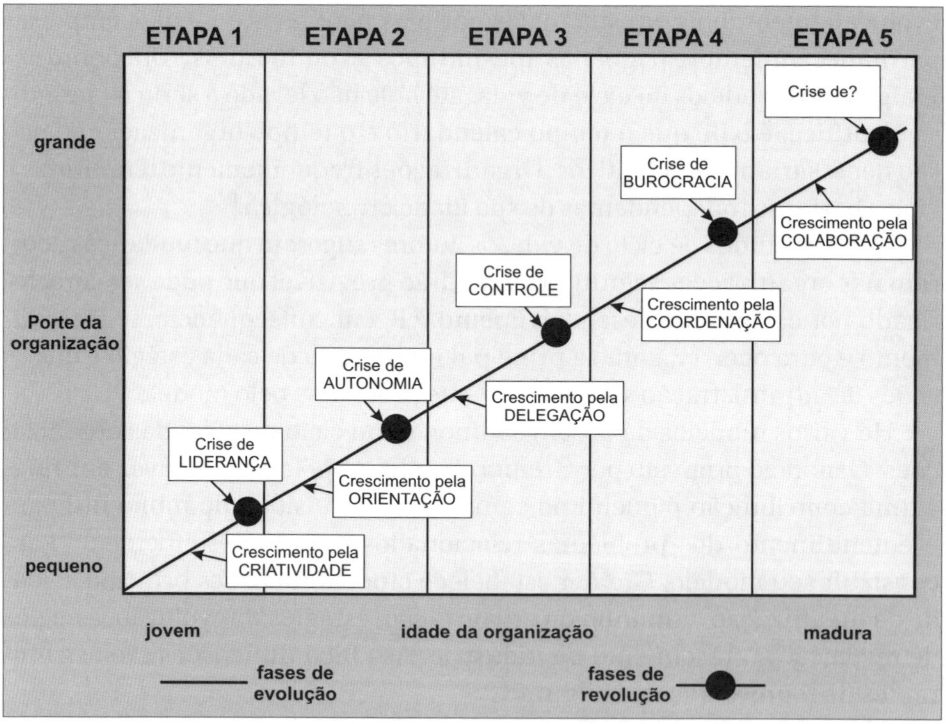

Além de alguns pressupostos já assinalados acerca do modelo, há uma proposta pendular entre centralização e descentralização. Os estágios ímpares — criatividade, delegação e colaboração — descrevem soluções de descentralização; os estágios pares — direção, coordenação e *holding* — descrevem soluções de centralização. O estudo de Greiner é teórico, não apresenta nenhum dado empírico a favor de sua proposição.

CARACTERÍSTICAS DAS ORGANIZAÇÕES NAS FASES INICIAIS DO CICLO DE DESENVOLVIMENTO

Destacam-se alguns aspectos administrativos característicos dos três estágios iniciais do desenvolvimento:[25]

- no estágio I, supervisão direta, o empresário é um proprietário-trabalhador e não tem habilidades administrativas. Seu papel de líder deriva da propriedade e não de sua capacidade de liderar.
- no estágio II, supervisor de supervisores, o empresário agora é um administrador, mostrou capacidade de delegar e criar níveis hierárquicos de supervisão; portanto, agora é um supervisor de supervisores.
- no estágio III, controle indireto, a descrição parece escapar de uma pequena empresa. O indicativo do estágio seguinte (não apresentado) de organização divisional, e pelo histórico desse conceito, refere-se a uma organização muito grande, o que foge aos propósitos do argumento aqui em construção.

Um novo empreendimento não nasce desenvolvido, maduro; ao contrário, cada peça do negócio vai sendo construída e testada passo a passo pelos vários estágios de crescimento.[5] A ideia de negócio, determinante para os novos empreendimentos, consiste no mercado atendido, nos produtos oferecidos, nos recursos necessários e na organização desses elementos. A viabilidade técnica é testada no primeiro estágio; no estágio seguinte, a viabilidade da manufatura é posta à prova; em seguida, a perspectiva de venda é verificada. A maioria dos novos empreendimentos não passa no teste de montar o negócio, pois a ideia de negócio encontra limites que não permitem integrar a peça e manter o funcionamento. Os limites primários são os recursos, o tecnológico, o mercado e o organizacional.

Uma das razões pelas quais os limites organizacionais são tão difíceis de superar é que há muitas peças na constituição da Organização.[5] A primeira implicação é que essas peças organizacionais são conectadas uma à outra; consequentemente, uma alteração em uma provoca mudança em outra. Se os empreendimentos não surgem prontos, mas se desenvolvem através dos estágios de crescimento, é esperado que "peças organizacionais" se alterem e a incongruência de alguma(s) peça(s) pode determinar o fracasso do empreendimento. O dirigente deve ser capaz de adequar as peças nessa movimentação pelos estágios de forma a eliminar a restrição organizacional ao desenvolvimento desses empreendimentos.

Há críticas aos modelos de ciclo de vida organizacional pela sua inadequação às pequenas empresas, uma vez que eles:[2]

- assumem que a empresa deve crescer e passar através de todos os estágios de desenvolvimento ou morrer na tentativa;
- falham em capturar a importância dos primeiros estágios na origem e crescimento da empresa;
- caracterizam o tamanho da empresa pelas vendas anuais e esquecem outros fatores.

Cada estágio é uma combinação de tamanho, diversidade e complexidade, acrescentada de cinco fatores administrativos: estilo gerencial, estrutura organizacional, extensão dos sistemas formais, metas estratégicas principais e envolvimento do proprietário nos negócios.

Os três estágios do ciclo de desenvolvimento descrevem as características administrativas em conceitos apropriados aos problemas típicos da pequena empresa. Uma caracterização dos estágios I, II e III pode ser obtida no Quadro 4.

Algumas mudanças administrativas são óbvias nas empresas em crescimento; por exemplo, quando pequena, é dirigida pelo empreendedor e, quando grande, dirigida pelos administradores profissionais. Uma mudança menos óbvia é a natureza do planejamento. A maioria das investigações sobre planejamento baseia-se nas grandes empresas. Como tal, as medidas usadas podem refletir um viés das grandes empresas.[17]

A adoção do conceito de "formalismo" leva a pensar: pode uma empresa planejar sem "formalismo"? Tais estudos silenciam neste ponto e rotulam os planejadores não formais de não planejadores. A pesquisa revelou que há um processo de planejamento nas empresas investigadas, mas um processo menos formal que o encontrado em grandes empresas.[17] Para o "horror" dos pesquisadores formatados no viés das grandes empresas, os autores, além de encontrarem um planejamento informal, verificaram que tal planejamento não afeta o desempenho das empresas. Em vez de associar o planejamento com o formalismo de seu processo ou com a melhoria do desempenho organizacional, eles identificam o planejamento como vital à empresa no estágio 2 e/ou 3 em razão de a função direção ser construída externamente ao empreendedor.

Quadro 4 » Características administrativas nos primeiros estágios do ciclo de desenvolvimento[2]

	I	II	III
Organizações	Muito simples, o proprietário supervisiona diretamente os subordinados	Simples com um nível de supervisão (vendas e produção) dependente do empresário para tomada de decisão	Primeiro passo da profissionalização, com controle financeiro (na administração) e programação de produção
Sistemas e planejamento formal	Praticamente inexistentes	Simples; o planejamento formal é, no melhor dos casos, uma previsão de caixa	Sistema básico financeiro, de marketing e de produção entra em funcionamento; planejamento na forma de orçamentos operacionais apoia delegação funcional
Estratégia	Simplesmente permanecer vivo	É ainda a sobrevivência	É manter o status quo
Negócio	O proprietário é o negócio, desempenha todas as tarefas importantes e é a maior fonte de energia e capital	O proprietário é ainda sinônimo do negócio	O negócio amadurece e começa a diferenciar-se do proprietário
Mudança de estágio	Muitas empresas não conseguem obter uma qualidade de seu produto, ou a estabilidade de sua produção ou a aceitação dos clientes para tornar-se viável	Algumas empresas ganham retornos marginais sobre o tempo e capital investido permanecendo neste estágio até a aposentadoria do proprietário	As empresas têm boa saúde econômica, podendo permanecer neste estágio indefinidamente, seja porque o nicho de mercado não cresce, seja por escolha desta opção. O negócio se adapta ao ambiente
Situação	A empresa vai para o estágio seguinte ou fecha	A empresa vai para o estágio seguinte, ou permanece neste estágio por algum tempo, ou é vendida, ou fecha	A empresa vai para o estágio seguinte, ou permanece indefinidamente neste estágio, ou é vendida (incorporada), ou pode voltar ao estágio anterior, ou mesmo falir

Administrativamente, o problema do crescimento da pequena empresa, ou de sua passagem de um primeiro estágio a outro, indica claramente aspectos do proprietário-trabalhador não administrador no esforço de firmar-se como administrador profissional.[25] Esse desafio se coloca na mudança de um contexto de relações pessoais, de proximidade e de lealdade, típico de um grupo, para um contexto de estruturação de tarefas diferenciadas e de institucionalização, de relações impessoais e de formalização, típico de uma organização.

A construção da organização não se dá em um único passo; seus elementos estão presentes nos primeiros estágios de uma pequena empresa. A cada estágio as necessidades mudam e a natureza das peças que formam a organização também. A mortalidade ou o baixo desempenho administrativo podem, por exemplo, estar associados à falta de adequação entre as peças da organização que está sendo construída, ocasionando processos de decisão incongruentes com a estrutura organizacional, ou as pessoas com as tarefas.[5]

ESPECIFICIDADES DE GESTÃO DA PEQUENA EMPRESA

Peter Drucker, renomado autor da área de administração, não é defensor da pequena empresa, ao contrário. Para ele, "os piores exemplos de pobreza de espírito empresarial são geralmente encontrados nas empresas pequenas dirigidas por um único ditador que não tolera oposição e que insiste em tomar todas as decisões sozinho".[4] Ele registra que as melhores oportunidades de desenvolvimento para os administradores encontram-se nas grandes empresas. Acrescenta que o tamanho da empresa não modifica a natureza de uma empresa ou os princípios de sua administração; não altera os problemas básicos da administração de gestores; não afeta a administração do trabalho e dos trabalhadores.

No entanto, o tamanho afeta vitalmente a estrutura administrativa. Cada tamanho exige um comportamento e uma atitude diferente dos órgãos administrativos.[4] E mais influente que o tamanho é a questão do crescimento. Eis, a seguir, as características da estrutura por porte de empresa:

- Microempresa: não há separação de níveis hierárquicos; o dirigente da empresa ocupa-se a maior parte do tempo com tarefas operacionais e do empreendimento.
- Pequena empresa: exige um nível administrativo entre o chefe e os trabalhadores. Há maior dedicação do dirigente às áreas funcionais

(finanças, vendas, compras etc.), relacionadas à função de direção, do que às tarefas operacionais.

- Média empresa: há maior dedicação do dirigente em funções de direção, coordenando níveis médios e estabelecendo objetivos, em detrimento das áreas funcionais, que são delegadas à gerência.
- Grande empresa: a função de direção suplanta a capacidade de uma pessoa dividindo-se em: coordenação de níveis médios e estabelecimento de objetivos.

Ao abordar o problema de ser pequeno, Peter Drucker afirma que cada um dos estágios do tamanho de uma empresa não só exige uma estrutura administrativa específica, como também apresenta seus problemas distintos e suas deficiências típicas.[4] O maior problema da pequena empresa, nessa perspectiva, é que geralmente são pequenas demais para manter a administração que precisam. Portanto, as pequenas e médias empresas podem ser estudadas a partir de suas especificidades, isto é, de suas características inerentes e que as distinguem das empresas de grande porte, que podem ser apresentadas por meio de três variáveis principais: organizacionais, decisionais e individuais.[II]

As especificidades organizacionais decorrem de uma estrutura organizacional simples, que necessita de menor quantidade de unidades ou funções administrativas. O contato é direto e informal, com fluidez de informações. Há um menor controle sobre seu ambiente externo, cuja incerteza afeta aspectos internos como o comportamento estratégico e uma administração monolítica. A maturidade organizacional é baixa, pois o planejamento e controle são pouco formalizados e quantificados, ao passo que a estratégia é intuitiva e pouco formalizada.

As especificidades decisionais na personalização da gestão no proprietário-dirigente dizem respeito à tomada de decisão baseada em sua experiência, julgamento ou intuição. O sistema de valores do proprietário-dirigente marca as decisões e as políticas. O poder de decisão é localizado e centralizado, e os dados para decisão nem sempre estão disponíveis. As decisões são afetadas pela racionalidade econômica, pessoal e familiar.

As especificidades individuais dizem respeito ao papel predominante de um só indivíduo na organização. Há poucas diferenças entre pessoa física e pessoa jurídica. O funcionamento da empresa depende da pessoa de seu proprietário e está vinculado, portanto, às competências, atitudes e motivações do dirigente. O comportamento do dirigente em relação aos funcionários é de paternalismo.

CONSIDERAÇÕES FINAIS

A jornada empreendida neste texto teve o propósito de sensibilizar o leitor para a importância de reconhecer as especificidades da pequena empresa. Embora a pequena empresa seja uma empresa como a grande, ela não se estrutura, não é gerida nem dispõe de recursos, capacidades e vantagens competitivas como as grandes.

Muito esforço tem sido empreendido para investigar, analisar, compreender e construir os relacionamentos entre as especificidades. Um bom caminho já foi percorrido, mas falta ainda lapidar esse "diamante" da administração para que o desempenho e as contribuições da pequena empresa sejam ainda maiores e mais significativos para a sociedade.

Pesquisas futuras ajudarão a esclarecer pontos obscuros ou polêmicos sobre as especificidades, e seu engajamento, caro leitor, nesta tarefa será de grande valia para que os resultados surjam. Toda contribuição é relevante, não importa se você é um pesquisador, um estudante, um empreendedor ou consultor.

Vamos ingressar nesta aventura prazerosa de desvendar as características típicas da pequena empresa? Venha conosco! Aproveite os capítulos a seguir; siga-nos em livros e artigos de congressos e periódicos científicos. E fique de olho no próximo livro da Editora Alta Books. Grande abraço.

REFERÊNCIAS

[1] BNDES. Banco Nacional de Desenvolvimento Econômico e Social. **Porte de Empresa.** www.bndes.gov.br, acessado em maio de 2023.

[2] CHURCHILL, N. C.; LEWIS, V. L. The five stages of small business growth. **Harvard Business Review**, v. 61, n. 3, p. 30-50, maio-junho de 1983.

[3] DANDRIDGE, T. C. Children are not "little grown-ups": small business needs its own organizational theory, **Journal of Small Business Management**, v. 17, n. 2, p. 53-57, abril de 1979.

[4] DRUCKER, P. F. **A prática de administração de empresas**. São Paulo: Pioneira, 1981.

[5] GALBRAITH, J. The stages of growth, **Journal of Business Strategy**, v. 3, n. 1, p. 70-79, verão de 1982.

[6] GREINER, L. E. Evolution and revolution as organizations grow, **Harvard Business Review**, v. 76, n. 3, p. 55-67, maio-junho de 1998.

[7] HAVE, S. et al. **Modelos de gestão: o que são e quando devem ser usados.** São Paulo: Prentice Hall, 2003.

[8] JULIEN, P. A. Théorie économique des PME. *In:* JULIEN, P. A. **Lês PME bilan et perspectives**. Québec: Economica, 1997.

[9] KIMBERLY, J. R. The Life Cycle Analogy and the Study of Organization: Introduction. *In:* KIMBERLY J. R.; MILES, R. H. **The Organizational Life Cycle: Issues in the Creation, Transformation, and Decline of Organizations.** São Francisco, Califórnia: Jossey - Bass Publishers, 1980.

[10] LEONE, Nilda Maria C. O. G. A dimensão física das pequenas e médias empresas (P.M.E's): À procura de um critério homogeneizador. **Revista de Administração de Empresas,** v. 31, n. 2, p. 53-59, abril/junho de 1991.

[11] LEONE, N. M. C. O. G. As especificidades das pequenas e médias empresas. **Revista de Administração**, v. 34, n. 2, p. 91-94, abril/junho de 1999.

[12] LONGENECKER, J. G. et al. **Administração de pequenas empresas**. São Paulo: Makron Books, 1997.

[13] LOVEMAN, G.; SENGENBERGER, W. Introduction. *In:* **The re-emergence of small enterprises**. Genebra: OIT, 1990.

[14] LUSTOSA, P. Brasil: O advento dos pequenos. *In:* SOLOMON, S. **A grande importância da pequena empresa**. Rio de Janeiro: Nórdica, 1989.

[15] MORGAN, G. Organizational Growth and Development. *In:* MORGAN, G. **Creative organization theory**: a resourcebook. Newbury Park, SAGE, 1989.

[16] MOTTA, F. C. P.; BRESSER-PEREIRA, L. C. B. **Introdução à Organização Burocrática.** 3. ed. São Paulo: Brasiliense, 1983.

[17] O'NEILL, H. M.; SAUNDERS, C. B.; HOFFMAN, A. N. Beyond the entrepreneur: planning as the organization grows, **Business Fórum**, v. 12, n. 4, p. 38-40, outono de 1987.

[18] QUINN, R. E.; CAMERON, K. Organizational life cycles and shifting criteria of effectiveness: some preliminary evidence, **Management Science**, v. 29, n. 1, p. 33-51, janeiro de 1983.

[19] RATTNER, H. et al. A evolução da economia brasileira entre 1963 e 1976: panorama geral e a situação da pequena e média empresa. *In:* RATTNER, H. et al. **Pequena e Média Empresa no Brasil: 1963-1976**. São Paulo: Símbolo, 1979.

[20] RATTNER, H.et al. Introdução. *In:* RATTNER, H. et al. **Pequena empresa: o comportamento empresarial na acumulação e na luta pela sobrevivência.** São Paulo: Brasiliense, 1985.

[21] SBA. **Small Business Administration.** www.sba.gov.

[22] SCHUMACHER, E. F. **O negócio é ser pequeno: um estudo de economia que leva em conta as pessoas**. São Paulo: Círculo do livro, 1973.

[23] SCHWINGEL, I.; RIZZA, G.. Políticas públicas para formalização das empresas: lei geral das micro e pequenas empresas e iniciativas para a desburocratização. *In:* **Políticas públicas para formalização das empresas: lei geral das micro e pequenas empresas e iniciativas para a desburocratização.** Brasília: IPEA, n. 54, fevereiro de 2013.

[24] SEBRAE: **Serviço Brasileiro de Apoio a Micro e Pequena Empresa**. www. Sebrae. com.br.

[25] STEINMETZ, L. L. Critical stages of small business growth: when they occur and how to survive them, **Business Horizons**, v. 12, n. 1, p. 29-36, fevereiro de 1969.

[26] SOLOMON, S. **A grande importância da pequena empresa**: a pequena empresa nos Estados Unidos, no Brasil e no Mundo. Rio de Janeiro: Nórdica, 1989.

[27] TAFNER, P. **Estratificação de Empresas**: Histórico e Proposta de Classificação. São Paulo: IPEA, 1995. (Texto para discussão nº 386).

[28] WELSH, J. A.; WHITE, J. F. A small business is not a little big business, **Harvard Business Review**, v. 59, n. 4, p. 18-32, julho-agosto de 1981.

O DIRIGENTE NO DESEMPENHO DO PROCESSO ADMINISTRATIVO

Jair de Oliveira

Ana Cláudia Fernandes Terence

Uma empresa, por mais simples que seja, precisa de um sistema de coordenação para viabilizar a aplicação de seus recursos, lidar com as pessoas e possibilitar que ela alcance seus objetivos, pois não existe organização sem gestão.[29] Logo, um trabalho vital para prosperidade das organizações, quer sejam elas grandes, médias ou pequenas, é aquele realizado por seu dirigente.[3,23] O trabalho do dirigente é dinâmico e multidimensional.[10] Ele abrange a interação com os subordinados, os pares, os clientes e a sociedade; a participação no universo político e social da empresa, e as escolhas dos repertórios e dos ritmos de ação inerentes ao cotidiano da vida organizacional.[9,41,42] O resultado desse trabalho determina se as pequenas empresas atendem aos anseios da sociedade e se os talentos e os recursos são aplicados adequadamente.[26] Esses requisitos acentuam a responsabilidade do dirigente no desempenho alcançado pela empresa, pois apesar da existência de outros fatores, é a qualidade do trabalho do dirigente que determina a continuidade ou não das pequenas empresas. [9,27]

Em consequência disso, o trabalho do dirigente exige uma reflexão sobre suas relações e seus desafios presentes e futuros. Portanto, um passo na direção de fornecer contribuições importantes ao dirigente que possam melhorar seu desempenho é a compreensão do processo administrativo.

PROCESSO ADMINISTRATIVO

Em 1892, foi fundada no Rio de Janeiro a lojinha que originou a Drogaria Pacheco. Um pouco depois, em 1906, foi constituída em Belo Horizonte uma pequena farmácia denominada Pharmárcia Mineira, hoje conhecida como Drogaria Araújo.[13] O que chama a atenção nessas histórias de empresas longevas, além do fato de esses dois empreendimentos estarem, atualmente, entre os maiores do setor, é que na época da fundação, empresários e pesquisadores preocupavam-se em melhorar a eficiência do gerenciamento dos empreendimentos.[4,28,43] Entre as diversas linhas de investigação que foram conduzidas pelos interessados, um dos temas que despertou interesse era o trabalho executado pelos dirigentes. Esse tema buscava compreender as atividades desempenhadas no gerenciamento das empresas considerando seu cotidiano, algo comum a todos os dirigentes e suas categorizações, de modo a poder facilitar seu estudo e seu ensino. Um dos pioneiros nesse intuito foi o francês Henri Fayol. Ele propôs, a partir da sua experiência profissional, racionalizar o trabalho do dirigente agrupando suas atividades cotidianas sob um mesmo enfoque de ação respeitando princípios administrativos. Após identificar os conjuntos de atividades, Fayol os denominou de funções administrativas.

As funções administrativas propostas por Fayol ao longo dos anos foram aperfeiçoadas para atender as demandas dos dirigentes, mas mantiveram o propósito inicial: propor e discutir as atribuições do trabalho do dirigente. A formulação pioneira de Fayol tinha a seguinte descrição das funções: prever, organizar, comandar, coordenar e controlar. Desse modo, elas permanecem válidas e em condições de contribuir para o gerenciamento do pequeno empreendimento.[11] Nesse percurso, as denominações das funções administrativas foram alteradas: ultimamente, são designadas como planejar, organizar, liderar e controlar.

Quadro 1 » Exemplo de empresas brasileiras longevas[13]

Drogaria Pacheco	Drogaria Araújo
Atividade original: Farmácia **Fundação**: 1892 **Cidade sede**: Rio de Janeiro/RJ **Evolução**: Começou importando e exportando remédios em uma lojinha no centro do Rio de Janeiro. Em 2005, comprou a rede Drogarias Santa Maria, de Minas Gerais e, quatro anos depois, investiu na abertura de pontos de venda no Estado de São Paulo, chegando a 343 lojas. Em 2011, fundiu suas operações à Drogaria São Paulo, dando origem à DSP, uma das maiores varejistas do país na área farmacêutica. Sozinha, a Drogaria Pacheco já comercializava medicamentos e produtos de higiene e beleza para 7 milhões de clientes por mês, faturando anualmente R$1,8 bilhão. Com a nova configuração, passou a ter cerca de 700 farmácias, reunindo duas famílias no negócio.	**Atividade original**: Farmácia **Fundação**: 1906 **Cidade sede**: Belo Horizonte/MG **Evolução**: Surgiu como Pharmácia Mineira e foi comprada seis anos depois por Modesto Carvalho de Araújo. Modesto teve que mudar o nome do estabelecimento para Drogaria Araújo por causa de um concorrente homônimo. Passou a morar nos fundos da loja, atendendo a qualquer hora. Chegou a doar remédios durante o surto de gripe espanhola. Em 1948 abriu sua primeira loja 24 Horas. Em 1963, criou o televendas Drogatel, com entregas feitas por uma frota de fuscas personalizados. Em 1984, o neto do fundador assumiu as operações e, inspirando-se nas *drugstores* norte-americanas, levou 51 empregados aos EUA para que aprendessem o novo modelo de negócio. Hoje, com 120 superlojas de 400 m^2 em BH e região, a rede se mantém sob o controle familiar e dentro do conceito de *one-stop*, onde é possível comprar até pão.

Observando a aplicação das funções administrativas no âmbito da pequena empresa, entende-se que o dirigente planeja. Sim, ele planeja! Como se apresenta a seguir, apesar de na maior parte do tempo não elaborar um planejamento estruturado ele invariavelmente estabelece uma posição ou resultado que sua empresa almeja alcançar, mesmo que seja apenas para sobreviver. Para isso, externando ou não as estratégias e ações pretendidas para os funcionários, para a família ou para comunidade em geral, o dirigente avalia os caminhos e pondera sobre as implicações para a continuidade da sua empresa (planeja) e, assim, define, provê e disponibiliza os recursos e as condições necessárias para alcançar o alvo desejado (organiza). Depois disso, ele precisa de pessoas engajadas para conduzir as ações e aplicar os recursos; desse modo, ao lidar com os funcionários o dirigente lidera. Por fim, ele precisa acompanhar o andamento das atividades e o alcance dos objetivos e, assim, exerce o controle. Conceitualmente, as funções administrativas — planejar, organizar, liderar e controlar — foram reconhecidas como um processo sequencial, porém, no momento da execução, elas podem ser desempenhadas de modo simultâneo. Em razão dessa característica, elas são denominadas de processo administrativo.[10,16] Como as funções administrativas estão presentes na natureza do trabalho do dirigente, quanto mais ele conhecer a respeito de seus conceitos e suas aplicações no cotidiano da empresa, melhor será o desempenho de seu trabalho.

O PROCESSO ADMINISTRATIVO E SUAS FUNÇÕES

O trabalho do dirigente da pequena empresa é fragmentado,[12] ou seja, começa uma atividade e a interrompe para iniciar outra ou para terminar uma atividade pendente; é operacional: se for preciso o dirigente atende o cliente, entrega a mercadoria, recebe e presta o serviço; é intelectual: ele pensa, reflete sobre os afazeres do dia, sobre as contas futuras, sobre as necessidades de reposição de estoque; é solitário e contínuo. Ao encerrar as atividades do dia, ele leva consigo as preocupações e, às vezes, atividades para fazer em casa.[20, 33]

A dinâmica do dia a dia da empresa conduz os dirigentes ao envolvimento nas atividades operacionais e, muitas vezes, quase que simultaneamente, a lidar com várias tarefas. Raros são os momentos de que dispõem para pensar exclusivamente no futuro da empresa.

O PLANEJAMENTO COMO FUNÇÃO ADMINISTRATIVA

O planejamento estabelece uma condição futura e orienta quanto às ações e recursos requeridos a fim de alcançá-la. Envolve identificar, avaliar e escolher alternativas, e considera que, se a alternativa escolhida for apropriada, favorecerá atingir o resultado desejado pelo dirigente.[1,6,31,39]

O planejamento caracteriza-se, na maioria das vezes, por envolver o trabalho de outras pessoas, por ser associado a uma organização formal e por buscar atingir objetivos organizacionais.[40] Esse tipo de planejamento procura estabelecer os meios para se alcançar um futuro desejado.[29] Como os fins visados pelo planejamento organizacional podem ser atingidos por diversos meios, o caminho a ser seguido deve ser determinado de acordo com os meios mais coerentes para se alcançar os fins almejados. Quanto mais alternativas e consequências forem consideradas e analisadas, mais racional será o planejamento em termos de maximizar o resultado desejado.[36]

Essa interpretação do planejamento, que dominou a literatura empresarial e os praticantes de consultorias, foi associado à ação racional substantiva do dirigente. Porém, como a realidade organizacional é complexa e incerta, a formulação do planejamento requer, além dessa ação, a inclusão de outros valores e critérios para a função planejamento.[36]

O processo formal não é a única alternativa e, muitas vezes, nem a melhor para se planejar.[24] A graduação da formalização leva o planejamento a configurar-se em qualquer ponto do contínuo: do totalmente formal ao totalmente informal. O planejamento menos sofisticado e informal é característico das pequenas empresas, cuja dinâmica se estabelece em torno do dirigente e nas quais os processos organizacionais são menos formalizados.[26, 37]

Enquanto função administrativa, o planejamento pode ser associado às atividades cotidianas do dirigente. Além disso, existem várias classificações

O PLANEJAMENTO FORMAL REFERE-SE A UM PROCESSO ORGANIZACIONAL, NO QUAL SE DEFINE ANTECIPADAMENTE COMO O PLANEJAMENTO SERÁ REALIZADO. GERALMENTE, ISSO É FEITO COM A PRESENÇA DE UM PLANEJADOR CONCENTRADO EM AVALIAR O CONTEXTO ORGANIZACIONAL, AS SITUAÇÕES ANTERIORES QUE INFLUENCIARAM A ORGANIZAÇÃO, AS ATUAIS E FUTURAS QUE POSSAM INFLUENCIÁ-LA, E AS FORÇAS E AS FRAQUEZAS DA ORGANIZAÇÃO E DE SEUS CONCORRENTES. ESSAS AVALIAÇÕES RESULTAM EM UM PLANO ESCRITO, ESTABELECENDO OBJETIVOS E METAS MENSURÁVEIS COM, AO MENOS, UM DOS SEGUINTES INDICADORES OU SUAS DERIVAÇÕES: VENDAS, INVESTIMENTO, CRESCIMENTO DA ORGANIZAÇÃO, PARCELA DE MERCADO, FATURAMENTO E NÍVEIS DE EXPANSÃO. O TIPO DE PLANEJAMENTO A SER FORMALIZADO É VINCULADO AO HORIZONTE DE TEMPO VISLUMBRADO. ASSIM, A FORMULAÇÃO DESSE TIPO DE PLANEJAMENTO PODE SER PARA CURTO, MÉDIO OU LONGO PRAZO.[7, 27, 38]

PLANEJAMENTO INFORMAL É A DEFINIÇÃO DE OBJETIVOS, METAS E AÇÕES DE MODO NÃO SISTEMATIZADO E NÃO INCLUI A GERAÇÃO DE PLANOS ESCRITOS DETALHADOS. ELE PODE SER EXTERNALIZADO OU APENAS SER DE DOMÍNIO DO DIRIGENTE.

de planejamento organizacional, sendo a mais conhecida a que distingue o planejamento em estratégico, tático e operacional. Essa definição é tênue, pois as decisões que são estratégicas para alguém podem ser interpretadas como táticas por outros.[40]

O planejamento estratégico na pequena empresa, entre outras características, é um processo que busca estabelecer o futuro da empresa considerando um horizonte de tempo de longo prazo, normalmente acima de seis meses, podendo compreender até cinco anos. Ele envolve a tomada de decisões importantes cujos resultados podem interferir na sobrevivência ou não da empresa. Para tanto, ele procura identificar quais as fontes de oportunidade e de ameaças para a empresa e as consequências desses eventos para a continuidade da empresa.[40]

O planejamento tático é derivado do planejamento estratégico e voltado para um horizonte de tempo menor, geralmente de um a três meses. Busca definir como a empresa lida com eventos conhecidos mas que requerem atenção e acompanhamento periódicos. Habitualmente, é ajustado para uma ou diversas áreas de ação da empresa, como vendas, compras, marketing e produção. Ele é regularmente ajustado aos efeitos das mudanças dos eventos externos.[40]

O planejamento operacional é responsável pela execução das atividades. Em sua elaboração, utilizam-se cronogramas e definem-se alvos mensuráveis. Seu horizonte de tempo é mais curto do que o planejamento tático, podendo ser mensal, semanal ou diário.[40]

O dirigente da pequena empresa planeja seu dia, sua semana de trabalho e os resultados a serem alcançados no mês corrente. Se ele estabelecer momentos de reflexão e avaliação sobre o passado e futuro da empresa, pode definir as ações a serem realizadas nesse período de modo a diminuir as incertezas e desperdícios. Além disso, ele pode comunicar suas pretensões aos colaboradores e descentralizar as tarefas operacionais e as decisões rotineiras e, dessa forma, manter o foco no que é realmente importante para a pequena empresa, no gerenciamento do empreendimento e nas decisões estratégicas.

No entanto, usualmente, o planejamento, quando realizado, leva em conta principalmente a experiência do dirigente. Realizado de modo intuitivo, compreende pouca busca e avaliação de informações externas, baixa participação dos funcionários e ausência de registros sobre desempenhos anteriores e padrões de controle. Embora esse modelo de trabalho alcance resultados profícuos, o dirigente pode melhorar seu desempenho se instituir um sistema de coleta de informações, mesmo que simples, que lhe permita prestar mais atenção nas comunicações e nas ações dos clientes, dos fornecedores, dos concorrentes e de outros dirigentes.[18, 33]

A ORGANIZAÇÃO COMO FUNÇÃO ADMINISTRATIVA

Para se tratar da organização como função administrativa na pequena empresa, faz-se necessário apresentar suas características organizacionais. A pequena empresa possui uma estrutura simples, relações informais e é claramente dependente de valores, objetivos e ambições de seu dirigente. As pequenas empresas não apresentam condições que permitam manter uma estrutura administrativa sofisticada, com o apoio de técnicos e indivíduos funcionais especializados.[10,19,25] Essa característica impõe, a essas empresas, menor complexidade vertical (número de níveis hierárquicos) e horizontal (cargos e departamentos), e ao mesmo tempo faz com que elas se configurem como organizações com habilidades e funções menos especializadas, menor grau de formalização, menor percentual de administradores de topo e menor volume de comunicações escritas e documentação.

As características das pequenas empresas lhes possibilitam ser mais ágeis nas tomadas de decisão e, como consequência, uma competitividade com base em elementos internos, recursos e capacidades, em especial a flexibilidade e o design organizacional.[2] A flexibilidade, que deriva de sua estrutura simples, faz com se adaptem e respondam a mudanças mais rapidamente. Comumente são consideradas criativas, inovadoras e flexíveis em comparação com as grandes organizações. Em tais empresas, os canais de decisão são curtos, as estruturas são mais simples e há senso de equipe, pois os grupos são pequenos ao redor do dono. Esses fatores concorrem para perceber oportunidades e implementar ações com uma rapidez e habilidade difíceis de copiar.

Assim sendo, após definir o que se deseja alcançar na função planejamento, o dirigente passa a organizar as atividades em sua empresa de acordo com suas características organizacionais. Define os recursos humanos, materiais e financeiros que são imprescindíveis à execução das atividades da empresa, bem como o trabalho que os indivíduos devem realizar isoladamente ou em grupo. Portanto, é necessário acomodar as pessoas certas nos lugares certos, alocá-las nos postos de trabalho e distribuir as alçadas de decisões aos funcionários e suas incumbências a fim de manter a fluidez do gerenciamento e descentralizar as decisões como meio de eficiência operacional.[34,35]

As atividades executadas pelos dirigentes incluem: contratar, definir atribuições e responsabilidades das pessoas que executarão as tarefas; agrupar as atividades do plano em unidades de trabalho; delegar a autoridade necessária para que as tarefas sejam executadas; comprar, classificar e distribuir os bens materiais. E, também, alocar os recursos financeiros do orçamento e estabelecer regras de conduta e comportamento aos funcionários, fluxos de trabalhos e a disposição dos objetos, máquinas, equipamentos e móveis.[5] Considerando o aspecto processual das funções administrativas, o dirigente realiza a organização durante e após o planejamento, que ocorre em um processo de análise e ação dinâmico e presente nas decisões cotidianas do empresário, ou seja, não há uma clara distinção entre planejamento, implementação e organização na pequena empresa.

A LIDERANÇA COMO FUNÇÃO ADMINISTRATIVA

A função de liderança incumbe-se do fator humano na pequena empresa, para que as tarefas sejam realizadas conforme os objetivos do planejamento. Essa função recebeu, ao longo do século XX, vários rótulos e contribuições teóricas, tais como: comandar, dirigir e motivar. Ela se relaciona com o modo de agir do dirigente e com os meios aplicados na condução eficaz do planejado. Nesse sentido, liderar, entre outras atividades, compreende: orientar, explicar, comunicar, definir prioridades e padrões, e motivar os subordinados na execução das tarefas.[16,30] Enquanto função administrativa, a liderança procura conduzir a execução do planejamento de modo que prevaleçam a autoridade, a disciplina, a energia, a iniciativa e a confiança nos e dos subordinados. Para isso, o dirigente, constantemente, deve tomar conhecimento de suas incumbências, determinar prioridades, avaliar necessidades de mudanças no planejamento e tomar as decisões sobre ajustes do planejamento oriundos dos resultados das atividades de controle.

Liderar exige postura profissional e impessoal do dirigente. Ele precisa comunicar claramente as regras, os fluxos e a rotina de trabalho definidos na etapa da função organização. Deve orientar corretamente os trabalhadores sobre as atividades a serem executadas e incentivá-los, sempre que possível, para que o resultado seja alcançado, bem como lhes solicitar providências (de modo verbal ou por escrito), responder às iniciativas e aos requerimentos dos subordinados, interferir nas relações interpessoais para solucionar conflitos, conduzir reuniões (formais ou informais), além de realizar rondas (programadas ou não) e manter contato com pessoas externas à sua unidade de trabalho.[8,33]

Nas pequenas empresas os aspectos pessoais do dirigente, tais como seus valores, ambições, crença e cultura encontram-se refletidos em seu estilo de administrar e de realizar mudanças e, consequentemente, de organizar, planejar e liderar.

O CONTROLE COMO FUNÇÃO ADMINISTRATIVA

O controle considera que o dirigente precisa constantemente conferir se o que foi planejado está sendo executado. Se sim, de que forma está sendo executado. Os resultados dos controles são avaliados pelos dirigentes e servem de subsídios para processamento de ajustes no planejamento. No ambiente organizacional, o controle especifica e prescreve o papel a ser desempenhado pelo indivíduo na organização e pode ocorrer sobre o comportamento das pessoas, sobre os resultados das tarefas ou sobre os ativos.[15, 22] A finalidade do controle é assegurar que os objetivos definidos sejam cumpridos. Controlar significa verificar se tudo ocorre de acordo com o programado e se as ordens dadas e os princípios admitidos são cumpridos, bem como aferir o desempenho em relação a um padrão e à aplicação das correções.[14,19]

O dirigente precisa determinar os padrões de acompanhamento, os meios de mensurá-los e a definição dos tipos de mecanismos de verificação.[19] A função controle busca, ainda, a prevenção e a antecipação dos desvios. Desse modo, cabe ao controle acompanhar os eventos, mesmo que discretos; analisar seus efeitos sobre os objetivos antes do fim da atividade; e atuar com as demais funções para realizar, no momento certo, os ajustes necessários.[17]

Na pequena empresa, o controle, às vezes, é realizado de modo visual, pois como o dirigente está próximo da ação ele consegue monitorar o andamento do plano e colher pessoalmente as informações, o que lhe permite identificar desvios. Geralmente, ele aplica imediatamente as correções necessárias, no entanto, ele se concentra em tratar apenas dos efeitos e destina pouco tempo para avaliar as causas dos desvios e os impactos no planejamento.

CONSIDERAÇÕES FINAIS

Entende-se que a aplicação das funções administrativas deve ser ajustada à realidade da empresa, afinal, cada configuração de empresa — definida a partir do número de funcionários, faturamento, grau de formalização dos procedimentos, quantidade de níveis hierárquicos, mercado de atuação, experiência e formação dos dirigentes e tempo de vida da empresa, entre outras variáveis —, exige um grau de formalização e de sistematização das funções administrativas.[32]

A representação dessas configurações é denominada de ciclo de vida organizacional, o qual considera que embora as pequenas empresas apresentem especificidades que as distinguem das grandes empresas,[19] elas são diferentes entre si. Assim, uma pequena empresa pode ser associada a um estágio de desenvolvimento, enquanto outra pode se enquadrar em outro estágio.[21] Por exemplo, o modo de executar o controle muda conforme a configuração em que a empresa se encontra. No estágio inicial da organização, a supervisão é exercida de modo direto e pessoal e, conforme ocorre o desenvolvimento organizacional, ela passa ser exercida de modo mais indireto e impessoal.

REFERÊNCIAS

[1] ACKOFF, R. L. A Concept of corporate planning. **Long Range Planning**, Londres, v. 3, n. 1, p. 2-8, setembro de 1970.

[2] ARAGÓN-SÁNCHEZ, A.; SÁNCHEZ-MARÍN, G. Strategic orientation, management characteristics, and performance: a study of Spanish SMEs. **Journal of Small Business Management**, v. 43, n. 3, p. 287-308, 2005.

[3] ARAUJO, J. G.; SILVA, L. V. B.; SILVA, M. E. P. C. Pequenas empresas e as práticas gerenciais: contribuições a partir da observação das revistas brasileiras. **Estudos gerenciais**, Cali, v. 34, n. 149, p. 457-468, dezembro de 2018.

[4] BARNARD, C. **As funções do executivo**. São Paulo: Atlas, 1971.

[5] BATEMAN, T. S.; SNELL, S. A. **Administração**: construindo vantagem competitiva. São Paulo: Atlas, 1998.

[6] BRACKER, J. The Historical development of the strategic management concept. **Academy of Management Review**, Anahein, v. 5, n. 2, p. 219-225, 1980.

[7] BRACKER, J. S.; PEARSON, J. N. Planning and financial performance of small, mature firms. **Strategic Management Journal**, Hoboken, v. 7, n. 6, p. 503-522, novembro/dezembro de 1986.

[8] CARROLL, S. J.; GILLEN, D. J. Exploring the teaching function in the managerial role. **Journal of Management Development**, Bradford, v. 21, n. 5/6, p. 220-342, 2002.

[9] DAVEL, E.; MELO, M. C. O. (Org.). **Gerência em ação**: singularidades e dilemas do trabalho gerencial. Rio de Janeiro: FGV, 2005.

[10] DRUCKER, P. F. **A Prática de Administração de Empresas**. São Paulo: Pioneira, 1981.

[11] FELLS, M. J. Fayol stands the test of time. **Journal of Management History**, Wagon Lane, v. 6, n. 8, p.3 54-360, 2000.

[12] FLORÉN, H. Managerial work in small firms: summarising what we know and sketching a research agenda. **International Journal of Entrepreneurial Behaviour & Research**, Manchester, v. 12, n. 5, p. 272-288, 2006.

[13] GESTÃO EMPRESARIAL. Centenárias & Ativas. **Revista de Gestão Empresarial,** e. 28, janeiro-março, p. 10-19, 2014.

[14] GIGLIONI, G.; BEDEIAN, A. G. A. Conspectus of management control theory: 1900-1972. **Academy of Management Journal**, Ohio, v. 17, n. 2, p. 292-305, junho de 1974.

[15] KIRSCH, L. J. The Management of complex tasks in organizations: controling the systems development process. **Organization Science**, Linthicum, v. 7, n. 1, p. 112-121, janeiro e fevereiro de 1996.

[16] KOONTZ, H.; O'DONNELL, C. **Princípios de administração**: uma análise das funções administrativas. São Paulo: Pioneira, 1978.

[17] KOONTZ, H.; BRADSPIES, R. W. Managing through feedforward control: a future-directed view. **Business Horizons**, Nova York, v. 15, n. 1, p. 25-36, 1972.

[18] LAASCH, O.; SUDDABY, R.; FREEMAN, R. E.; JAMALI, D. Mapping the emerging field of responsible management: domains, spheres, themes, and a future research. *In*: LAASCH, O. et al. (Ed.). **Research handbook of responsible management**. Edward Elgar Publishing, 2020.

[19] LEONE, N. M. C. P. G. As especificidades das pequenas e médias empresas. **Revista de Administração**, São Paulo, v. 34, n. 2, p. 91-94, abril–junho de 1999.

[20] LONGENECKER, J. G.; PETTY, J. W.; PALICH, L. E.; HOY, F. **Administração de Pequenas Empresas: Lançando e Desenvolvendo Iniciativas Empreendedoras**. São Paulo: Cengage learning, 2018.

[21] MACHADO DA SILVA, C. L.; VIEIRA, M. M. F.; DELLAGNELO, E. H. L. Ciclo de vida, controle e tecnologia: um modelo para análise das organizações. **Organização & Sociedade**, Salvador, v. 5, n. 11, p. 77-104, janeiro/abril de 1998.

[22] MINTZBERG, H. Strategy-making in three model. **California Management Review**, Berkerley, v. 16, n. 2, p. 44-53, inverno de 1973.

[23] MINTZBERG, H. The Manager's job: folklore and fact. **Harvard Business Review**, Nova York, v. 53, n. 4, p. 49-61, julho/agosto de 1975.

[24] MINTZBERG, H. Rethinking strategic planning - parte 1: pitfalls and fallacies. **Long Range Planning**, Londres, v. 27, n. 3. p. 12-21, junho de 1994.

[25] MINTZBERG, H. **Criando organizações eficazes.** São Paulo: Atlas, 2003.

[26] MINTZBERG, H. A Estrutura das organizações. *In:* MINTZBERG, H. et al. **O Processo da estratégia**. Porto Alegre: Bookman, 2006.

[27] MINTZBERG, H. **Managing: desvendado o dia a dia da gestão**. Porto Alegre: Bookman, 2010.

[28] MOONEY, J. D.; REILEY, A. C. **The principles of organization**. Nova York: Harper e Brothers, 1939.

[29] MOTTA, F. C. P.; PEREIRA, L. C. B. **Introdução à organização burocrática**. São Paulo: Thompson, 2003.

[30] NEINABER, H.; ROODT, G. Management and leadership buccaneering or science? **European Business Review**, Bradford, v. 20, n. 1, p. 36-50, 2008.

[31] NEWMAN, W. H. **Ação administrativa**: as técnicas de organização e gerência. São Paulo: Atlas, 1973.

[32] OLIVEIRA, J. et al. Estilos gerenciais dos dirigentes de pequenas empresas: estudo baseado no ciclo de vida organizacional e nos conceitos de funções e papéis do administrador. **Revista Brasileira de Gestão de Negócios**, v. 17, n. 57, p. 1279-1299, 2015.

[33] OLIVEIRA, J. et al. What do small business owner-managers do? A managerial work perspective. **Journal of Global Entrepreneurship Research**, v. 5, n. 1, p. 1-21, 2015.

[34] PARKER, L. D.; RITSON, P. A. Fads, stereotypes and management gurus: Fayol and Follett today. **Management Decision**, Wagon Lane, v. 43, n. 10, p. 1335-1357, 2005.

[35] PARKER, L. D.; RITSON, P. A. Revisiting fayol: anticipating contemporaty management. **British Academy of Management**, Londres, v. 16, n. 1, p. 175-194, 2005.

[36] RAMOS, A. G. **Administração e contexto brasileiro**. Rio de Janeiro: FGV, 1983.

[37] ROBINSON JR., R. B.; PEARCE, J. A. II. The Impact of formalized strategic planning on financial performance in small organization. **Strategic Management Journal**, Hoboken, v. 4, n. 3, p. 197-207, julho/setembro de 1983.

[38] RUE, L. W.; IBRAHIM, N. A. The Relationship between planning sophistication and performance in small businesses. **Journal of Small Business Management**, Morgontown, v. 36, p. 24-32, outubro de 1998.

[39] SNYDER, N.; GLUECK, W. F. How managers plan – the analysis of manager's activies. **Long Range Planning**, Londres, v. 13, n. 1, p. 70-76, fevereiro de 1980.

[40] STEINER, G. A. **Strategic planning**: what every manager must know. Londres: Simon and Schuster, 2008.

[41] TENGBLAD, S. (2012). **The Work of Managers**: Towards a Practice Theory of Management.

[42] WOOD JR., T. Simbologia da liderança na ótica cinematográfica. *In:* DAVEL, E.; MELO, M. C. O. (Org.). **Gerência em ação**: singularidades e dilemas do trabalho gerencial. Rio de Janeiro: FGV, 2005.

[43] WREN, D. A. **The Evolution of management thought**. Nova York: John Wiley, 1994.

CAPÍTULO 3

O DIRIGENTE NO DESEMPENHO DOS PAPÉIS ADMINISTRATIVOS

DANIELA ROSIM

Para melhor compreensão deste capítulo, coloca-se aqui uma breve explicação da diferenciação dos termos utilizados pelo autor quando menciona os termos "dirigente" e "administrador das grandes empresas". O termo "dirigente" se refere àquele que é proprietário e conduz a empresa de pequeno porte. Ele é o responsável pelas suas atividades e funcionamento. Já o termo "administrador" é empregado para designar todos que exercem alguma função cuja obrigação seja administrar. Assim, o "administrador das grandes empresas" se refere ao *chief executive officer* (CEO) ou gerentes e diretores das grandes corporações.

Já é de conhecimento comum que as pequenas empresas são de grande importância econômica e social para as nações e que elas apresentam especificidades de gestão que as tornam diferentes das grandes. Dentre essas especificidades se pode considerar a pessoa do dirigente-proprietário.

Na pequena empresa o dirigente-proprietário geralmente é o detentor de todo o conhecimento sobre o produto fabricado/comercializado e, por isso, passa a ser um grande centralizador, fazendo com que todas as atividades e áreas funcionais se concentrem nele, tornando-o um verdadeiro "faz tudo" dentro da empresa.

São características como essas de "faz tudo" que conduzem à ideia de que a maneira como o dirigente trabalha ou realiza suas tarefas e atividades em uma pequena empresa seja diferente da maneira como o administrador de uma corporação trabalha.

Pesquisas recentes vêm demonstrando que essa lógica, de que o trabalho do dirigente de uma pequena empresa seja totalmente diferente do trabalho do administrador de uma corporação, não deve prevalecer, pois o trabalho de ambos apresenta tanto aspectos semelhantes quanto aspectos diferentes.

Além disso, já é possível ir adiante e afirmar que as semelhanças entre o trabalho do dirigente de uma pequena empresa e o trabalho do administrador de uma corporação são predominantes em relação aos aspectos em que são diferentes. Com isso, pode-se concluir que a teoria sobre o trabalho do administrador em grandes corporações também pode ser usada para explicar o trabalho do dirigente em pequenas empresas, desde que sofra as adaptações necessárias.

Atualmente, os estudos conduzidos sobre o trabalho do dirigente utilizam duas principais abordagens teóricas advindas dos estudos sobre o trabalho do administrador em grandes corporações: a abordagem do processo — mencionada no capítulo anterior — e a abordagem dos papéis, que será discutida logo a seguir.

Como o objetivo aqui é apresentar as semelhanças e diferenças entre o trabalho do dirigente de uma pequena empresa e o administrador de uma corporação com base na abordagem dos papéis, esta seção se aprofundará especificamente na apresentação e discussão dessa abordagem.

ABORDAGEM DOS PAPÉIS DE MINTZBERG

Desde que foi fundada a abordagem do processo, em 1916, falar sobre o trabalho do administrador remetia diretamente às funções apresentadas por Fayol em 1916. No entanto, Henry Mintzberg discordou de Fayol no que se refere ao caráter prescritivo de sua teoria e também à falta de base empírica de sua descrição do trabalho do administrador. Mintzberg alega que a abordagem do processo tinha baixa validade explicativa porque os estudos não se fundamentavam na observação do trabalho real do administrador.

Após a realização das pesquisas de Hawthorne* a abordagem do processo administrativo sofreu ainda mais críticas por não se preocupar com os aspectos informais da organização e, também, pela inconsistência na descrição do que o administrador faz.[9,13,14,15]

Os críticos também afirmam que as funções administrativas de Fayol — prever, organizar, comandar, coordenar e controlar —, bem como suas derivações, expressavam muito pouco sobre o que os administradores realmente faziam, e que seu nível de abstração em relação à realidade era muito alto.[2,12]

Baseando-se nas críticas e nos estudos já realizados sobre o trabalho do administrador, Mintzberg levantou a seguinte questão: Afinal, o que fazem os administradores? A partir daí surge então a segunda abordagem mais utilizada para se descrever o trabalho do administrador: a abordagem dos papéis.

Após a realização de pesquisas empíricas, especificamente na observação estruturada do dia a dia de trabalho dos empresários, Mintzberg estudou cinco diretores-presidentes de grandes e médias empresas norte-americanas e publicou o artigo "Trabalho do Administrador: folclore e fato".[6] Tal artigo pretendia mostrar o que realmente acontecia na rotina de trabalho do administrador e o que não fazia parte dela.

Para Mintzberg[7] o trabalho do administrador era muito mais fragmentado e breve do que o que foi descrito por Fayol; os administradores trabalhavam mais com outras pessoas e pouco tempo era despendido em tarefas solitárias. Para o autor, o que o administrador fazia era simplesmente responder às pressões do dia a dia.

Devido a essa conclusão, Mintzberg[5] propôs uma explicação para o desempenho das atividades do administrador baseada em dez papéis interrelacionados componentes de seu cargo. Tais papéis são:

1. **Papéis interpessoais**
   a. **Representante:** refere-se aos deveres de caráter cerimonial.
   b. **Líder:** o executivo é o responsável pelo trabalho de todos os funcionários de uma unidade.

---

* As pesquisas de Hawthorne foram conduzidas pela escola de relações humanas nos Estados Unidos, sendo constatado que o ser humano apresenta comportamentos distintos enquanto indivíduo e enquanto parte de um grupo social.

c. **Contato:** Mantém contatos fora de sua cadeia vertical de comando, o que o faz manter uma rede de contatos interna e outra externa que o auxiliam na obtenção de informações para as tomadas de decisão.

2. **Papéis informacionais**
   a. **Monitor:** o executivo monitora o ambiente, interrogando seus contatos e subordinados em busca de informações.
   b. **Disseminador:** o executivo compartilha e distribui para seus subordinados grande parte das informações.
   c. **Porta-voz:** o executivo envia informações para o ambiente externo, ou seja, fora de sua unidade.

3. **Papéis decisionais**
   a. **Empreendedor:** o executivo busca constantemente melhorar sua unidade agindo de forma proativa e adaptando-se às mudanças do ambiente.
   b. **Solucionador de distúrbios:** o executivo tem que resolver, involuntariamente, problemas que ocorrem fora de seu controle.
   c. **Alocador de recursos:** o executivo decide quem fará o que em sua unidade organizacional, e encarrega-se de projetar a estrutura de sua unidade e o modelo de relacionamento formal que determina como o trabalho deve ser dividido.
   d. **Negociador:** o executivo gasta grande parte de seu tempo negociando.

A abordagem do papel de Minztberg também pode ser compreendida por meio da Figura 1.

Dez anos mais tarde, Kurke e Aldrich,[3] como forma de validar a teoria inaugurada por Minztberg,[5] fazem uma réplica do estudo original e confirmam a solidez dos resultados.

Tengblad[16] também fez uma nova réplica do estudo original, trinta anos mais tarde, e como conclusão o autor identificou mudanças na forma de trabalho dos administradores modernos contemporâneos. Contudo, mencionou que também há semelhanças significativas entre a nova e a velha forma de trabalho, e que essas semelhanças demonstram que as alegações do surgimento de um trabalho de gestão **radicalmente** diferente do que ocorria nos anos anteriores são exageradas. O autor afirma que, em vez do surgimento de uma gestão radicalmente diferente, os dados empíricos evidenciam que as novas práticas de trabalho foram combinadas com as práticas mais velhas, formando um complexo de trabalho específico.

Figura 1 » Abordagens dos papéis[5]

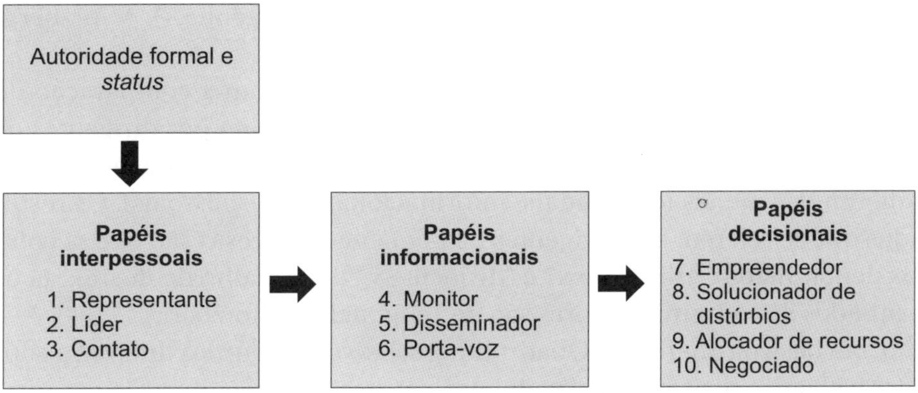

Sendo assim, pode-se dizer que a abordagem dos papéis de Minztberg[5] continua válida até os dias atuais como uma das maneiras de explicar o trabalho do administrador; não se pode dizer, porém, que essa abordagem é perfeita e imune a críticas.

Para os críticos, os papéis de Mintzberg não captam o propósito da ação do administrador, argumentando que os resultados das pesquisas são ambíguos e variados e isolam as tarefas associando-as a um comportamento particular do administrador e não à administração da organização.[1,4.] O próprio Minztberg[8] reconheceu a limitação do conjunto dos dez papéis como um modelo para representar o que o administrador faz. Em seu livro *Managing*[10] o autor faz uma crítica à sua própria abordagem dizendo que a mesma constitui mais uma lista de descrições e preocupações a respeito do trabalho do executivo do que um modelo integrado.

O DIRIGENTE DA PEQUENA EMPRESA NO DESEMPENHO DOS PAPÉIS ADMINISTRATIVOS DE MINTZBERG

A seção anterior apresentou a teoria que Henry Mintzberg desenvolveu para explicar o trabalho do administrador em uma corporação. Nesta seção, a fim de verificar se é possível utilizar essa mesma teoria para explicar o trabalho do dirigente na pequena empresa, foi conduzido, no ano de 2011, um estudo que replicou o método utilizado por Mintzberg[5] com dois dirigentes-proprietários de pequenas empresas do interior do Estado de São Paulo (Quadro 1).

Em adição, a fim de ter um panorama mais geral e ao longo dos anos, também foram utilizados os dados de Tengblad.[16] Dessa forma, os dados comparados foram então: Rosim[11] (dirigente Y e dirigente X), Mintzberg[5] e Tengblad.[16].

O Quadro 1 apresenta o resultado dos estudos com a comparação do porcentual de tempo aplicado (média semanal) — tanto por dirigentes de pequenas empresas quanto por administradores de corporações — em cada um dos papéis (decisionais, informacionais, interpessoais). Os resultados que se referem aos dirigentes de pequenas empresas são os das colunas denominadas "dirigente x" e "dirigente y" do trabalho de Rosim;[11] já os resultados dos administradores são de Tengblad[16] e Mintzberg[5].

Com base na análise do Quadro 1 percebe-se que a única diferença considerável entre dirigentes de pequenas empresas e executivos de corporações está no porcentual do tempo de dedicação ao papel interpessoal.

Quadro 1 » Comparação do porcentual de tempo aplicado em cada papel[11]

	Dirigente Y	**Dirigente X**	**Tengblad**	**Mintzberg**
Papéis	%	%	%	%
Interpessoal	02	01	21	20
Informacional	54	39	61	41
Decisional	34	18	18	39
Outros	10	42	-	-
Total	**100%**	**100%**	**100%**	**100%**

Ainda que se apresentem os dados do dirigente x e y em média, como no Quadro 2 a seguir, o mesmo fenômeno se verifica. Assim, pode-se afirmar que o dirigente de uma pequena empresa não se reconhece no desempenho dos papéis interpessoais.

Uma possível explicação para tal fenômeno é o fato de os administradores de grandes corporações focarem mais os papéis interpessoais do que os dirigentes, uma vez que os papéis interpessoais estão relacionados às atividades de rede de contatos externa e representação da organização em cerimônias e eventos.

Quadro 2 » Comparação do porcentual de tempo aplicado em cada papel, sendo os valores do dirigente x e y apresentados em média e não individualmente

	Rosim[11]	Tengblad[16]	Mintzberg[5]
Papéis	%	%	%
Interpessoal	1,5	21	20
Informacional	46	61	41
Decisional	26	18	39
Outros	26	-	-
Total	**100%**	**100%**	**100%**

Esse é um tipo de atividade que o dirigente de uma pequena empresa realmente realiza pouco e que, atualmente, o CEO realiza muito. É o papel de relações-públicas: fazer e manter contatos para conseguir negócios.

A grande corporação muitas vezes não se encontra próxima do ambiente em que está inserida, pois a sede da empresa pode se localizar em um determinado local cuja distância em relação ao mercado que ela atua é muito grande. Isso reforça a obrigação que seu administrador tem de manter uma rede de contatos externa e também de agir como representante dessa organização. A representatividade vem desse fato, pois não são os acionistas ou até mesmo o dono da grande empresa que vai ao encontro de seus consumidores, clientes e outros.

No caso da pequena empresa, ela se encontra inserida diretamente no ambiente onde atua e comercializa seus produtos. Quando se trata de uma pequena empresa ser fornecedora de uma grande empresa, geralmente ela se localiza nas proximidades desse cliente.

Já quando se trata de uma pequena empresa que fornece a clientes individuais, geralmente ela se localiza próximo ao local onde vivem esses clientes. De maneira natural e espontânea, o dirigente já convive e tem contato com seu público consumidor, não tendo necessidade de participar de eventos, cerimônias e ter como atividade a manutenção da rede de contatos externos.

Como o dirigente costuma conviver na mesma comunidade que seus clientes e fornecedores, esse contato ocorre de maneira casual. Seja num restaurante com a família, seja tomando um café na padaria mais próxima ou no banco, os clientes encontram a todo momento o representante/proprietário da pequena empresa.

O pouco tempo empregado nos papéis interpessoais pelo dirigente de uma pequena empresa também pode estar associado a outras duas características específicas da gestão desse tipo de empresa: uma organizacional e outra individual do dirigente.

A característica organizacional se refere à reduzida base de clientes e, uma vez que os clientes são poucos e até únicos, o dirigente não está preocupado a todo momento de participar de eventos de clientes, com clientes e para clientes. No caso das pequenas empresas do setor metal-mecânico do interior do Estado de São Paulo, pode-se considerar que a maioria delas possui um único e grande cliente. A maioria delas surgiu, inclusive, da oportunidade de atender a esse grande cliente que fica responsável por comprar quase toda sua produção.

No que se refere à pouca atividade no papel interpessoal exercida pelo dirigente, o fato pode estar associado à questão da individualidade, sendo explicado também pela cultura organizacional da pequena empresa ser menos expansiva, uma vez que ela apresenta um número reduzido de funcionários, e devido à cultura organizacional muitas vezes refletir a cultura individual do dirigente.

Considerando a pouca diversificação da cultura organizacional, o dirigente não necessita de tantos relacionamentos interpessoais para conduzir a empresa, pois a mesma se adapta ao dirigente e a seu jeito de fazer as coisas.

Uma observação importante é que apesar da incidência do papel interpessoal ser baixa, ela não é nula; esse papel, portanto, deve ser considerado como parte do trabalho do dirigente da pequena empresa.

O ponto comum no trabalho de todos os administradores estudados é o papel informacional. Tal papel apresenta alta incidência tanto no trabalho dos executivos das corporações quanto no trabalho dos dirigentes de pequenas empresas.

Essa semelhança ocorre principalmente porque, como o próprio nome diz, o aspecto informacional — buscar, transferir e disseminar informações interna e externamente — está presente na rotina de qualquer administrador. Seja ele o administrador de uma grande empresa, de uma pequena empresa, ou até mesmo de uma organização filantrópica, os imprevistos e emergências acontecerão e, nesses casos, a comunicação passa a ser sempre a primeira opção.

Em um ambiente de negócios no qual o convencimento, as tomadas de decisão e a reflexão estão presentes na maioria das atividades do gestor, a informação não pode deixar de circular livremente.

Outra semelhança numérica de incidência dos papéis existe entre o caso dos dirigentes X, Y e os executivos de Mintzberg nos papéis decisionais. Essa semelhança ocorre porque tanto na pequena empresa quanto na corporação, o dirigente e o executivo são os que tomam as decisões mais importantes.

Apesar da semelhança nos papéis decisionais, pode-se dizer que há, na pequena empresa, especificidades em relação às tomadas de decisão, pois apesar de o propósito ser o mesmo, os processos são diferentes. Na pequena empresa, por exemplo, os processos de decisão são concentrados no dirigente e não são padronizados. A autoridade é toda centrada no dirigente-proprietário e não há decisões em colegiado. No entanto, não se pode negar que os executivos de Mintzberg também alocaram tempo considerável tomando decisões.

Dessa forma, pode-se dizer que o trabalho do dirigente da pequena empresa a partir da abordagem dos papéis de Mintzberg é semelhante ao trabalho do administrador nas corporações, diferenciando-se somente no que se refere às atividades de cunho interpessoal.

CONSIDERAÇÕES FINAIS

O presente capítulo buscou demonstrar a razão pela qual o dirigente da pequena empresa não se identifica no desempenho dos papéis interpessoais.

Pela discussão realizada buscou-se argumentos explicativos dessas razões na teoria do comportamento organizacional, a saber: a) o fator localização (determinado pela proximidade com a comunidade em que atua); b) aspectos da cultura organizacional (que na pequena empresa não são determinados por trabalhadores de diferentes culturas, pela representação da empresa em eventos, pela diversidade da força de trabalho, pelo enfrentamento de movimentos e ações da comunidade); e c) pela liderança do dirigente da pequena empresa ser mais implícita e natural.

Entretanto, o principal objetivo do capítulo foi demonstrar que, diferentemente do que muitos dirigentes-proprietários de pequenas empresas imaginam, a natureza de seu trabalho não é muito diferente da natureza do trabalho dos administradores nas corporações. Aliás, apresenta mais aspectos semelhantes (papéis decisionais e informacionais) do que diferentes (interpessoais).

Espera-se, assim, que o capítulo ajude a aliviar a ansiedade dos dirigentes-proprietários de pequenas empresas, afastando a sensação muito comum de que "não estou fazendo o que deveria fazer, estou só resolvendo problemas o dia todo".

O capítulo conclui, então, que a natureza do trabalho do administrador tende a ser a mesma, independentemente do porte da empresa.

REFERÊNCIAS

[1] CARROL, S. J.; GILLEN, D. J. Are the classical management functions useful in describing managerial work? **Academy of Management Review**, Anaheim, v. 12, n. 1, p. 38, 1987.

[2] ESCRIVÃO FILHO, E. **A natureza do trabalho dos Executivos:** Uma investigação sobre as atividades racionalizadoras do responsável pelo processo produtivo em empresas de médio porte. Tese de Doutorado. Universidade Federal de Santa Catarina, 1995.

[3] KURKE, L. B.; ALDRICH, H. E. Mintzberg was right: a replication and extension of the nature of managerial work. **Management Science**, v. 29, n. 8, agosto de 1983.

[4] LAMOND, D. Henry Mintzberg vs Henri Fayol: of lighthouse, cubist and the emperor´s new clothes. **The Journal of Applied Management and Entrepreneurship,** Fort Lauderdale, v. 8, n. 4, p. 330-356, outubro de 2003.

[5] MINTZBERG, H. (1973). **The Nature of Managerial Work**. Nova York: Harper & Row.

[6] MINTZBERG, H. (1975). The Manager's Job: Folklore and Fact. **Harvard Business Review**.

[7] MINTZBERG, H. (1986). Trabalho do executivo: o folclore e o fato. São Paulo: Nova Cultural. **Coleção Harvard de Administração**, n. 3, p. 5-37.

[8] MINTZBERG, H. (1997). Managing on the edges, **International Journal of Public Sector Management**, vol. 10 Issue: 3, pp. 131-153.

[9] MINTZBERG, H. (2004). **Ascensão e queda do planejamento estratégico**. Porto Alegre: Bookman.

[10] MINTZBERG, H (2010). **Managing: desvendando o dia a dia da gestão**. 1ª edição. Porto Alegre: Bookman.

[11] ROSIM, D. (2013) **Trabalho do dirigente da pequena empresa:** estudos de caso em empresas do setor metal mecânico. Dissertação de Mestrado. Universidade de São Paulo: Escola de Engenharia de São Carlos.

[12] RAUFFLET, E. (2005). Os gerentes e suas atividades cotidianas. *In*: DAVEL, E; MELO, M. C. O. (org). **Gerência em ação:** Singularidades e dilemas do trabalho gerencial. Rio de Janeiro: FGV, p. 67-82.

[13] SAYLES, L. R. (1964). **Managerial Behaviour: administration in complex organization.** São Francisco: McGraw-Hill.

[14] STEWART, R. (1967). **Managers and their jobs.** Londres: Pan Books.

[15] STEWART, R. (1982). A model for understanding managerial jobs and behavior. **The Academy of Management Review**, Anaheim, v. 7, n. 1, p. 7-13, novembro.

[16] TENGBLAD, S. (2006). Is there a "new managerial work"? A comparison with Henry Mintzberg´s classic study 30 years later**. Journal of Management Studies**, v. 43, n. 7.

CAPÍTULO 4

O DIRIGENTE NO DESEMPENHO DO PROCESSO EMPREENDEDOR

LUIZ PHILIPPSEN JR.

As pequenas empresas têm especificidades e heterogeneidades, discutidas nos capítulos introdutórios e, inclusive, entre as próprias pequenas empresas. Aceitando como premissa as especificidades e heterogeneidades existentes, surge uma nova questão: as diferenças existentes entre as pequenas empresas são também percebidas por seus dirigentes? E, caso positivo, quais são as características dos dirigentes empreendedores que os distinguem daqueles considerados como não empreendedores?

Considerando a complexidade do tema, este capítulo tem como recorte o processo empreendedor e as características empreendedoras das pequenas empresas a partir da análise da literatura e das múltiplas perspectivas apresentadas.

AS PEQUENAS EMPRESAS SÃO TODAS IGUAIS?

Nas discussões sobre as pequenas empresas existem quatro principais perspectivas pelas quais elas podem ser analisadas:[15]

1. as características pessoais de quem decide iniciar um negócio;
2. a organização que o dirigente desenvolve*;
3. o ambiente externo no qual a pequena empresa está inserida; e
4. os processos adotados pelo dirigente quando da implantação da empresa.

O processo empreendedor perpassa as quatro perspectivas. Porém, alguns aspectos da pequena empresa devem ser discutidos, assim como os do trabalho do dirigente da pequena empresa, para melhor compreensão do processo empreendedor e, principalmente, das principais características que o distingue do desempenho do dirigente no processo administrativo.

Durante muito tempo esteve vigente o "paradigma da pequena grande empresa", em que o porte se referia apenas a um estágio embrionário da empresa antes de crescer, expandir e tornar-se uma grande empresa ou encerrar suas atividades.[8,38]

Com o passar dos anos, por meio de novos estudos e pesquisas desenvolvidas, comprovou- se que as pequenas empresas possuem especificidades de organização e gestão quando comparadas com as grandes empresas.[6,7,14,22,27,35] As especificidades da pequena empresa — organizacionais, decisionais e individuais — representam características não verificadas nas grandes empresas e que, mesmo entre as próprias pequenas empresas, podem apresentar diferenças que as distinguem entre seus setores econômicos e, até mesmo, dentro de um mesmo setor.[2]

Como exemplo da não homogeneidade existente entre as próprias pequenas empresas, tomam-se como exemplos uma startup e uma pequena empresa de manufatura industrial. A primeira tem alguns poucos funcionários de alta formação acadêmica e focados em seu dia a dia na solução de problemas; a segunda tem muitos funcionários, majoritariamente de qualificação técnica, com tarefas executadas com menor autonomia e maior prescrição. Fica claro, portanto, que essas duas pequenas empresas não podem ser compreendidas mediante um mesmo viés de análise, e tampouco pela atuação de seus dirigentes.

---

* A expressão utilizada pelo autor, em inglês, foi *organization*; que neste caso deve ser compreendida como administração no sentido de estrutura organizacional e gestão.

A presunção de homogeneidade das pequenas empresas acarreta falhas para sua real compreensão, as quais são, muitas vezes, também observadas em programas governamentais que tendem a:[32]

* não considerar as diferenças existentes dentro de um mesmo setor industrial, assim como desconsiderar seu contexto econômico e social;
* atribuir a todas as pequenas empresas os mesmos desempenhos ideais;
* idealizar que todas as pequenas empresas são internamente conduzidas por interesses comuns em harmonia entre dirigentes-proprietários e funcionários; e
* definir características organizacionais hierárquicas similares para todas as pequenas empresas.

Apesar do critério simplista a partir de dados quantitativos para definição do que é uma pequena empresa, observado durante muito tempo nos órgãos de financiamento, fomento e treinamento do Brasil,[32] há algumas características em comum que definem e agrupam as pequenas empresas a partir da análise do trabalho do dirigente, tais como:[6,7,13,17,35]

* gestão centralizada na figura do dirigente;
* importância da figura do dirigente no sucesso da empresa;
* planejamento fundamentado na intuição e no curto prazo;
* hierarquia organizacional reduzida e pouco estruturada; e
* tomada de decisão centralizada no dirigente.

Considerando a inexistência de homogeneidade entre as pequenas empresas, é possível inferir que o próprio trabalho do dirigente da pequena empresa também tem especificidades que devem ser consideradas para compreensão de sua atuação e gestão. Nesse sentido, o trabalho do dirigente pode variar conforme as características do negócio no qual a pequena empresa atua, as experiências e formação do próprio dirigente, os processos desenvolvidos e o ambiente externo no qual a pequena empresa está inserida.

QUAIS SÃO AS CARACTERÍSTICAS DO DIRIGENTE DA PEQUENA EMPRESA?

As pequenas empresas são tradicionalmente iniciadas a partir do controle do negócio pelo dirigente no qual o capital externo, quando utilizado, torna-se um diluidor do controle da empresa pelo dirigente.[9] De forma geral, o dirigente da pequena empresa pode ser definido como um indivíduo que estabelece e administra seu negócio visando promover seus objetivos pessoais, sendo o negócio sua principal fonte de renda e que consome seu tempo e recursos.[3]

Complementarmente, três aspectos fundamentais devem ser considerados para a análise do dirigente da pequena empresa, diretamente ligados às habilidades técnicas, habilidades com pessoas e habilidades conceituais:[14]

1. como o dirigente planeja e distribui seu tempo;
2. como e com quem o dirigente relaciona-se; e
3. quais são os elementos principais para a execução de suas funções.

As características do dirigente — experiência e formação profissional, idade, gênero, etnia, formas de gestão e treinamento gerencial ou satisfação no trabalho e relação com a vida pessoal — estão presentes nos estudos que buscam compreender a pequena empresa a partir do trabalho desempenhado por seu dirigente.[4,7,30]

A essência da gestão na pequena empresa consiste nas situações do dia a dia e suas relações com clientes, fornecedores, instituições financeiras, contadores, diferentes canais de divulgação de produtos, funcionários, autoridades de regulamentação e controle, pessoas do círculo de conhecimento, amizade e família do dirigente.[16] Sendo assim, o estilo de gestão nas pequenas empresas tende para a forma centralizada e concentrada em uma única pessoa — o próprio dirigente — sendo tal centralização compreendida por meio da proximidade em que o dirigente se encontra tanto do processo de produção quanto de seus funcionários.[34]

Até os anos 1990, a teoria relacionada ao trabalho do dirigente buscava compreendê-lo a partir das especificidades de sua gestão. A partir dos anos 2000, a análise passa a considerar a proximidade gerencial do dirigente com as atividades que o cercam. O Quadro 1 apresenta a síntese dessas principais características.[34,35]

Quadro 1 » Abordagem de gestão da pequena empresa: especificidades e proximidade

Construtos da gestão da pequena empresa	Características
Gestão fundamentada nas especificidades	Pequeno porte Gestão centralizada Baixo nível de especialização Sistema de informação simples e informal Estratégia simples e formulada informalmente
Gestão fundamentada na proximidade	Proximidade espacial Hierarquia próxima Proximidade intrafuncional Coordenação próxima Sistema de informação próximo Proximidade temporal

Como a pequena empresa possui especificidades que se relacionam ao trabalho do dirigente, torna-se fundamental analisar as formas pelas quais ele desempenha suas atividades. Nesse sentido, uma parte importante da análise do dirigente da pequena empresa se dá pela discussão de seu processo de gestão e, no âmbito deste capítulo, a partir do processo empreendedor.

O PROCESSO EMPREENDEDOR NAS PEQUENAS EMPRESAS

Joseph Alois Schumpeter, um dos principais nomes da economia no século XX, trouxe a categoria *empreendedor* para as discussões econômicas. Os estudos sobre o tema, de forma sistematizada, surgem a partir dos anos 1940, quando se buscava definir o que é empreendedorismo[5] e, já na década seguinte, compreender as diferenças entre gerentes e empreendedores.[18]

Diversos estudos começaram a aprofundar a discussão e compreensão de dirigentes de pequenas empresas e empreendedores, tratando seus trabalhos de maneira específica e, muitas vezes, antagônica. Em vista disso, o dirigente de uma pequena empresa não é necessariamente um empreendedor; da mesma forma, a característica empreendedora pode ser também encontrada para além das pequenas empresas — muitas grandes empresas encorajam, cada vez mais, tal habilidade entre seus funcionários.[19] O próprio adjetivo empreendedor carrega em si peso e importância contemporânea tal que muitas vezes é utilizado de forma pouco contextualizada, em que os dirigentes de pequenas empresas no desempenho do processo administrativo na verdade constituem a maior parte dos proprietários das pequenas empresas existentes.[21] Há, portanto, diferenças entre a atuação de dirigentes de pequenas empresas em processos empreendedores e processos administrativos que precisam ser discutidas.

Um dos aspectos fundamentais sobre o empreendedor é relacionar-se de forma direta com a inovação e o crescimento ou no desempenho da pequena empresa,[10,12] com maior propensão e aceitação dos riscos do negócio.[2,26] O processo empreendedor conecta-se com a experiência prévia do dirigente no negócio em desenvolvimento, seu comportamento voltado para aprendizagem, capacidade de percepção de oportunidades e, inclusive, de diferenciação dos possíveis competidores existentes no negócio.[20] Uma ampla rede de contatos, traduzindo-se em habilidades sociais, e as tomadas de decisão apoiadas na intuição associada às experiências prévias, traduzindo-se em habilidades de atuação em ambientes externos complexos, também são parte da relação entre processo e características empreendedoras.[11,20]

As pequenas empresas em que as características gerais dos empreendedores e o processo empreendedor são verificados podem ser definidas como empresas de orientação empreendedora. Portanto, a orientação empreendedora é compreendida como uma medida organizacional em que as múltiplas dimensões envolvidas se refletem, no âmbito das pequenas empresas, no comportamento gerencial e nas atitudes do dirigente.[21,29] O comportamento e as atitudes empreendedoras são explicadas por três características fundamentais observadas em empreendedores de pequenas empresas:[31]

1. A decisão de encerrar a atividade ou vender a empresa não se apresenta como uma possibilidade de realização profissional ou pessoal.
2. Condução e desenvolvimento de sua própria empresa em vez de trabalhar em uma empresa, mesmo com um salário maior.
3. Dedicação à sua própria empresa em vez de escolher uma outra trajetória profissional.

Nota-se que a pequena empresa não pode ser dissociada das motivações e ações realizadas por seu ator principal: o dirigente-proprietário. No entanto, as habilidades empreendedoras e as habilidades derivadas da propriedade no universo das pequenas empresas assumem características distintas, ambas coexistindo com habilidades comuns[2,3] encontradas, inclusive, em administradores de grandes empresas.[19] A Figura 1 apresenta uma síntese das habilidades empreendedoras fundamentadas em características adaptativas e orgânicas, confrontadas com aquelas decorrentes da propriedade da pequena empresa, de características preditivas e mecanicistas.[1,5,7]

Figura 1 » Habilidades empreendedoras e de propriedade do dirigente da pequena empresa

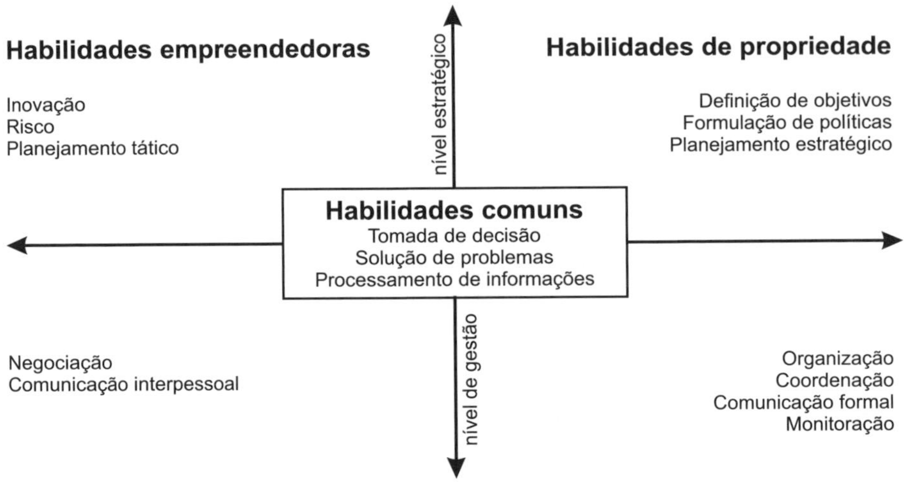

Dentre as habilidades do processo empreendedor destaca-se a importância da visão do negócio, definida como "a imagem projetada no futuro do espaço de mercado futuro a ser ocupado pelos produtos e o tipo de organização necessária para se alcançar isso".[13] E, dentro do processo empreendedor, são percebidos cinco elementos principais, apresentados no Quadro 2.

Apesar da identificação dos elementos principais, ainda coexistem alguns mitos relacionados ao processo empreendedor, tais como: capacidade inata, exploração da força de trabalho, necessidade de recursos próprios para iniciar o negócio e sucesso atribuído à sorte e não ao desenvolvimento de habilidades prévias.[28] Ainda assim, o elemento que parece melhor definir o processo empreendedor recai sobre sua capacidade de desenvolvimento e implementação do processo visionário.[13]

Quadro 2 » Elementos principais do processo empreendedor

Elementos do processo empreendedor	Descrição dos componentes
Visualizar	Visão Identificar um setor de negócio e detectar uma oportunidade, ocupando de uma forma que ninguém havia pensado em fazer dessa maneira antes Atender uma necessidade não satisfeita no mercado Planejar e intuir
Criar uma arquitetura de negócios	Refinar a visão Formular visões complementares Prever atividades e tarefas a serem desempenhadas Organizar e estabelecer limites da atividade Detectar o alvo Identificar o espaço de mercado que se deseja ocupar
Animar/dar vida à empresa	Ligar as atividades e tarefas aos recursos humanos Recrutar e selecionar recursos humanos Dirigir os recursos humanos para realização das visões Comunicar, motivar e liderar
Monitorar	Comparar as realizações e os recursos usados com os objetivos atendidos Corrigir, ajustar e melhorar
Aprender	Questionar o que foi feito e com foi feito Considerar sempre as alternativas existentes Raciocinar, imaginar e redefinir a visão central e as visões complementares

A orientação empreendedora, como estratégia desenvolvida para a empresa buscar novas oportunidades de mercado, é também diretamente relacionada ao processo empreendedor do dirigente.[25] A orientação empreendedora como estratégia se mostra como fator de sucesso para o bom desempenho de pequenas empresas, no sentido em que se observa nelas uma capacidade dinâmica.[10,25,36] E a capacidade dinâmica se traduz em desempenho na medida em que a pequena empresa é hábil na construção, integração e reconfiguração de seu negócio em ambientes externos complexos e em constante mudança.[36] Essa habilidade é traduzida por ambos os conceitos de exploração* — em que a pequena empresa aproveita recursos

* As expressões utilizadas pelos autores, em inglês, são *exploitation* e *exploration*, respectivamente.

e conhecimentos de áreas já existentes e também consegue operar com novas ideias em ambientes desconhecidos.[12] A Figura 2 apresenta a síntese das relações existentes entre a orientação empreendedora e o desempenho de pequenas empresas influenciadas por processos empreendedores.[12]

Figura 2 » Orientação empreendedora e sua relação com o desempenho

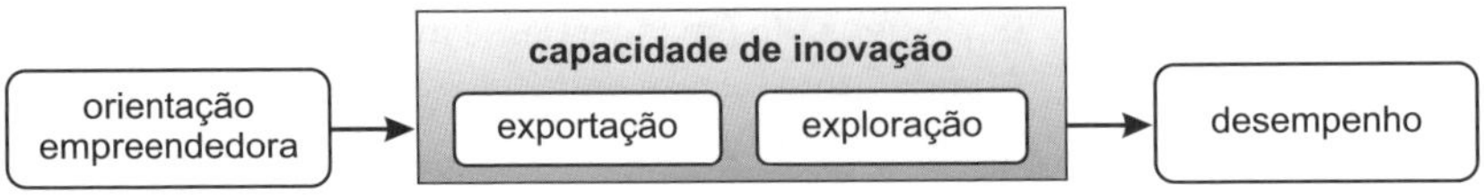

Além da orientação empreendedora, diversas pesquisas abordam as pequenas empresas a partir das características pessoais do empreendedor, inclusive confrontando-as com a do dirigente.[23,33,37] O Quadro 3 apresenta uma síntese das características pessoais e de gestão de dirigentes caracterizados pelo desempenho de seu trabalho por meio do processo empreendedor ou por meio do processo administrativo.[13,37]

Quadro 3 » Características pessoais e de gestão de empreendedores e dirigentes da pequena empresa

Processo empreendedor	**Processo administrativo**
Visionário Comprometido com sua visão Jornada e horários de trabalho indefinidos Inclusão de colaboradores visando à implantação de sua visão Inicia o processo de criação da empresa Contratação de funcionários baseada em sua visão Atenção dispensada fundamentalmente à estratégia organizacional	Aplicação das habilidades para sustento Jornada de trabalho definida A empresa é "apenas a empresa" Atividades em família, lazer e hobbies são tão importantes quanto a empresa Desempenho de atividades essencialmente operacionais no dia a dia Contratação de funcionários adequados ao desempenho de determinada função específica Atenção dispensada às atividades operacionais
Síntese: habilidades para desenvolver negócios, senso de competitividade e inovação, qualificação para correr riscos e explorar novas oportunidades para a empresa.	**Síntese:** habilidades de liderança e coordenação, grande conhecimento na aplicação de técnicas de organização do trabalho, experiência prévia em gestão e, particularmente, voltado à comunicação e mobilização para resultados.

Considerando que dirigentes de pequenas empresas que desempenham suas atividades por intermédio de processos empreendedores têm características que os diferem de dirigentes que desempenham suas atividades por intermédio de processos administrativos — como comportamento de maior aceitação ao risco, senso de inovação e competitividade, proatividade e autonomia —[26] a discussão proposta neste capítulo busca contribuir para o desenvolvimento de programas e políticas voltadas para as pequenas empresas de orientação empreendedora, fundamentais para países em desenvolvimento como o Brasil.

Não é possível distinguir a dança do dançarino: usando da mesma analogia, é também impossível distinguir a pequena empresa de seu dirigente-proprietário sob risco de perder a compreensão do fenômeno ou do todo.[15]

CONSIDERAÇÕES FINAIS

O trabalho do dirigente da pequena empresa está relacionado às suas habilidades, processos de gestão e características pessoais. O processo empreendedor requer uma alta capacidade criativa, ou senso de inovação, ao mesmo tempo em que também deve ter capacidade administrativa, ou capacidade de visão e planejamento, para viabilizar e operar seu negócio.[28]

As competências do empreendedor na pequena empresa são caracterizadas pela capacidade de identificação e definição de um nicho viável de mercado, desenvolvimento de produtos que atendam as necessidades desse nicho de mercado identificado, geração de ideias e reconhecimento das oportunidades com formulação de estratégias que possam se aproveitar das oportunidades existentes.[24] Empreendedores tendem a comportar-se de forma mais intuitiva e menos analítica do que não empreendedores, apesar da busca para identificar e definir seu nicho de mercado.[1,24]

Nesse sentido, empreendedores enfatizam a importância da criatividade, do correr riscos e da inovação como aspectos-chave de sua gestão, na qual definir problemas e encontrar oportunidades são enfatizadas como competências almejadas.[26,31,36]

Ainda que este capítulo tenha apresentado uma tentativa de revisão sobre o processo empreendedor nas pequenas empresas, é importante reiterar a existência de grande diversidade entre as próprias pequenas empresas, o que traz algumas limitações quando da tentativa de simples transposição da teoria para a realidade.[30] Novos estudos, decorrentes de novos cenários e seus ambientes externos, são permanentemente necessários.

REFERÊNCIAS

[1] ARMSTRONG, S. J.; HIRD, A. Cognitive style and entrepreneurial drive of new and mature business owner-managers. **Journal of Business and Psychology**, v. 24, n. 4, p. 419-430, 2009.

[2] BEGLEY, T. M.; BOYD, D. P. Psychological characteristics associated with performance in entrepreneurial firms and smaller businesses. **Journal of Business Venturing**, v. 2, n. 1, p. 79-93, 1987.

[3] CARLAND, J. W. et al. Differentiating entrepreneurs from small bussiness owners: a conceptualization. **Academy of Management Review**, v. 9, n. 2, p. 354-359, 1984.

[4] CEGARRA-LEIVA, D.; SÁNCHEZ-VIDAL, E.; CEGARRA-NAVARRO, J. G. Work life balance and the retention of managers in spanish SMEs. **The International Journal of Human Resource Management**, v. 23, n. 1, p. 91-108, 2012.

[5] COLE, A. H. An approach to the study of entrepreneurship: a tribute to Edwin F. Gray. **The Journal of Economy History**, v. 6, n. S1, p. 1-15, 1946.

[6] CURRAN, J. 'Specificity' and 'Denaturing' the Small Business. **International Small Business Journal**, v. 24, p. 205-210, 2006.

[7] D'AMBOISE, G.; MULDOWNEY, M. Management theory for small business: attempts and requirements. **Academy of Management Review**, v. 13, p. 226-240, 1988.

[8] DANDRIDGE, T. C. Children are not 'little grown-ups': small business needs its own organizational theory. **Journal of Small Business Management**, v. 17, p. 53-57, 1979.

[9] DE FRAJA, G. Entrepreneur or manager: who runs the firm? **The Journal of Industrial Economics**, v. 44, n. 1, p. 89-98, 1996.

[10] FANG, G. G. et al. Effects of entrepreneurial orientation, social media, and innovation capabilities on SME performance in emerging countries: a mediated-moderated model. **Technology Analysis & Strategic Management**, v. 34, n. 11, p. 1326-1338, 2022.

[11] FATIMA, T.; BILAL, A. R. Achieving SME performance through individual entrepreneurial orientation: an active social networking perspective. **Journal of Entrepreneurship in Emerging Economies**, v. 12, n. 3, p. 399-411, 2020.

[12] FERREIRA, J.; COELHO, A. Dynamic capabilities, innovation and branding capabilities and their impact on competitive advantage and SME's performance in Portugal: the moderating effects of entrepreneurial orientation. **International Journal of Innovation Science**, v. 12, n. 3, p. 255-286, 2020.

[13] FILION, L. J. Differences in managerial systems of owner-managers – small-business entrepreneurs and small-business operators. **Canadian Journal of Administrative Sciences**, v. 13, n. 4, p. 306-320, 1996.

[14] FLORÉN, H. Managerial work in small firms: summarizing what we know and sketching a research agenda. **International Journal of Entrepreneurial Behavior & Research**, v. 12, n. 5, p. 272-288, 2006.

[15] GARTNER, W. B. "Who is the entrepreneur?" is the wrong question. **Entrepreneurship Theory and Practice**, p. 47-67, 1989.

[16] GIBB, A. A. SME policy, academic research and the growth of ignorance, mythical concepts, myths, assumptions, rituals and confusions. **International Small Business Journal**, v. 18, n. 3, p. 13-35, 2000.

[17] GRAY, C.; MABEY, C. Management development: key differences between small and large businesses in Europe. **International Small Business Journal**, v. 23, n. 5, p. 467-485, 2005.

[18] HARTMANN, H. Managers and entrepreneurs: a useful distinction. **Administrative Science Quarterly**, v.3, n.3, p. 429-451, 1959.

[19] HASHIMOTO, M.; NASSIF, V. M. J. Inhibition and encouragement of entrepreneurial behavior: antecedents analysis from managers' perspectives. **Brazilian Administration Review**, v. 11, n. 4, p. 385-406, 2014.

[20] HSIEH, L. et al. A multidimensional perspective of SME internationalization speed: the influence of entrepreneurial characteristics. **Internacional Business Review**, v. 28, p. 268-283, 2019.

[21] KOE, W-L. The relationship between individual entrepreneurial orientation (IEO) and entrepreneurial intention. **Journal of Global Entrepreneurship Research**, v. 6, n. 13, p. 1-11, 2016.

[22] LEONE, N. M. C. P. G. As especificidades das pequenas e médias empresas. **Revista de Administração**, v. 34, n. 2, p. 91-94, 1999.

[23] LOFSTROM, M.; BATES, T.; PARKER, S. C. Why are some people more likely to become small-businesses owners than others: Entrepreneurship entry and industry-specific barriers. **Journal of Business Venturing**, v. 29, n. 2, p. 232-251, 2014.

[24] MITCHELMORE, S.; ROWLEY, J. Entrepreneurial competencies: a literature review and development agenda. **International Journal of Entrepreneurial Behavior & Research**, v. 16, n. 2, p. 92-111, 2010.

[25] MORETTI, D. M.; ALVES, F. C.; BOMTEMPO, J. V. Entrepreneurial-oriented strategic renewal in Brazilian SME: a case study. **Journal of Small Business and Enterprise Development**, v. 27, n. 2, p. 219-236, 2020.

[26] NAKKU, V. B. et al. The interrelationship between SME government support programs, entrepreneurial orientation, and performance: a developing economy perspective. **Journal of Small Business Management**, v. 58, n. 1, p. 2-31, 2020.

[27] O'GORMAN, C.; BOURKE, S.; MURRAY, J. A. The nature of managerial work in small growth-orientated businesses. **Small Business Economics**, v. 25, p. 1-16, 2005.

[28] PERUSSI FILHO, S. Empreendedorismo e pequena empresa como alternativa de trabalho para o administrador. *In*: ARAGÃO, J. E. de O. S.; ESCRIVÃO FILHO, E. (Org.). **Introdução à Administração: desenvolvimento histórico, educação e perspectivas profissionais**. São Paulo: Atlas, 2016. Cap. 12, p. 199-221.

[29] SORAMA, K.; JOENSUU-SALO, S. Entrepreneurial orientattion, firm growth and performance in SMEs: testing the scale of EO in the SME context. **Entrepreneurship Research Journal**, [in press], 2022.

[30] STOREY, D. J. Optimism and chance: the elephants in the entrepreneurship room. **International Small Business Journal**, v. 29, n. 4, p. 303-321, 2011.

[31] SUMIATI, S. Improving Small business performance: the role of entrepreneurial intensity and innovation. **Journal of Asian Finance, Economics and Business**, v. 7, n. 10, p. 211-218, 2020.

[32] TAFNER, P. **Estratificação de empresas: histórico e proposta de classificação**. Rio de Janeiro: IPEA, 1995. P. 57. Texto para discussão nº 386. Disponível em <http://www.ipea.gov.br/portal/index.php? option=com_content&view=article&id=3500> . Acesso em: 24 de abril de 2015.

[33] TORRES, J. L. N.; WATSON, W. An examination of the relationship between manager self-efficacy and entrepreneurial intentions and performance in mexican small businesses. **Contaduría y Administración**, v. 58, n. 3, p. 65-87, 2013.

[34] TORRÈS, O. The SME concept of Pierre-André Julien: an analysis in terms of proximity. **Picola Impresa/Small Business**, v. 17(2), p. 51-62, 2004a. Disponível em: <http://oliviertorres.net/travaux/pdf/TORRESINGL.pdf>. Acesso em 3 de maio de 2015.

[35] TORRÈS, O.; JULIEN, P. A. Specificity and denaturing of small business. **International Small Business Journal**, v. 23, p. 355-377, 2005.

[36] ZACCA, R.; ALHOQAIL, S. Entrepreneurial and market orientation interactive effects on SME performance within transitional economies. **Journal of Research in Marketing and Entrepreneurship**, v. 23, n. 2, p. 268-281, 2021.

[37] WAGENER, S. L.; GORGIEVSKI, M. J.; RIJSDIJK, S. A. Businessman or host? Individual differences between entrepreneurs and small business owners in the hospitality industry. **Service Industries Journal**, v. 30, n. 9, p. 1513- 1527, 2010.

[38] WELSH, J. A; WHITE, J. F. A small business is not a little big business. **Harvard Business Review**, v. 59, p. 18-&, 1981.

CAPÍTULO 5

O DIRIGENTE DIALÓGICO E A PEQUENA EMPRESA:

PROPOSTAS DE NOVAS FORMAS DE ALTERIDADE E CAMINHOS COMUNICACIONAIS PARA A SUA ROTINA DE TRABALHO

Luís Fernando Soares Zuin

Murilo Mesquita Baesso

Fernando de Lima Caneppele

Por que o dirigente de uma pequena empresa poderia buscar desenvolver postura, métodos e metodologias dialógicas para serem empregadas em sua rotina produtiva? Para responder a essa pergunta e outras que naturalmente surgirão, nos pautaremos em autores que pesquisaram e escreveram sobre a postura dialógica nos sujeitos, como, por exemplo, Michael Bakhtin,[2,3,4] conhecido como filósofo do diálogo.

Em nosso cotidiano, a palavra comunicação, ou melhor, os sentidos contidos nela, é o que faz com que nós possamos compreender a vida no mundo concreto, nas mais variadas formas e momentos das interações, pois por meio da palavra e demais signos envoltos nessas interações conseguimos interpretar os eventos no mundo concreto, gerando constantemente novos significados.[2] Para Bakhtin,[2] a consciência de uma pessoa somente se dá pela presença de outra consciência, sendo ambas mediadas e cotejadas pela palavra, uma vez que nos constituímos, e também constituímos o outro, por meio da interação. Portanto, em seu estudo, a existência do outro (por meio dos desdobramentos das inúmeras interações) forma a consciência nos sujeitos,[9] seus interlocutores. Consequentemente, para Bezerra[5], a comunicação dialógica seria um:

> [...] procedimento que constrói a imagem do homem num processo de comunicação interativa, no qual eu me vejo e me reconheço através do outro, e na imagem que o outro faz de mim (p. 194).

Os atos e suas interações nos mais variados locais, inclusive nas rotinas produtivas das organizações, apresentam-se de duas formas.[9] A primeira é denominada de *ato concreto*, e a segunda de *ato atividade*. O ato concreto realizado não pode ser repetido no mundo pelos sujeitos porque está atrelado ao momento em que foi produzido, sendo esse momento irrepetível em todas suas variáveis e movimentos. Entretanto, quando analisamos o ato (ação) como uma atividade, buscam-se variáveis e elementos comuns, ou seja, algum aspecto repetível dos inúmeros atos que a compõem, pois caso alguns aspectos do ato não pudessem ser repetíveis estaríamos sofrendo *"a tirania da eterna descoberta do agir, um eterno redescobrimento do novo cronotópico"* (p. 11)[9], um recorte no espaço-tempo no qual a atividade aconteceu.

Diante desses dois conceitos de *atos*, um dos desafios para os investigadores das ciências sociais aplicadas seria como transitar e transbordar a informação coletada na parte inédita do ato (o seu particular no momento que se manifesta no mundo concreto) e, por outro lado, identificar o componente que pode ser generalizado para outros locais, tempos, interações e contextos. Todavia, é necessário destacar que sem a singularidade temporal do ato, tudo seria absolutamente igual entre os sujeitos e suas interações, algo que não ocorre no mundo concreto. Antes de sua concretude no mundo, o ato passa por um processo que o potencializa, ou seja, identificamos e percebemos no fenômeno que o revela a potência de sua atividade, sendo este um recorte feito de uma atividade realizada da interação dos interlocutores.[9] Entre essas duas formas de pensar o ato concreto e a atividade está o único e generalizável, ou seja, o dirigente dialógico transitará em suas organizações, em suas rotinas produtivas e em suas organizações.

Aplicar o referencial teórico bakhtiniano nas empresas (urbanas e rurais) em suas rotinas de trabalho é compreender que cada gestor e funcionário terá e determinará um olhar e relação específicos com a realidade expressa no mundo concreto, com necessidades e perspectivas singulares em intensidades, profundidades e amplitudes. Identificar essas diferenças e propor caminhos que efetivamente aproximem os sentidos e significados desses sujeitos, bem como os caminhos a serem percorridos pelas empresas, garantindo sua sobrevivência no mercado, é o grande desafio atemporal do dirigente dialógico. No contexto de uma empresa dialógica a principal atividade do dirigente é identificar em seu ambiente produtivo, o qual é fluido, inacabado e heterogêneo, os sentidos e significados que os sujeitos apresentam em suas rotinas de trabalho, cotejados por um conjunto de vivências e experiências, não apenas aquelas diretamente identificáveis em seu ambiente produtivo, mas também em outros momentos no cotidiano de suas vidas, com suas famílias, amigos, colegas e outros sujeitos.[10,11,12,14,15]

No entanto, quando olhamos de forma crítica as interações presentes no dia a dia entre os sujeitos, a comunicação e seus caminhos se acentuam, merecendo um maior destaque para a interação com base dialógica. Ela é o principal atributo para a construção de uma realidade produtiva sustentável e inovadora, na qual são consideradas as várias vozes com seus diversos significados e sentidos, tanto dos dirigentes como de seus funcionários.[10,11,12,14,15] Portanto, a principal pergunta que se tece neste capítulo do livro é: *Quais seriam as posturas e caminhos metodológicos interacionais empregados na rotina produtiva de uma organização familiar para que o ambiente de trabalho e seu dirigente sejam considerados dialógicos?*

O AMBIENTE PRODUTIVO SOB O OLHAR DO DIRIGENTE DIALÓGICO

O primeiro passo a fim de se ter um dirigente dialógico é este identificar qual o tipo de ambiente produtivo, constituído por suas inúmeras interações, pode ser encontrado em sua empresa. Essa busca se reflete nas atividades gerenciais como: diagnosticar, analisar, propor e implementar soluções nas várias situações apresentadas em suas rotinas produtivas. O dirigente dialógico busca se conscientizar, independentemente do local e tamanho de sua empresa, de que ele trabalhará em um ambiente tanto interno como externo, em que há uma enorme complexidade de fatores e inúmeros intercambiamentos. A complexidade e suas incertezas, presentes diariamente no empreendimento, são um componente natural nas rotinas produtivas, nas quais alguns eventos problemáticos e indesejáveis apresentam correlações fáceis e até automáticas de serem descobertas e corrigidas.[15] Nas rotinas produtivas, a busca imediata e monológica da eliminação das incertezas pode não ser o caminho mais fácil para se obter o comprometimento dos funcionários e, com isso, a satisfação dos sujeitos envolvidos nesse processo. Os sujeitos em um ambiente dialógico, sabendo lidar com as incertezas, podem constituir nas organizações um caminho metodológico participativo que seja viável. O pensamento dialógico vai ao encontro da complexidade dos fenômenos sabendo que a ordem e a desordem coexistem, bem como as certezas e incertezas, sendo que os sujeitos envoltos em relações dialógicas (polifônicas e equipotentes) não buscam o protagonismo de uma verdade única e absoluta, mas uma que seja plástica e abrangente.[8,15]

Por outro lado, há problemas e desafios nos ambientes produtivos os quais podem conter componentes de difícil diagnóstico e proposição de soluções viáveis. Pode parecer uma sugestão simplista demais, mas o dirigente dialógico deve, como principal atividade, buscar dialogar com o outro, escutar o outro, a fim de obter a maior quantidade possível de pessoas e fontes de informações para, então, determinar como será implementado um caminho ou uma atividade produtiva em sua organização. Dessa forma, o primeiro ponto de sua postura dialógica é entender que o processo de tomada de deliberação inclui momentos dialógicos (eu-para-outro) e também monológicos (eu-para-si).[9,15] Ao percorrer os dois caminhos, o dialógico e o monológico, os sujeitos se deparam com algo que não é tranquilo e afável, pois é na palavra o lugar da luta ideológica entre os sentidos e significados dos sujeitos que estão interagindo.[2] Mas como ocorre essa produção de sentidos e significados nos dirigentes dialógicos em suas organizações de pequeno porte nas rotinas produtivas?

A ESCOLHA DE NOVOS SENTIDOS PELO DIRIGENTE DIALÓGICO

O processo de produção de sentidos e significados em uma pessoa é determinado por um conjunto de constituintes, elementos e caminhos na vida, mas não apenas o dela, mas o de outras pessoas também.[2] A fim de percorrer esse caminho de produção de sentidos e significados, os falantes buscam propiciar que seus interlocutores compreendam e internalizem os conteúdos dos diálogos. Para fins didáticos, os falantes devem considerar alguns aspectos durante as vivências e experiências das interações.[2,3,4,6,9,15]

O primeiro seria falar a mesma língua. Pode parecer um componente básico, até simplório em sua explicação, ainda mais quando consideramos os falantes pertencentes a um mesmo país; porém, a realidade é mais complexa e multifacetada, com uma enormidade de variedades linguísticas. Outro ponto que dificulta o entendimento dos sentidos das palavras é que a língua não é um construto acabado, ao contrário, a presença de sua fluidez faz com que vá se alterando, de forma delicada e constante, o sentido das palavras. Um exemplo seria a contínua introdução de novas palavras pertencentes a outras línguas no português brasileiro, as quais são acompanhadas e desdobradas, em parte ou na totalidade, por seus inúmeros sentidos e significados.[2,3,4,6]

Logo em seguida, outro elemento seria o reconhecimento entre os falantes de um determinado horizonte espacial, o qual é compartilhado e identificado entre os falantes. Identificar e compartilhar esse elemento constitutivo não significa que os dois sujeitos estejam no mesmo lugar e momento sincrônico da interação.[16,17] A ideia do reconhecimento de um horizonte espacial compartilhado significa que os interlocutores estão cotejando seus textos em um determinado tema, identificando um mesmo recorte no espaço-tempo, o qual se apresenta no momento da interação. O tema do assunto dialogado pressupõe um limite, um recorte na realidade vivenciada num determinado momento na interação entre os sujeitos. Por exemplo, mesmo quando um sujeito lê um livro cujo autor já pode até ter falecido, ainda assim nesse recorte espaço-tempo há um cotejamento dos dois textos, o do leitor e do autor.[2]

Outro constituinte é propiciar a tomada de valor (um posicionamento) sobre o que está sendo dito pelos falantes. O tom da voz em que as palavras são ditas revela uma valorização dos sentidos e significados entre os interlocutores. No diálogo não pode haver um álibi dos posicionamentos dos falantes, não há neutralidade, a todo momento estes são convidados a tomar uma posição responsável sobre o que está sendo dito, isto é, um posicionamento. O ato da responsabilidade é intrínseco a um sujeito por aquilo que diz quando ele externaliza seu projeto de dizer, o qual depende de suas vivências e experiências constituídas durante a vida, ou seja, das vozes que escutou e que, adentrando no auditório social presente em sua mente, interagem. As formas de compreender uma realidade que nos cerca ocorrem por meio de uma tomada de valor, na qual o sujeito determina um valor para um evento, pois o mundo concreto é onde encontra-se o sentido e sua elaboração derivada de um evento, sendo este o lugar do não álibi, da decisão.[2,3,4,9]

Por último, temos o ato de desvendar os significados presentes nos discursos dos sobredestinatários. No diálogo que ocorre sempre entre dois interlocutores ou mais sujeitos invariavelmente haverá ao menos mais um sentido de mais uma pessoa (podendo haver mais de uma) presente, sendo ela denominada de sobredestinatário. Esse terceiro, ou mais sujeitos, pode ser definido como aquele que determina em uma comunidade as regras, normas, condutas, entre outros limitadores e determinadores de comportamentos, existentes na sociedade. Nas empresas, uma das vozes do sobredestinatário seriam as relações históricas entre as pessoas que levaram à formação da cultura organizacional de suas empresas. Em um contexto hierárquico, a atividade de como os dirigentes pensam e implementam ao longo do tempo suas regras e condutas, voltadas para as rotinas de trabalho da organização, as quais estão ancoradas na voz dessa cultura.[2,3,4,15]

Todos esses elementos condicionantes e formadores dos conteúdos das falas atuam no momento em que os interlocutores estão elaborando seus projetos de dizer, cujos sujeitos tentam antecipar aquilo que o outro vai enunciar e se posicionar. O projeto de dizer é constituído por uma consulta às inúmeras vozes que fazem parte de seu auditório social, fazendo assim um exercício de alteridade, o qual é denominado memória de futuro[2]. Mas o que define um dirigente dialógico é sua responsabilidade: Como ela se dá perante o discurso ou ação realizada por seu interlocutor? A responsabilidade bakhtiniana apresenta em seu bojo duas dimensões: uma diz respeito à ação de responder pelos próprios atos, e a outra se refere à ação de responder para algo ou para alguém, ou seja, por meio de uma só palavra é possível identificar o aspecto responsável do ato (Eu-Monológico) e sua aceitação pelo interlocutor (Nós-Dialógicos).[9]

No momento do diálogo é natural que ocorra em algum grau, maior ou menor, um embate de sentidos e significados entre os falantes, pois cada um teve uma vida singular, nunca igual à do outro sujeito. O resultado seria o desenvolvimento de uma consciência em que as vozes escutadas seriam únicas, ofertadas em momentos também únicos, não podendo ser repetidas por um interlocutor definido no mundo concreto. Mas esse embate não significa que não possa haver um consenso, gerando uma repetição de uma ação (ato atividade), determinada por uma aproximação dos dois sentidos expostos pelos interlocutores no diálogo. O embate de sentidos presente no ato responsável é resultado da não indiferença pelo que o outro diz durante o evento de uma interação.[9]

O dirigente dialógico busca no discurso do interlocutor conteúdos para a construção de seu projeto de dizer. Ele não refuta, de imediato, tal como seria uma atitude rotineira de um gestor monológico, o que o outro tem a dizer. O ato de refutar somente ocorre depois da escuta dos sentidos e significados do outro, confrontando seu conteúdo com as vozes de seu auditório social e com os demais pressupostos citados anteriormente nesse texto.[14,15] Um novo sentido compartilhado e próximo surgirá da diferença dos sentidos apresentados na interação, inseridos em um sistema aberto. Desse modo, este novo sentido dialógico não pode se constituir, em um ambiente no qual se encontra, em um sistema fechado, com posições opostas de significados, monológicos.[9]

O auditório social situa-se em um lugar idealizado, da estética, ofertando para a realidade um projeto de dizer ideal para seu progenitor. Quando os conteúdos dos diálogos presentes nos dois projetos de dizer pertencentes aos interlocutores se encontram, no qual interagem as enunciações no mundo concreto, ocorre, numa ação responsiva, um ato, a concretude de uma ação ou atividade e, nesse momento, o discurso se torna um ato ético. O encontro do ético e do estético no mundo concreto determina como será uma ação, atividade e posicionamento dos interlocutores perante um evento presente no horizonte espacial compartilhado. O ato em uma atividade ocorre como um Jano, o qual possui duas faces na mesma cabeça, voltadas a lados opostos, com seus dois olhares constituintes de um mesmo corpo, mas lançados e direcionados em duas direções opostas. A primeira é composta por todo o arcabouço cultural que um sujeito possui. A segunda direção acontece na unicidade do momento que uma pessoa vivencia. Esses dois olhares somente se encontrarão nas singularidades dos eventos presentes no mundo concreto.[9] Logo, Bakhtin[3] determina em seu discurso que:

> [...] O ato deve encontrar um único plano unitário para refletir-se em ambas as direções, no seu sentido e em seu existir; deve encontrar a unidade de uma responsabilidade bidirecional, seja em relação ao seu conteúdo (responsabilidade especial), seja em relação ao seu existir (responsabilidade moral), de modo que responsabilidade especial deve ser um momento incorporado de uma unidade e unitária responsabilidade moral. Somente assim se pode superar a perniciosa separação e mútua impenetrabilidade entre cultura e vida. (p. 43)

O ATO DE AGIR RESPONSÁVEL DO DIRIGENTE DIALÓGICO EM SUAS ROTINAS PRODUTIVAS

Sob a ótica bakhtiniana, há a intenção de promover um sujeito que olha tanto para sua individualidade (eu-para-si), como para sua coletividade (eu-para-outro). Com relação à sua identidade, é necessário ressaltar que aquele adquire um sentido e significado compartilhados, com sua identidade sendo projetada de forma responsável no plano da relação. O sujeito somente se constitui na interação cotejando enunciados com ou seus outros *eus*. Um se define pelo outro, ao mesmo tempo que o outro é definido por seu interlocutor, em uma via dupla, inseridos em um ambiente inacabado de constantes significações. O agir responsável humano sempre será parte constituinte de um ambiente interativo dialógico.[9]

Nesse contexto metodológico, o dirigente dialógico percebe que sua rotina de trabalho não significa um ambiente de trabalho acabado, sem alterações. Ele sabe que essa rotina apresenta modificações pequenas ou bruscas, ocasionadas por vários pontos de vista (posicionamentos responsáveis) que demandam, independentemente de sua complexidade, a constituição de um ambiente dialógico para serem resolvidos os mais variados cenários.[14,15] A concretude do mundo somente é ofertada aos falantes por meio da mediação presente nos sentidos que compõem as inúmeras vozes presentes nas interações.[9]

A interatividade dialógica é polifônica, ou seja, apresenta várias vozes bem como inúmeros pontos de vista presentes nos discursos, os quais podem ser escamoteados pelos falantes, mas não deixam de ser notados. O dirigente dialógico, na condução de sua equipe, deve adotar duas posturas em suas rotinas de trabalho: uma, ser polifônico, outra, ser equipotente.[5,9,14,15] Por outro lado, o comportamento predominantemente monológico é associado ao sujeito autoritário, que busca a finalização de um evento apresentando um foco na individualidade, somente no *eu*. O modo de conduzir os eventos da vida de forma polifônica determina outra postura, neste caso sendo aceito que seus fenômenos constituintes apresentem o inacabamento como uma complexidade, o foco estando na interação eu-outro. O inacabamento e a complexidade dos temas partem dos eventos e fenômenos vividos pelos sujeitos, que interagem no momento do cotejamento de seus textos. Isso ocorre porque os sujeitos estão sempre evoluindo e nunca finalizarão a realidade vivenciada no mundo concreto.

Por outro ponto de vista, o indivíduo que revela uma postura autoritária apresenta uma indiscutibilidade da verdade em seu discurso, busca o dogmatismo, a finalização de um único sentido, pois as outras vozes são escamoteadas da interação. Pela ótica da polifonia, os sujeitos são inacabados apresentando uma natureza multifacetada e ampla em suas interações, garantindo uma variedade de vozes em todos os aspectos de sua vida. O sujeito predominantemente monológico dirige e concentra nele todo o processo de criar algo, sendo sua consciência a única que pode ser identificada na fala. O modelo monológico não admite uma consciência responsável, que interage de forma equipotente com o outro. Nesse contexto, o outro, coisificado e surdo ao som e atividade da resposta do outro, busca ser sempre a última palavra do diálogo, a que determina a atividade. No diálogo, em seu conteúdo, o outro se torna um objeto passivo de discurso do sujeito monológico. O modelo de relação monológico é um mundo de relações idealizadas e representadas, não as que se encontram no mundo concreto e em suas interações, como se dá na proposta dialógica da coletividade.[5]

A tomada de consciência da responsabilidade perante o outro determina sua passagem de uma interação marcada pela limitação de significados monológicos, ou para uma interação que apresente uma abertura para uma amplitude de sentidos da dialogia. Nesse momento dialógico, o sujeito adquire a consciência de seu lugar responsável no mundo concreto. No ambiente polifônico, o outro tem uma potência de voz, a qual também é percebida por seu interlocutor no ato do diálogo; logo:[5]

> [...] Por sua natureza o "eu" não pode ser solitário, um "eu" sozinho, pois só pode ter vida real em um universo povoado por uma multiplicidade de sujeitos interdependentes e isônomos. Eu me projeto no outro que também se projeta em mim, nossa comunicação dialógica requer que meu reflexo se projete nele e o dele em mim, que afirmemos um para o outro a existência de duas multiplicidades de "eu", de duas multiplicidades de infinitos que convivem e dialogam em pé de igualdade. (p. 194)

O "pé de igualdade" citado no texto anterior é determinado pela equipotência das vozes no ato de dizer algo, da potência com que elas são proferidas pelos falantes. No ambiente produtivo dialógico nas organizações isso não significa que a hierarquia seja desfeita, ou que não ocorra. A escolha de um sentido pressupõe sua hierarquização; o dirigente dialógico em sua posição de escuta constrói, junto com os outros, cenários proativos, os quais devem ser possíveis de serem construídos e executados, pois o outro, o funcionário, por meio de sua voz, também participa dessa construção de novos sentidos. Sua voz não é escamoteada, colocada de lado. Entretanto, o dirigente dialógico deve ter em conta que essa nova postura proporcionará a saída de sua zona de conforto, comum em um "chefe monológico", de determinar de forma individual, centrípeta, uma solução para uma determinada ação. O dirigente dialógico tem a consciência de empregar o discurso do outro na formulação de suas estratégias produtivas; em muitos casos, em um primeiro momento ocorre um embate de sentidos e significados, uma vez que na disputa do sentido da palavra há a presença do jogo, do embate de sentidos.

O dirigente dialógico deve estar preparado para escutar o diferente, o distinto e, com isso, construir um processo produtivo ancorado em um ambiente que seja realmente dialógico. Mas a escolha final de uma determinada solução não deixa de ser um ato solitário e monológico. Nesse momento, o dirigente dialógico se monologizará, e a "decisão final" (muitas vezes idealizada) sobre algo, a qual busca apresentar uma alternativa para uma situação (um recorte na realidade), ocorre na solidão das vozes pertencentes a seu auditório social. Portanto, o dirigente apresenta em sua constituição momentos dialógicos e monológicos. Nesse sentido, ele, no momento monológico do processo decisório, emprega na produção de sentidos todas as vozes, as externas que adentram em seu auditório social, e as internas, que já estavam lá. O principal exercício que esse sujeito faz é o de constantemente realizar ações de dialogizar e monologizar os sentidos provenientes desses dois locais de interações.[11,15]

O recorte do espaço-tempo da realidade pode ser considerado um dos resultados de um processo de diagnóstico feito pelo dirigente dialógico e sua equipe. Nessa primeira etapa já se procura empregar uma postura dialógica para escutar e contrapor os conjuntos de vozes que serão descritas, contrapostas, cotejadas e ressignificadas. A atividade de diagnosticar uma realidade produtiva nada mais é que uma ação coletiva, por meio desse ato no mundo concreto sua ressignificação. O ato da ressignificação no contexto dialógico busca um ambiente de trabalho que seja mais seguro e menos estressante para o proprietário, gerente e funcionários. Essa é uma atividade determinante para a mobilização da equipe para o desenvolvimento de um comportamento proativo.[12,14]

Como vimos até agora, a proatividade também é uma postura que pode perpassar por dois caminhos, um dialógico e outro monológico. A criatividade pode ser considerada o principal elemento constitutivo da proatividade. Sendo um componente primordial de uma boa solução, a criatividade pode ser descrita como uma atividade de pensar, por intermédio de um ato responsável, as experiências pelas experiências, a palavra sobre a palavra, e enunciado cotejando outro enunciado.[2] A proatividade monológica ocorre por intermédio do dirigente autoritário, que tenta prever eventos interacionais, técnicos e econômicos por meio de uma só voz, a dele. Por outro lado, temos a proatividade dialógica, constituída por ambientes produtivos que estão presentes, uma ação nos sujeitos que passa necessariamente pelo diálogo intenso entre todos os sujeitos envolvidos. As mais variadas vozes presentes nos diversos contextos produtivos, bem como de suas vidas fora da empresa, dão subsídios para devolver soluções e direcionamentos. Essas vozes são empregadas para a construção das mais variadas estratégias para que se evite o surgimento de problemas em seus processos produtivos. Portanto, podemos dizer que o ato proativo dialógico necessita da criatividade para que se possa desenvolver todo seu potencial.[12,14,15]

A criatividade se encontra no local em que os textos existentes em inúmeros diálogos se cotejam, mesclam, ou seja, a constituição da intertextualidade é o ambiente criacional de novos textos. Os sujeitos buscam em outros textos enunciações para a construção de seu próprio texto.[7] Logo, a produção de novos sentidos e significados no mundo corporativo, sendo esta uma atividade primordial da inovação de serviços e produtos que garantam a sobrevivência das organizações, apresentará mais sucesso se a ação de inovar for envolta em um ambiente criativo polifônico e equipotente. Provavelmente, um dos legados mais importantes deixados nas organizações por dirigentes dialógicos seria o fomento interno, entre seus funcionários, de uma busca rotineira de novos conhecimentos e trajetórias. Entretanto, no geral, os dirigentes das organizações até que possuem consciência de seu papel na constituição de novos sentidos em seus funcionários, mas desconhecem metodologias e métodos dialógicos de transformar uma intenção (sentido) em um ato prático no mundo concreto (significado), de forma coletiva e participativa. A esse respeito, Mansi observou em seus estudos que:[8]

> Boa parte da literatura de liderança diz que o líder deve compartilhar informações e também o contexto simbólico das organizações. Este caminho passa fundamentalmente pelo diálogo, que extrapola a linguagem e também se alimenta da estética da organização e da linguagem não verbal presente na cultura corporativa e manifestada a partir dos ícones, símbolos, cerimônias, rituais etc. Estamos então falando da pedagogia da presença, do estar junto, único caminho possível para construir a confiança. (p. 5)

CONSIDERAÇÕES FINAIS

Nas rotinas produtivas o momento do diálogo deve ser estimulado pelo dirigente dialógico. Nesses encontros ocorre a troca de narrativas entre seus funcionários, sendo que a confiança (e segurança) no ato de falar torna-se um componente imprescindível entre os sujeitos para que expressem seus sentidos de forma significativa e sem barreiras. A confiança na interlocução entre os sujeitos para a construção de realidades comuns, com seus sentidos cotejados e internalizados, somente ocorre em ambientes de trabalho nos quais predomina uma relação de alteridade baseada na confiança e segurança em relações historicamente constituídas entre todos os envolvidos no ato.

A segurança de externalizar aos outros seus receios, inseguranças, incertezas, certezas, razões e afetos é o princípio da compreensão e cooperação entre os sujeitos, sendo, assim, o ato de ser/fazer/estar, e isso deve ser objeto de diálogo entre dirigentes e funcionários. Nesses encontros há o tempo de falar e ouvir o outro de forma ativa, e somente pela frequência desses encontros é que os atos dos sujeitos tendem cada vez mais a se tornarem compreensivos e compreendidos e, consequentemente, os sentidos produzidos se tornarem internalizados por seus interlocutores.[8]

Diante do exposto, buscou-se neste capítulo evidenciar o quanto se faz necessária a mudança de postura dos dirigentes para com seus funcionários, visando ao desenvolvimento de um ambiente que fomente a inovação tecnológica polifônica. Uma mudança que passa por relações dialógicas cujo exercício de escuta e abertura para o diálogo traz um novo ambiente organizacional para as rotinas produtivas das empresas.[13*]

REFERÊNCIAS

[1] BAKHTIN, M. **Estética da criação verbal**. São Paulo: Martins Fontes, 2003.

[2] BAKHTIN, M. **Marxismo e filosofia da linguagem.** São Paulo: Editora Hucitec, 2010a.

[3] BAKHTIN, M. **Para uma filosofia do ato responsável**. São Carlos: Pedro & João Editores, 2010b.

* Agradecemos à Escola de Engenharia de São Carlos da Universidade de São Paulo, pela realização do estágio de pós-doutorado do Prof. Dr. Luís Fernando Soares Zuin. Este capítulo se baseou nessa vivência.

[4] BAKHTIN, M. **Problemas da poética de Dostoiévski**. Rio de Janeiro: Forense Universitária, 2010c.

[5] BEZERRA, P. Polifonia. *In*: BRAIT, B. (Org.). **Bakhtin: conceitos-chave**. São Paulo: Editora Contexto, 2012.

[6] FARACO, C. A. Guerras em torno da língua: questões de políticas. *In*: FARACO, C. A. **Estrangeirismos: guerras em torno da língua**. São Paulo: Parábola editorial, 2001.

[7] KNOLL, G. F. A intertextualidade no processo de criação da publicidade. *In*: IX Encontro do Círculo de Estudos Linguísticos do Sul (CELSUL). Palhoça, SC: Ed. da Unisul, 2010.

[8] MANSI, V. R. Liderança e Construção de Sentidos na Organização: A Comunicação Dialógica. *In:* 9º Interprogramas de Mestrado, 2013, São Paulo.

[9] SOBRAL, A. Ato/atividade e evento. *In*: BRAIT, B. (Org.). **Bakhtin: conceitos-chave.** São Paulo: Editora Contexto, 2012.

[10] ZUIN, L. F. S.; ZUIN, P. B. QUEIROZ, T. R. A construção de novos caminhos para a gestão, inovação e sustentabilidade nos agronegócios. *In*: ZUIN, L. F. S; QUEIROZ, T. R. **Agronegócios: gestão, inovação e sustentabilidade**. 2ª Ed. São Paulo: Ed. Saraiva, p. 23-36, 2019a.

[11] ZUIN, L. F. S.; ZUIN, P. B.; PARANHOS DA COSTA, J. R. Comunicação dialógica para os processos produtivos nos agronegócios. *In*: ZUIN, L. F. S; QUEIROZ, T. R. **Agronegócios: gestão, inovação e sustentabilidade.** 2ª Ed. São Paulo: Ed. Saraiva, p. 37-50, 2019b.

[12] ZUIN, L. F. S.; ZUIN, P. B. Metodologias dialógicas para o diagnóstico dos elementos socioeconômicos e ambientais nos territórios rurais. *In*: ZUIN, L. F. S. E QUEIROZ, T. R. (Org.) **Agronegócios: gestão, inovação e sustentabilidade.** 2ª Ed. São Paulo: Ed. Saraiva, 2019c.

[13] ZUIN, L. F. S.; ZUIN, P. B. Desenvolvimento de novos produtos agroalimentares sustentáveis. *In*: ZUIN, L. F. S; QUEIROZ, T. R. **Agronegócios: gestão, inovação e sustentabilidade.** 2ª Ed. São Paulo: Ed. Saraiva, 2019d.

[14] ZUIN, L. F. S.; ZUIN, P. B.; COSTA, M. J. P. Operacionalização dos processos formativos nas práticas de bem-estar animal para vaqueiros em fazendas de gado de corte. *In*: ZUIN, P. B.; GIROTTI, M. T.; ROMUALDO, C. (Orgs.). **Diálogos em didática: tecendo histórias sobre o ensinar e aprender**. Aparecida: Idéias & Letras, 2016a.

[15] ZUIN, L. F. S.; GAMEIRO, A. H.; ZUIN, P. B.; PRANCIC, E. O administrador e as suas decisões. *In*: ESCRIVÃO FILHO, E.; ARAGÃO, J. E. O. S. (Orgs.) **Introdução à administração: história, educação e perspectivas profissionais**. São Paulo: Atlas, 2016b.

[16] ZUIN L. F. S. **Comunicação rural**. Campina Grande: EDUEPB, 2021.

[17] ZUIN, L. F. S. et al. **Ater Digital Participativa: metodologia pedagógica e exemplos de aplicação**. Campina Grande: EDUEPB, 2022.

CAPÍTULO 6

A RACIONALIDADE DO DIRIGENTE DA PEQUENA EMPRESA

Kristiane Cêra Carvalho

Edmundo Escrivão Filho

O rótulo de "pequena grande empresa" expressa que ela seria uma grande em natureza, mas ainda não em tamanho. No entanto, a pequena empresa tem natureza diferente da grande corporação.[4,5,8,11,37]

Refletir sobre racionalidade na gestão da pequena empresa é importante para desvendar sua natureza específica.

A CONCEPÇÃO DE RACIONALIDADE

A concepção de racionalidade se fundamenta na tipologia de ação social do sociólogo alemão Max Weber. Há quatro tipos de ação social: afetiva, tradicional, racional no tocante a valores, racional no tocante a fins. Os diferentes tipos de ação compreendem ordens diferentes de racionalidade, ou não racionalidade.[36]

> A ação social, como toda ação, pode ser determinada: 1) de modo racional referente a fins: por expectativas quanto ao comportamento de objetos do mundo exterior e de outras pessoas, utilizando essas expectativas como "condições" ou "meios" para alcançar fins próprios, ponderados e perseguidos racionalmente; 2) de modo racional referente a valores: pela crença consciente no valor — ético, estético, religioso ou qualquer outra forma — absoluto e inerente a determinado comportamento como tal, independentemente do resultado; 3) de modo afetivo, especialmente emocional: por afetos ou estados emocionais atuais; 4) de modo tradicional: por costume arraigado.[36 (p. 139)]

Weber utiliza cada um dos tipos de ação social partindo de "tipo ideal" como conceito metodológico para a compreensão da realidade. A palavra "ideal" não expressa nenhum juízo de valor, isto é, que um seja melhor ou mais apropriado do que outro. A construção do "tipo ideal" trabalha com algumas dimensões de um fenômeno social e procura caracterizar essas dimensões no extremo de seu entendimento[7]; portanto, só muito raramente a ação se orienta exclusivamente para uma ou outra dessas maneiras. Esses modos de orientação de forma nenhuma representam uma classificação completa de todos os tipos possíveis de orientação, senão tipos conceitualmente puros, criados para fins de estudo, dos quais a ação real se aproxima mais ou menos, ou — ainda mais frequentemente — ela se compõe.[36]

O indivíduo que orienta sua ação pelos fins, meios e consequências secundárias age de maneira racional com relação a fins, ponderando racionalmente tanto os meios em relação às consequências secundárias, como os diferentes fins possíveis entre si.[36]

A ação racional com relação a fins é baseada na racionalidade instrumental ou funcional. Atos ou indivíduos são funcionalmente racionais quando, articulados ou relacionados com outros atos ou indivíduos, contribuem para a consecução de um objetivo predeterminado. Na racionalidade funcional não se mede propriamente a qualidade intrínseca das ações, mas, entre outras, sua maior ou menor concorrência para atingir um fim preestabelecido, independentemente do conteúdo que possam ter.[21]

O conceito de dominação de Weber é fundamental nessa construção. Dominação é definida como "a probabilidade de encontrar obediência para ordens específicas (ou todas) dentro de um determinado grupo de pessoas".[36 (p. 139)]

Dominação pode se basear nos mais diversos motivos de submissão, desde o hábito inconsciente até considerações racionais referentes a fins. Há três tipos puros de dominação legítima, isto é, motivos de submissão, de aceitar a autoridade como legítima:

> A vigência de sua legitimidade pode ser, primordialmente:
> 1. de caráter racional: baseada na crença na legitimidade das ordens estatuídas e do direito de mando daqueles que, em virtude dessas ordens, estão nomeados para exercer a dominação (dominação legal), ou
> 2. de caráter tradicional: baseada na crença cotidiana na santidade das tradições vigentes desde sempre e na legitimidade daqueles que, em virtude dessas tradições, representam a autoridade (dominação tradicional), ou, por fim,
> 3. de caráter carismático: baseada na veneração extracotidiana da santidade, do poder heroico ou do caráter exemplar de uma pessoa de dar ordens por esta reveladas ou criadas (dominação carismática).[36 (P. 139)]

Weber descreve a organização burocrática como aquela que apresenta dominação racional-legal: as pessoas obedecem ao estatuto legal — ordem impessoal, objetiva e legalmente estatuída — e aos superiores por ele determinados.

RACIONALIDADE INSTRUMENTAL (OU FUNCIONAL)

A partir dos estudos de Weber, o sociólogo brasileiro Alberto Guerreiro Ramos definiu ação administrativa como "modalidade de ação social, dotada de racionalidade funcional e que supõe estejam os seus agentes, enquanto a exercem, sob a vigência predominante da ética da responsabilidade".[14 (P. 47)]

Dessa maneira, pode-se definir organização como "o sistema social em que a divisão do trabalho é sistemática e coerentemente realizada, tendo em vista os fins visados; [...] em que há procura deliberada de economizar os meios para se atingir os objetivos".[22 (P. 8)]

Organizações são, portanto, unidades sociais com finalidades específicas, planejadas e deliberadamente estruturadas, que reveem constante e autoconscientemente suas realizações e se reestruturam de acordo com os resultados.[10]

Esse sistema se caracteriza por: 1) divisão do trabalho, poder e responsabilidades de comunicação, que não são casuais ou estabelecidas pela tradição, mas planejadas intencionalmente a fim de intensificar a realização de objetivos específicos; 2) presença de um ou mais centros de poder que controlam os esforços combinados da organização e os dirigem para seus objetivos; esses centros de poder precisam, também, reexaminar continuamente a realização da organização e, quando necessário, reordenar sua estrutura a fim de aumentar sua eficiência; 3) substituição do pessoal, isto é, as pessoas cujo desempenho é pouco satisfatório podem ser demitidas, com outras pessoas sendo designadas para suas tarefas. A organização também pode recombinar seu pessoal por intermédio de transferências e promoções.[10]

O formalismo se expressa no fato de que a autoridade deriva de um sistema de normas racionais, escritas e exaustivas, que definem com precisão as relações de mando e subordinação, distribuindo as atividades a serem executadas de forma sistemática visando aos fins. A gestão é formalmente planejada, organizada, e sua execução se realiza por meio de documentos escritos. Mediante a formalização se busca um comportamento controlável e previsível dos participantes.[22]

O caráter impessoal das organizações é outra maneira pela qual elas expressam sua racionalidade: a administração burocrática é realizada sem particularismos.[22]

Esse esquema formal não entra em funcionamento por si mesmo, ele depende das pessoas, embora não dependa de alguma pessoa em especial. A organização precisa submeter as pessoas a um objetivo comum, isto é, os valores e interesses das pessoas devem ser submetidos ao propósito da organização. Embora comum, o objetivo não é necessariamente coletivo e democraticamente estabelecido e sim, na maioria das vezes, imposto de maneira legítima pelos dirigentes da organização. A hierarquia de autoridade e responsabilidade expressa o direito legítimo dos dirigentes de aplicar sanções aos comportamentos desviantes dos subordinados.[8]

FORMALISMO E IMPESSOALIDADE TRADUZEM, PORTANTO, O CARÁTER RACIONAL DAS ORGANIZAÇÕES.

A organização é, então, um esquema que funciona independentemente de determinadas pessoas em particular e pode sobreviver mesmo que seus membros sofram uma rotatividade de cem por cento.[29] Não há lugar para sentimentos, ou qualquer consideração de ordem pessoal. O administrador burocrático é um homem imparcial e objetivo, que tem como missão cumprir as obrigações de seu cargo e contribuir para a consecução dos objetivos da organização.[22]

RACIONALIDADE SUBSTANTIVA

Guerreiro Ramos lembra, no entanto, que racionalidade é um atributo intrínseco do indivíduo que busca relacionar meios e fins, mas não necessariamente do ponto de vista da eficiência econômica.[15]

Na sociedade centrada no mercado, reféns que somos de um sistema de comunicação em massa conduzido por grandes corporações, reprimimos padrões substantivos de racionalidade, beleza e moralidade inerentes ao senso comum, e perdemos a capacidade de nos empenhar em um debate racional.[14]

A racionalidade substantiva é um atributo intrínseco do indivíduo como ser racional, e nunca pode ser vista como pertinente a qualquer organização. Ela não está necessariamente relacionada com a coordenação de meios e fins do ponto de vista da eficiência. Essa racionalidade decorre dos imperativos imanentes da própria razão, entendida como faculdade específica do homem e que exclui a obediência cega às exigências de eficiência.[15]

Weber explica que a ação puramente racional com relação a valores é a de quem, desconsiderando as consequências previsíveis, age segundo sua convicção sobre o que parecem lhe impor o dever, a dignidade, a beleza, as diretivas religiosas, a piedade ou a importância de uma "causa" de qualquer natureza. A ação racional com relação a valores é uma ação segundo "mandamentos" ou de acordo com "exigências" que o agente crê voltados para ele.[36]

Esse tipo de ação se diferencia da ação efetiva pela elaboração consciente dos fins últimos da ação e, também, por decorrer da orientação consequente e planejada com referência a tais fins. Os dois tipos de ação têm em comum que o sentido não está, para eles, no resultado que transcende a ação, mas sim nela própria em sua peculiaridade.[36]

A razão racional no tocante aos valores é portadora de forte consciência sistemática de sua intencionalidade, pois é ditada pelo mérito intrínseco dos valores que a inspiram.[14] A ação substancialmente racional é todo ato intrinsecamente inteligente, fundamentado num conhecimento lúcido e autônomo de relação entre fatos. É um ato que atesta a transcendência do ser humano, sua qualidade de criatura dotada de razão. A racionalidade substancial é estreitamente relacionada com a preocupação em resguardar a liberdade.[21] De acordo com Weber, a ação humana se orienta por tais valores em grau muito diverso e, na maioria dos casos, bastante modesto.

O CONFLITO ENTRE RACIONALIDADE INSTRUMENTAL E RACIONALIDADE SUBSTANTIVA

Guerreiro Ramos relaciona a racionalidade instrumental com a ética da responsabilidade — sendo esta a racionalidade da organização — e a racionalidade substantiva com a ética do valor absoluto, própria do indivíduo.

O conflito entre as duas éticas faz com que o indivíduo se encontre, na organização, em constante tensão, pois lhe é exigida uma conduta autorracionalizadora, e como indivíduo ele está orientado por seus valores e concepção de mundo;[13] uma tensão inevitável entre racionalismo e felicidade.[10]

Podem-se considerar dois momentos, entre outros, quando a razão substantiva transparece no comportamento do dirigente da pequena empresa. No primeiro momento está a motivação que ele teve para abrir sua própria empresa. Há uma parcela de proprietários de pequenas empresas que decidiu sair de uma grande organização para criar e dirigir seu próprio negócio em busca da seleção de suas próprias finalidades últimas, ou seja, do estabelecimento de seus próprios objetivos. Esses empresários podem não ter se ajustado à racionalidade da organização baseada na razão instrumental; podem ter sentido dificuldade em "assumir" os objetivos organizacionais como "seus". Em outras palavras, pode-se dizer que eles não se enquadraram nos papéis organizacionais, pois não ajustaram seu modo de agir às exigências da organização fundamentadas na razão instrumental.

A racionalidade instrumental inibe o desenvolvimento do indivíduo enquanto ser substantivo, impondo metas e objetivos da organização de modo a controlar seus membros. Esse controle é realizado de maneira tal que o funcionário aceita os objetivos organizacionais como seus (satisfação dos clientes, busca de eficiência, competitividade etc.) e deixa de agir conforme sua razão substantiva.

A RACIONALIDADE INSTRUMENTAL INIBE O DESENVOLVIMENTO DO SER SUBSTANTIVO.

Fundadores de empresas frequentemente são impelidos a iniciar seu empreendimento em razão da dificuldade para se entrosarem nos papéis organizacionais convencionais. Assim, acreditam que, tendo a própria empresa, podem agir de acordo com seus próprios fins.[20] "Fatos numerosos demonstram que certas personalidades, em determinadas situações, revelam-se inaptas, ou, por assim dizer, refratárias à racionalidade funcional da organização."[14 (p. 47)] Pessoas que prezam resguardar seus valores de liberdade e autonomia têm grande dificuldade de permanecer nesses esquemas formais e impessoais,[8] pois neles a liberdade é um desejo permanentemente frustrado.[22]

Consequentemente, a decisão de abrir a própria empresa pode ser interpretada como uma escolha substantiva. Os empreendedores que se enquadram nesse tipo são aqueles indivíduos que tiveram como necessidade o desenvolvimento da razão substantiva.

É claro que essa não é a regra. Muitos iniciam um negócio por outro motivo bem diferente: terem sido excluídos do mercado formal de trabalho. É preciso considerar a questão do "empreendedorismo de necessidade".[2] A motivação de abrir o próprio negócio muitas vezes não é o desejo do indivíduo de se desenvolver enquanto ser substantivo, isto é, não é uma escolha substantiva.

Muitas pessoas excluídas do mercado formal de trabalho não têm outra opção senão iniciar um negócio próprio. São os "pequenos capitalistas de sobrevivência" que correspondem a um exército de brasileiros que ingressaram no mundo do capitalismo "na marra".[2] Portanto, essas pessoas não escolheram o caminho do empreendedorismo e da pequena empresa, mas foram "forçadas" pela dinâmica do sistema político-econômico, que continuamente exclui os que não têm potencial de participação.

> QUANDO OS DIRIGENTES DE PEQUENAS EMPRESAS SÃO CRITICADOS POR SUAS AÇÕES "NÃO RACIONAIS", O QUE SE ESTÁ CRITICANDO GERALMENTE SÃO AS AÇÕES NÃO CONSIDERADAS RACIONAIS PELA ÓTICA DA RACIONALIDADE ECONÔMICA.

Geralmente, a lógica que está por detrás das ações desses dirigentes não é a da acumulação capitalista, mas sim a lógica da sobrevivência e, por isso, as atitudes deles devem ser consideradas dentro dessa realidade. Então, sua lógica é substantiva, e funcionalmente irracional, uma vez que não querem crescer e construir impérios, mas sobreviver, sustentar e criar os filhos.

Considera-se também outro momento, no qual a racionalidade substantiva se manifesta no comportamento do dirigente da pequena empresa: em suas ações e decisões administrativas. Comumente, os dirigentes de pequenas empresas são criticados por suas ações "não racionais". Um exemplo disso é o empresário que mantém uma capacidade ociosa, não dispensando funcionários porque são "pais de família". Contudo, o que se critica são as ações não consideradas racionais pela racionalidade instrumental.

É fato que a razão esperada do dirigente da pequena empresa, enquanto participante de um sistema político-econômico baseado no mercado, é a instrumental, pois ela legitima esse sistema. Entretanto, o dirigente da pequena empresa pode apresentar boa parte de suas atitudes orientadas pela razão substantiva. Considerando que, do ponto de vista da racionalidade concernente a fins, a racionalidade referente a valores terá sempre caráter irracional,[36] o dirigente da pequena empresa é criticado por suas atitudes "irracionais" na perspectiva do sistema de mercado, cuja lógica se fundamenta na concorrência e acumulação de capital.

Quando, porém, são estudadas as ações administrativas do dirigente da pequena empresa, torna-se necessário se afastar da visão baseada na razão instrumental na qual se esteia o sistema político-econômico atual e muitos dos valores desta sociedade. A fim de compreender as atitudes do dirigente na administração de sua empresa, é preciso considerar as questões da racionalidade substantiva.

Corroborando com essa questão, pesquisadores que procuram compreender as especificidades de gestão da pequena empresa defendem que as decisões tomadas por seu dirigente não devem ser analisadas somente do ponto de vista da racionalidade econômica.[19]

Segundo Weber, as construções "tipo ideal" da ação social, feitas pela teoria econômica, são "estranhas à realidade" visto que se costuma perguntar: Como se deveria agir no caso ideal de uma racionalidade puramente orientada por um só fim, o econômico, para poder compreender a ação real determinada também, ao menos em parte, por inibições ligadas à tradição, por elementos afetivos, por erros, por considerações e propósitos não econômicos?

É PRECISO CONSIDERAR A LÓGICA NÃO ECONÔMICA DE MUITAS AÇÕES DO DIRIGENTE DA PEQUENA EMPRESA.

Cumpre compreender, portanto, que parte significativa dos dirigentes de pequenas empresas se pauta por uma lógica que não é a econômica. Sua lógica, muitas vezes, é de sobrevivência, de desenvolvimento da família e de realização substantiva.

AÇÕES NÃO RACIONAIS

Outros tipos de ação, não racionais, acontecem nos relacionamentos sociais: a ação afetiva e a ação tradicional. Por não serem racionais, é nula ou escassa a avaliação sistemática de suas consequências.[14]

Weber explica que age de maneira afetiva quem satisfaz sua necessidade atual de vingança, de gozo, de entrega, de felicidade contemplativa ou de descarga de afetos.[36]

A ação afetiva se manifesta claramente nas muitas relações familiares e de amizade existentes na pequena empresa.

A empresa familiar, por exemplo, soma uma família e uma empresa, que, mesmo sendo instituições distintas — cada uma com seus membros, metas e valores próprios — são de certa forma sobrepostas nos negócios. Faz-se necessário entender as razões da existência das duas instituições. A função primária da família diz respeito ao cuidado e sustento dos membros, sendo seu objetivo o máximo desenvolvimento possível de cada membro, independentemente das limitações de habilidade, e o oferecimento de oportunidades iguais para cada membro. Os negócios visam à produção ou distribuição de bens e serviços e seu objetivo é a lucratividade e a sobrevivência.[20]

Apesar de existir possibilidade de harmonia ou conflito entre esses objetivos, com certeza eles não são idênticos. Assim, as preocupações familiares podem se sobrepor aos interesses dos negócios, o que complica o processo gerencial na empresa familiar.[20]

A existência da empresa, seu funcionamento e suas expectativas são afetados pelo percurso pessoal do dirigente. Em alguns casos, há uma grande identidade entre a família e a empresa: tudo que afeta uma, também afeta a outra.[19] Por esse motivo, a estrutura familiar pode influir de modo determinante na estratégia da empresa; assim, ela pode ter como sua razão de ser dar emprego aos familiares, mesmo que não estejam preparados para administrá-la.[1]

A ação orientada pela afetividade é fundamental para compreender a pequena empresa; logo, pode-se supor que a dominação, isto é, o motivo de submissão, de aceitar a autoridade como legítima, se aproxime do tipo carismático. Na dominação carismática, obedece-se ao líder carismaticamente qualificado como tal em virtude de confiança pessoal em revelação, heroísmo ou exemplaridade dentro do âmbito da crença nesse seu carisma.[36]

Outro fenômeno não racional que deve ser considerado é a ação tradicional. O dirigente da pequena empresa pode apresentar orientação tradicional em parte de sua ação empresarial. A ação tradicional transparece quando ele toma por base os costumes enraizados. Muitas vezes o dirigente diz "Sempre fiz assim e sempre deu certo" e acredita que deva manter o costume a despeito das mudanças que possam ter ocorrido na empresa e em seu contexto de atuação.

Weber lembra que a grande maioria das ações cotidianas habituais se aproxima desse tipo de ação e que a vinculação ao habitual pode ser mantida conscientemente, em diversos graus e sentidos.

Dessa maneira, talvez a dominação na pequena empresa se aproxime também do tipo tradicional, no qual o poder é pessoal, emana da dignidade própria e santificada do líder e responde à lógica da fidelidade.[36]

Na pequena empresa familiar, por exemplo, o filho sucede o pai por direito hereditário. Parentes e amigos assumem cargos importantes, mesmo que não tenham competência e habilitação para isso.[22] Confiança e lealdade costumam ser a base dos relacionamentos na pequena empresa.

COMPREENDENDO A RACIONALIDADE DO DIRIGENTE DA PEQUENA EMPRESA

A grande corporação pode ser representada a partir da concepção de organização burocrática de Weber: esquema formal e impessoal. Organização é uma unidade de análise que não se confunde nem com as pessoas nem com os grupos que dela fazem parte. Tamanho e complexidade são características importantes. As ações são estruturadas pela racionalidade instrumental; a busca da eficiência predomina e forma a lógica de agir na organização burocrática.

Portanto, a pequena empresa não é um esquema formal e impessoal de coordenação do trabalho das pessoas: a dominação não tem caráter racional-legal e a racionalidade instrumental parece não ser a racionalidade predominante em sua gestão.

> NO ENTANTO, NA PEQUENA EMPRESA EXISTE UM ALTO GRAU DE PESSOALIDADE, É UM SISTEMA SOCIAL QUE DEPENDE DE PESSOAS EM PARTICULAR E PODE NÃO SOBREVIVER NA FALTA DE ALGUMAS DELAS.

Para compreender como se manifesta a racionalidade na gestão da pequena empresa, pode-se utilizar o modelo de análise da racionalidade desenvolvido por Maurício Serva,[25, 26, 27] a partir da abordagem substantiva das organizações de Guerreiro Ramos e da teoria da ação comunicativa de Habermas.

Ação racional substantiva é definida como "ação orientada para duas dimensões: na dimensão individual, refere-se à autorrealização, compreendida como concretização de potencialidades e satisfação; na dimensão grupal, refere-se ao entendimento nas direções da responsabilidade e satisfação sociais".[25 (p.338)]

Para analisar como a racionalidade substantiva se manifesta na gestão, o autor define seus elementos constitutivos (Quadro 1).

Quadro 1 » Elementos constitutivos da racionalidade substantiva[25]

Racionalidade substantiva	
Autorrealização	Processos de concretização do potencial inato do indivíduo, complementados pela satisfação.
Entendimento	Ações pelas quais se estabelecem acordos e consensos racionais mediados pela comunicação livre, coordenando atividades comuns sob a égide das responsabilidades e satisfação sociais.
Julgamento ético	Deliberação baseada em juízos de valor (bom, mau, verdadeiro, falso, correto, incorreto etc.), que se dá por meio do debate racional das pretensões de validez emitidas.
Autenticidade	Integridade, honestidade e franqueza dos indivíduos nas interações.
Valores emancipatórios	Aqui se destacam os valores de mudança e aperfeiçoamento do social, bem-estar coletivo, solidariedade, respeito à individualidade, liberdade e comprometimento, presentes nos indivíduos e no contexto normativo do grupo.
Autonomia	Condição plena dos indivíduos para poder agir e expressar-se livremente nas interações.

Ação racional instrumental é definida como "ação baseada no cálculo, orientada para o alcance de metas técnicas ou de finalidades ligadas a interesses econômicos ou de poder social, através da maximização dos recursos disponíveis".[25 (p. 340)]

Os elementos constitutivos da ação racional instrumental que se manifestam nas práticas administrativas são apresentados no Quadro 2.

Quadro 2 » Elementos constitutivos da racionalidade instrumental[25]

Racionalidade instrumental	
Cálculo	Projeção utilitária das consequências dos atos humanos.
Fins	Metas de natureza técnica, econômica ou política (aumento de poder).
Maximização de recursos	Busca da eficiência e da eficácia máximas no tratamento de recursos disponíveis, quer sejam humanos, materiais, financeiros, técnicos, energéticos ou, ainda, de tempo.
Êxito, resultados	O alcance, em si mesmo, de padrões, níveis, estágios, situações que são considerados como vitoriosos em face de processos competitivos em uma sociedade capitalista.
Desempenho	Performance individual elevada na realização de atividades.
Utilidade	Considerada na base das interações como valor generalizado.
Rentabilidade	Medida de retorno econômico dos êxitos e resultados alcançados.
Estratégia interpessoal	Entendida como influência planejada sobre outrem, a partir da antecipação das reações prováveis desse outrem a determinados estímulos e ações, visando atingir seus pontos fracos.

O entendimento desses elementos pode ser importante para compreender as racionalidades substantiva e instrumental e a manifestação na gestão, a racionalidade que predomina e a tensão entre elas na pequena empresa.[9,30,31,28]

CONSIDERAÇÕES FINAIS

Portanto, é fundamental refletir sobre algumas questões a fim de compreender a natureza específica da pequena empresa: Predomina nas ações e decisões administrativas do dirigente da pequena empresa a racionalidade instrumental ou a racionalidade substantiva? Como as racionalidades, e as não racionalidades, se manifestam na gestão da pequena empresa? Qual o nível de tensão entre a racionalidade instrumental e a racionalidade substantiva na gestão da empresa?

A resposta a estas questões não é simples, em virtude da grande heterogeneidade no segmento das pequenas empresas.

Duas dimensões podem estar relacionadas com a questão da racionalidade do dirigente: o tamanho da empresa e a forma como ela está inserida na estrutura de mercado.

Apesar da grande heterogeneidade das pequenas empresas,[23,4,18,19,34,17] pode-se considerar que um indicativo do "tamanho" da empresa é o grau de complexidade da estrutura administrativa.[6]

A pequena empresa se diferencia do negócio pessoal ou da microempresa porque, em determinado momento, surgiu a necessidade de se criar um nível administrativo entre os proprietários-dirigentes e os funcionários. A supervisão não é direta como na microempresa, é indireta. Geralmente, o proprietário acumula o trabalho de dirigir a empresa por intermédio da supervisão de supervisores, com o de responsável direto por alguns setores.[6]

Conforme os níveis gerenciais entre os proprietários e os funcionários vão sendo introduzidos, o grau de informalidade e pessoalidade da gestão vai diminuindo. Por exemplo, a comunicação entre dirigentes e funcionários já não é tão informal quanto antes. Os instrumentos gerenciais também vão aos poucos se formalizando.[13,3]

A forma de inserção da pequena empresa na estrutura de mercado também pode influenciar a racionalidade do dirigente na gestão.[24,23,16,32,33,35]

Considerando a liderança das grandes empresas no dinamismo da atividade econômica, Maria Carolina Souza expõe as diferentes atuações das pequenas empresas como integrantes da estrutura produtiva. Segundo a pesquisadora, elas podem ser dependentes e independentes. As empresas dependentes (subordinadas) exercem uma função complementar, direta ou indireta, em relação às grandes empresas, sendo fornecedoras ou distribuidoras delas (modelo de coordenação). A sobrevivência das empresas dependentes está vinculada a decisões das grandes empresas. As "independentes" são as pequenas empresas que não mantêm ligação direta com grandes empresas.

Elas podem atuar em mercados competitivos tradicionais ou em estruturas industriais dinâmicas, bem como serem organizadas coletiva e cooperativamente (modelo comunitário).[32]

A partir do estudo acima, Maria Carolina Souza e Leonel Mazzali propuseram uma tipologia para diferenciar as pequenas empresas de acordo com a forma de inserção na estrutura de mercado: em mercados competitivos tradicionais, em estruturas industriais dinâmicas, em redes de pequenas empresas, em redes comandadas por grandes empresas.[33]

Em mercados competitivos tradicionais, pouco oligopolizados, há predominância de pequenas empresas "independentes" que cumprem uma importante função, social e econômica, relacionada principalmente à oferta de empregos de pouca qualificação. Nesta estrutura, há acentuada concorrência em preços e baixas barreiras à entrada (e saída). Existe, portanto, um alto índice de mortalidade-rotatividade de pequenas empresas neste segmento.[33]

As estruturas industriais dinâmicas são lideradas por grandes empresas, e as pequenas empresas "independentes" ocupam espaços bem definidos ("nichos"). Trata-se de empresas na fronteira tecnológica que muitas vezes desenvolvem produtos em caráter quase experimental e com elevado risco. Para tais pequenas empresas existe uma dificuldade importante relacionada ao acesso a financiamento.[33]

Pequenas empresas também podem se organizar em redes, nas quais há divisão de trabalho e pouca hierarquia nas relações. Essas empresas buscam desenvolver ações conjuntas, apesar das dificuldades relacionadas à mobilização de esforços e coordenação. Também podem participar de redes comandadas por grandes empresas, mas nesta estrutura há grande assimetria de poder e dependência.[33]

Compreender a gestão da pequena empresa requer, assim, reconhecer sua natureza específica. A pequena empresa não é "uma pequena grande empresa": embora a pequena e a grande empresa sejam ambas empresas, elas não têm a mesma natureza de organização. Como diz Drucker "o tamanho não modifica a natureza de uma empresa ou os princípios da sua administração. Porém, o tamanho afeta vitalmente a estrutura administrativa. Cada tamanho exige um comportamento e uma atitude diferente dos órgãos administrativos".[6]

A pequena empresa não é um esquema formal e impessoal de coordenação, como a grande corporação capitalista. A pequena empresa dispensa a burocracia, já disse Max Weber há cem anos;[36] ou, mais recentemente, Ghobadian e Gallear, para quem "as grandes organizações são em geral burocráticas, ou seja, dependem da formalização do comportamento para alcançar a coordenação. As pequenas, por outro lado, são mais propensas a serem orgânicas com ausência de padronização e a prevalência de relações de trabalho menos rígidas e informais"[12(p. 87)].

A pequena empresa é outro objeto de estudo, outro espaço de prática administrativa, e neste contexto é fundamental compreender como se manifestam as racionalidades e as não racionalidades, qual racionalidade predomina em sua gestão, e qual é o grau de tensão entre racionalidade instrumental e racionalidade substantiva. Bem-vindo ao mundo da estruturação e gestão da pequena empresa.

REFERÊNCIAS

[1] ALMEIDA, M. I. R. **Desenvolvimento de um modelo de planejamento estratégico para grupos de pequenas empresas**. Tese (Doutorado). São Paulo, FEA-USP, 1994.

[2] BRUM, E. O duro país dos pequenos. **Época**, Edição 263, 2 de maio de 2003.

[3] CHURCHILL, Neil C.; LEWIS, Virginia L. The five stages of small business growth. **Harvard Business Review**, v. 61, n. 3, p.30-50, maio-junho de 1983.

[4] D'AMBOISE, Gerald; MULDOWNEY, Marie. Management theory for small business: attempts and requirements. **Academy of Management Review**, v.13, n.2, 226-240, 1988.

[5] DANDRIDGE, Thomas C. Children are not "little grow-ups": small business needs its own organizational theory. **Journal of Small Business Management**, v. 17, n. 2, ABI/INFORM Global, p.53-57, abril de 1979.

[6] DRUCKER, Peter F. **Práticas de administração de empresas**. São Paulo: Pioneira, 1981.

[7] ESCRIVÃO FILHO, E. **A natureza do trabalho do executivo:** uma investigação sobre as atividades racionalizadoras do responsável pelo processo produtivo em empresas de médio porte. (Tese de Doutorado). Florianópolis: Engenharia de Produção. Universidade Federal de Santa Catarina, 1995.

[8] ESCRIVÃO FILHO, E. **Pequena empresa e administração estratégica**: reconhecendo especificidades, restrições e facilitadores com o mapa organizacional. Tese de Livre Docência. Universidade de São Paulo, 2006.

[9] ESCRIVÃO FILHO, E. CARVALHO, K. C. A tensão administrativa: a visão de Guerreiro Ramos. *In*: ESCRIVÃO FILHO, E. PERUSSI FILHO, S. (org). **Teorias da Administração: introdução ao estudo do trabalho do administrador.** 2. ed., p. 283-298, São Paulo: Saraiva, 2010.

[10] ETZIONI, A. **Organizações modernas.** São Paulo: Atlas, 1973.

[11] GARTNER, W. B. A conceptual framework for describing the phenomenon of new venture creation. **Academy of Management Review**, vol. 10, n. 4, p. 696-706, 1985.

[12] GHOBADIAN, A.; GALLEAR, D. N. Total quality management in SMEs. **Omega**, v. 24, n. 1, p. 83-106, 1996.

[13] GREINER, Larry E. Evolution and revolution as organizations grow. **Harvard Business Review,** v. 76, n. 7, p. 55-67, maio-junho de 1998.

[14] GUERREIRO RAMOS, Alberto. **Administração e contexto brasileiro**: um esboço de uma teoria geral da administração. Rio de Janeiro: Fundação Getúlio Vargas, 1983.

[15] GUERREIRO RAMOS, Alberto. Modelos de homem e a teoria administrativa. **Revista de Administração Pública,** v. 18, n. 2, p. 3-12, abril/junho 1984.

[16] HEILBRONER, R. L. **A formação da sociedade econômica**. Rio de Janeiro: Editora Guanabara, 1987.

[17] JULIEN, Pierre Andre. **Les PME:** bilan et perspective. Quebec: Les Presses InteerUniversitaires, 1997.

[18] LEONE, N. M. C. P. G. **A dimensão física das pequenas e médias empresas**: à procura de um critério homogeneizador. **Revista de Administração**, São Paulo, v. 31, n. 2, p. 53-59, abril/junho 1991.

[19] LEONE, N. M. C. P. G. As especificidades das pequenas e médias empresas. **Revista de Administração**, São Paulo, v. 34, n. 2, p. 91-94, abril/junho 1999.

[20] LONGENECKER, J. G.; MOORE, C. W.; PETTY, J. W. **Administração de pequenas empresas:** ênfase na gerência empresarial. São Paulo: Makron Books, 1997.

[21] MANNHEIM, K. **O homem e a sociedade**. Rio de Janeiro: Zahar Editores, 1962.

[22] MOTTA, Fernando C. Prestes; BRESSER-PEREIRA, Luiz Carlos. **Introdução à organização burocrática**. 2. ed. São Paulo: Pioneira Thomson Learning, 2000.

[23] RATTNER, H. (coord) **Pequena empresa**: o comportamento empresarial na acumulação e na luta pela sobrevivência. São Paulo: Editora Brasiliense, 1985.

[24] SATO, A. K. **Pequenas e médias empresas no pensamento econômico.** Dissertação de Mestrado. Instituto de Filosofia e Ciências Humanas, Unicamp, 1977.

[25] SERVA, M. **Racionalidade e Organizações:** o fenômeno das organizações substantivas. Volumes I e II. São Paulo: FGV, 1996. Tese de Doutorado em Administração, Escola de Administração de Empresas de São Paulo, Fundação Getúlio Vargas, 1996.

[26] SERVA, M. A Racionalidade substantiva demonstrada na prática administrativa. **Revista de Administração de Empresas**, São Paulo, v. 37, n. 2, p. 18-30, 1997a.

[27] SERVA, M. Abordagem substantiva e ação comunicativa: uma complementaridade proveitosa para a teoria das organizações. **Rev. Adm. Pública**, v. 31, n. 2, p. 108-34, março/abril 1997b.

[28] SERVA, M.; CAITANO, D.; SANTOS, L.; SIQUEIRA, G. A análise da racionalidade nas organizações: um balanço do desenvolvimento de um campo de estudos no Brasil. **Cad. EBAPE.BR,** v. 13, n. 3, artigo 1, Rio de Janeiro, julho/setembro 2015.

[29] SHEIN, E. **Psicologia organizacional.** Rio de Janeiro: Prentice Hall, 1980.

[30] SIQUEIRA, G; SERVA, M. Tensão entre racionalidades na abordagem substantiva das organizações. **IV Colóquio Internacional de Epistemologia e Sociologia da Ciência da Administração.** Florianópolis-SC, Brasil, março de 2014.

[31] SIQUEIRA, G. Epistemologia da razão substantiva de Guerreiro Ramos. **IV Colóquio Internacional de Epistemologia e Sociologia da Ciência da Administração**. Florianópolis-SC, Brasil, março de 2014.

[32] SOUZA, M. C. A. F. de. **Pequenas e médias empresas na reestruturação industrial.** Brasília: Editora SEBRAE, 1995.

[33] SOUZA, M. C. A. F. de; MAZZALI, L. **Conceito e espaço da pequena empresa na estrutura industrial**: heterogeneidade e formas de inserção. **Gest. Prod.**, São Carlos, v. 15, n. 3, p. 591-603, setembro-dezembro de 2008.

[34] TAFNER, P. **Estratificação de empresas**: histórico e proposta de classificação (Textos para discussão). São Paulo: IPEA, 1995.

[35] THORSTENSEN, V. H. **A estrutura de mercado e a pequena e média empresa têxtil.** *In*: RATTNER, H. (coord) **Pequena Empresa:** o comportamento empresarial na acumulação e na luta pela sobrevivência. São Paulo: Editora Brasiliense, Vol.1, 1985.

[36] WEBER, M. **Economia e sociedade:** fundamentos da sociologia compreensiva. Brasília: Editora Universidade de Brasília, 1999.

[37] WELSH, J. A.; WHITE, J. F. A small business is not a little big business. **Harvard Business Review.** V. 59, n. 4, p. 18-32, julho-agosto 1981.

PARTE DOIS

ASPECTOS ORGANIZACIONAIS E CONTEMPORÂNEOS DE GESTÃO DA PEQUENA EMPRESA

CAPÍTULO 7

MORTALIDADE E CICLO DE VIDA DA PEQUENA EMPRESA

ALEXANDRE FARIAS ALBUQUERQUE

As micro e pequenas empresas (MPEs) no Brasil constituem 99% das empresas existentes, geram 55% dos empregos com carteira assinada, contribuem com 30% do produto interno bruto[27] e respondem por 2,7% das exportações brasileiras.[41] Apesar da importância das pequenas empresas, o índice de mortalidade nesse segmento continua alto, acarretando grandes perdas para a sociedade. De cada 100 empresas que iniciaram suas atividades nos anos de 2010, 2011 e 2012, 24 empresas não conseguiram completar dois anos de vida após a abertura.[40]

> "O SUCESSO PESSOAL NA MAIORIA DAS VEZES SIGNIFICA O SUCESSO EMPRESARIAL."
>
> ELIZABETH WALKER E ALAN BROWN

O alto índice de mortalidade das pequenas empresas não é, todavia, um fenômeno exclusivamente brasileiro.[7] Nos Estados Unidos, a cada ano 500 mil empresas iniciam suas atividades, porém apenas 50% chegam aos quatro anos. No Chile, menos de 42% chegam aos cinco anos.[24]

Na África do Sul, 40% das novas empresas morrem em seu primeiro ano de existência.[38]

Entender os fatores que causam o encerramento das pequenas empresas é um desafio da pesquisa científica e uma grande contribuição à sociedade.

Assim, o tema central deste capítulo são os fatores de mortalidade de pequenas empresas, examinados à luz das especificidades das empresas de pequeno porte e de seus estágios de desenvolvimento.

FATORES DE MORTALIDADE DA PEQUENA EMPRESA

De maneira geral, os fatores que levam uma empresa à mortalidade podem ser classificados em três categorias, conforme se relacionem ao dirigente, à organização e ao ambiente.[3,7,8,17,25,37,43,47] Os primeiros correspondem aos fatores pessoais (características individuais, habilidades, motivação); os relacionados à organização envolvem os aspectos organizacionais (tecnologia, planejamento, estrutura organizacional, relacionamento interpessoal, motivação e liderança); os últimos correspondem às forças conjunturais que estão fora do controle do empresário: economia, regulação governamental, entre outras.[4]

Embora os estudiosos do tema já tenham feito o esforço de classificação acima mencionado, a contribuição ao entendimento da mortalidade das pequenas empresas pode ser ainda ampliada, mediante a identificação e compreensão da fase de seu desenvolvimento em que esses fatores se manifestam.

CICLO DE VIDA DAS PEQUENAS EMPRESAS

A fim de compreender melhor a ocorrência dos fatores de mortalidade, é preciso identificar em que momento a empresa encerra suas atividades.[3]

Embora se possam identificar muitos estágios no ciclo de vida das empresas (de micro a grande empresa), focalizam-se aqui os estágios iniciais característicos das pequenas empresas, enumerados em quatro: estágio zero (gênese), estágio 1 (existência), estágio 2 (sobrevivência) e estágio 3 (crescimento).[1,2,4,7,10,15,18,31,34,35,39,42]

No estágio zero (gênese), o dirigente prepara a abertura da empresa. É um desejo do proprietário-dirigente que tem uma ideia de negócio e enxerga a possibilidade de satisfazer uma necessidade ou desejo do mercado-alvo.

O estágio 1 (existência) indica o início da luta para obtenção de consumidores e produção de resultados pela pequena empresa. É um teste de mercado para o produto.

A chegada ao estágio 2 (sobrevivência) caracteriza a viabilidade econômica do empreendimento. A geração de caixa começa a ficar equilibrada e os clientes estão satisfeitos com o produto. Nesse estágio, o dirigente deverá tomar uma decisão importante: se permanece no estágio atual, sem grandes investimentos de tempo e capital, ou se faz a opção pelo crescimento em tamanho e rentabilidade e parte para o estágio 3 (crescimento).

> PREDOMINANTE E PREMATURAMENTE, A PEQUENA EMPRESA ENCERRA SUAS ATIVIDADES NOS ESTÁGIOS 1 (EXISTÊNCIA) E 2 (SOBREVIVÊNCIA).

No estágio 3, o crescimento pode ser em rentabilidade (3a) e/ou em tamanho (3b)[10]. No estágio 3a, a empresa obtém lucros regulares e continua competitiva, podendo permanecer nesse estágio indefinidamente. No estágio 3b, a empresa se consolida e direciona os recursos para o crescimento, descobrindo novas oportunidades.

RELAÇÃO ENTRE FATORES DE MORTALIDADE E ESTÁGIOS DO CICLO DE VIDA

Para ilustrar a relação entre fatores de mortalidade e os estágios iniciais (1 e 2) do ciclo de vida da pequena empresa, são apresentados nas próximas três subseções os resultados de uma pesquisa realizada pelo autor do capítulo no setor de varejo de vestuário em micro e pequenas empresas da região central do Estado de São Paulo.[4]

FATORES DE MORTALIDADE RELACIONADOS AO DIRIGENTE

O quadro 1 apresenta os fatores relacionados ao dirigente que necessitam de alto monitoramento para garantir a continuidade da pequena empresa em cada estágio de desenvolvimento.

O fator **características individuais** pode se manifestar por meio de cinco modalidades: visão de negócio, dedicação, disposição, persistência e correr riscos.[4]

A *visão de negócio* contribui para a continuidade das empresas porque os dirigentes têm uma visão clara do negócio da empresa desde o estágio zero.[11,30,47] Eles identificam uma oportunidade de negócio e têm ciência da importância do conhecimento sobre o ambiente empresarial e sobre o produto ofertado pela empresa.

Quadro 1 » Fatores relacionados ao dirigente que necessitam de alto monitoramento[4,5,7]

<table>
<tr><th colspan="3" rowspan="2">Fatores relacionados ao dirigente</th><th colspan="2">Estágios do ciclo de vida</th></tr>
<tr><th>Existência (1)</th><th>Sobrevivência (2)</th></tr>
<tr><td colspan="2" rowspan="5">Características individuais</td><td>Visão de negócio</td><td>X</td><td>X</td></tr>
<tr><td>Dedicação</td><td>X</td><td>X</td></tr>
<tr><td>Disposição</td><td>X</td><td>X</td></tr>
<tr><td>Persistência</td><td>X</td><td>X</td></tr>
<tr><td>Correr risco com segurança</td><td></td><td>X</td></tr>
<tr><td colspan="2" rowspan="2">Experiência</td><td>Experiência no setor</td><td>X</td><td>X</td></tr>
<tr><td>Experiência em gestão</td><td></td><td>X</td></tr>
<tr><td colspan="2" rowspan="2">Conhecimento gerencial</td><td>Finanças</td><td>X</td><td>X</td></tr>
<tr><td>Marketing e estrutura organizacional</td><td></td><td>X</td></tr>
<tr><td rowspan="3">Habilidades</td><td>Técnica</td><td>Compra e vendas</td><td>X</td><td>X</td></tr>
<tr><td colspan="2">Humana ou de liderança</td><td></td><td>X</td></tr>
<tr><td colspan="2">Conceitual</td><td>X</td><td>X</td></tr>
<tr><td rowspan="3">Atitudes</td><td colspan="2">Identificação de uma oportunidade de negócio</td><td>X</td><td>X</td></tr>
<tr><td colspan="2">Motivos pessoais e familiares para abertura e manutenção do negócio</td><td>X</td><td>X</td></tr>
<tr><td colspan="2">Valores</td><td>X</td><td>X</td></tr>
<tr><td rowspan="3">Laços sociais fortes</td><td colspan="2">Apoio financeiro</td><td>X</td><td>X</td></tr>
<tr><td colspan="2">Apoio gerencial</td><td></td><td>X</td></tr>
<tr><td colspan="2">Apoio operacional</td><td>X</td><td></td></tr>
</table>

No início, a *dedicação* demandada do dirigente à empresa assemelha-se à de uma mãe a uma criança recém-nascida. O hábito de realizar atividades não relacionadas à empresa (ir à sauna, ao salão de beleza ou supermercado) durante o expediente de trabalho pode resultar em problemas para o negócio.

Com relação à *disposição*, os dirigentes da empresa devem realizar todo tipo de atividade operacional e gerencial, se necessário. Após a abertura do empreendimento, o número de atividades operacionais cresce: é preciso vender, comprar, limpar a loja, visitar fábricas e cobrar clientes. Os dirigentes também realizam alguma atividade de planejamento e de controle, como a contagem do estoque. No estágio 2, as atividades de gestão tendem a aumentar.

A característica identificada na literatura como *persistência*, obstinação ou tenacidade indica que o dirigente não desanima ou desiste dos objetivos estabelecidos por ele ao surgirem as primeiras dificuldades na gestão da empresa.[25,29]

Correr riscos é inerente à atividade empresarial,[11,19,25] mas é importante ter uma retaguarda. O dirigente pode ter medo, mas arrisca porque tem uma retaguarda, como uma fonte de renda alternativa, por exemplo.

Todas as características são relevantes nos dois estágios, exceto correr riscos com segurança, que ganha maior importância no estágio 2, quando o dirigente vai preparar a empresa para o crescimento.

> A EXPERIÊNCIA AJUDA O EMPREENDEDOR A RECONHECER AS SITUAÇÕES PROBLEMÁTICAS COM BASE NO QUE ELE VIVENCIOU NO PASSADO. ELE CRIA UM ARMAZÉM PESSOAL DE CONHECIMENTO E A CAPACIDADE DE APRENDER COM OS PRÓPRIOS ERROS.[11]

O fator de mortalidade **experiência** refere-se àquela que o dirigente tem no setor de negócio e em gestão (Quadro 1). A falta de experiência acarreta, sobretudo, excesso de compras ou estoque e dificuldade para lidar com a sagacidade dos representantes de vendas e com a inadimplência no início do empreendimento.

A experiência no setor de negócio é importante em todos os estágios (1, 2); em relação à experiência em gestão, estágio 2, o dirigente inicia seu afastamento das atividades operacionais do negócio com o crescimento da empresa. (Quadro 1).

O fator de mortalidade denominado **conhecimento gerencial** é restrito ao aprendizado e utilização de ferramentas que contribuem para a eficácia da *gestão financeira e de marketing e mudança da estrutura organizacional.* A falta de conhecimento das ferramentas de administração prejudica o andamento do negócio. As ações não devem ser realizadas apenas com base na intuição do dirigente.

O fator **habilidades gerenciais** diz respeito às habilidades técnica, humana e conceitual que o dirigente deve desenvolver durante a gestão da empresa.[4,5]

Duas *habilidades técnicas* se destacam: compra e vendas. A habilidade para comprar, a mais valorizada pelos dirigentes, é importante em todos os estágios de desenvolvimento da pequena empresa, pois a falta de habilidade resulta em excesso de estoque. Por exemplo: no setor de vestuário, a pessoa com aptidão para comprar conhece as tendências da moda, entende as necessidades de seu público-alvo, tem bom gosto e sabe o que, realmente, vende.

Habilidade em vendas começa na compreensão de como o produto da empresa pode satisfazer as necessidades do mercado. A pessoa habilidosa em vendas não faz venda forçada e não empurra mercadoria para o cliente.

A *habilidade humana* diz respeito à capacidade de persuasão do dirigente para convencer os colaboradores a realizar os objetivos da empresa. Quando a empresa cresce, o dirigente acumula atividades operacionais e gerenciais. Ele tem dificuldade em se afastar do operacional, pois é o que sabe fazer, e o gerencial fica prejudicado pela falta de tempo e conhecimento na área gerencial. Raramente o empresário se prepara para o crescimento da empresa, para assumir a gerência. E, quando a empresa cresce, ele começa a ter sérios problemas de controle e delegação.

A *habilidade conceitual* ou capacidade de enxergar a empresa sistemicamente é fundamental. Ela permite ao dirigente harmonizar a disponibilidade de recursos com as oportunidades do ambiente externo.

As habilidades técnica e conceitual são importantes desde o estágio 1. A habilidade humana deve ser valorizada pelos dirigentes, especialmente a partir do estágio 2, quando as atividades gerenciais ganham maior relevância (Quadro 1).

O fator de mortalidade chamado de **atitudes** dos dirigentes refere-se à oportunidade, aos motivos (pessoais e familiares) e aos valores para abertura ou manutenção do negócio e são importantes em todos os estágios da pequena empresa.

O dirigente da empresa deve ser guiado pela *oportunidade* identificada.[12, 15, 17] O dirigente visualiza uma necessidade ou desejo do mercado e oferece um produto para satisfazer esse mercado. Por exemplo: abrir uma butique para atender a um público diferenciado, que compra roupas fora da cidade onde reside; ou equipar um veículo com provadores e ir até a casa ou trabalho do cliente.

Os *motivos pessoais e familiares* podem ser o motor para superar os obstáculos e realizar os objetivos, deixando em segundo plano a necessidade da existência de uma oportunidade de negócio e a possibilidade de, por tais motivos, estar contribuindo para o fechamento da empresa. Os motivos vão além da necessidade de sobrevivência dos dirigentes. As empresas podem ser abertas por vários motivos: independência financeira, realização pessoal, estilo de vida flexível, ajudar os filhos que estudam fora ou melhorar o padrão de vida familiar. Existem motivos não financeiros para justificar a abertura da empresa ou medir seu sucesso.[46]

Os *valores* do dirigente — compromisso, decência, honestidade, humildade, frugalidade e prudência — contribuem para a sobrevivência da pequena empresa. São aspectos que concorrem para o bom desempenho das empresas.

O último fator de mortalidade relacionado ao dirigente e que influencia o desempenho das empresas é o **apoio familiar**,[29,45] descrito muitas vezes como **laços sociais fortes**. Esse apoio pode ser de natureza financeira, gerencial e operacional.

O *apoio financeiro* é fundamental em todos os estágios e ocorre na forma de investimento inicial, na formação de capital de giro ou na realização de investimentos. O *apoio gerencial* pode manifestar-se das seguintes maneiras: participação na decisão de abertura da empresa, elaboração de planilhas para controle financeiro e avaliação de desempenho. O *apoio operacional* por parte da família ocorre no estágio 1 — a empresa tem poucos recursos e necessita conquistar clientes — nas atividades de compra e venda.

FATORES DE MORTALIDADE RELACIONADOS AOS ASPECTOS ORGANIZACIONAIS

O Quadro 2 apresenta os fatores relacionados aos aspectos organizacionais que necessitam de alto monitoramento do dirigente para garantir a sobrevivência da pequena empresa em cada estágio de desenvolvimento.

Em relação ao **fator tecnologia**, três aspectos concorrem para a mortalidade das pequenas empresas: tecnologia de informação (TI), tecnologia de segurança e inovação.

Quadro 2 » Fatores organizacionais que necessitam de alto monitoramento[6]

Fatores de mortalidade relacionados aos aspectos organizacionais			Estágios do ciclo de vida	
			Existência 1	**Sobrevivência 2**
Tecnologia	De Informação		X	X
	De Segurança			X
	Inovação	Produto	X	X
		Processo	X	X
		Marketing	X	X
Estrutura organizacional	Baixa especialização		X	X
	Centralização		X	X
	Mecanismo de coordenação	Autocoordenação	X	
		Supervisão direta	X	X
		Supervisão indireta		X
	Comunicação informal		X	X
Planejamento	Estratégico informal	Matriz produto-mercado	X	X
		Estratégia competitiva	X	X
	Operacional formal	Lista de compras	X	X
		Meta de vendas	X	X
		Orçamento	X	X
		Fluxo de caixa		X
		Contas a receber		X

A *tecnologia de informação* utilizada pelos dirigentes deve ser simples, mas adequada às necessidades da empresa em todos os estágios: ficha, planilha eletrônica, software de gestão e redes sociais. A TI software de gestão pode apoiar o planejamento operacional e ajudar o dirigente a definir as metas de vendas, preço, quantidade e tipo de produto, como roupa a ser comprada, por exemplo.

A *inovação* em produto, processo e marketing melhora o desempenho das empresas.[13, 26] São exemplos de inovação no setor de vestuário: carência de dez dias para pagamento sem juros para os clientes que compram no carnê da loja; mudança de mercado; migração para o mercado de marcas de grife; atendimento diferenciado.

No estágio de existência (1), a falta de TI adequada e inovação pode trazer consequências negativas à empresa. No estágio de sobrevivência (2), além dos fatores identificados no estágio anterior, deve haver uma preocupação com a tecnologia de segurança para coibir os furtos.

Quanto ao **fator estrutura organizacional**, o dirigente deve ficar atento a quatro aspectos: especialização das atividades, centralização das decisões, mecanismos de coordenação de pessoas e atividades e forma de comunicação.

> NO PLANEJAMENTO INFORMAL, O DIRIGENTE REFLETE, SOBRETUDO, SOBRE A PRÓPRIA EMPRESA E OS CONCORRENTES; DEPOIS TOMA DECISÕES, IMPLANTA, EXECUTA E ACOMPANHA O RESULTADO DA AÇÃO ESTRATÉGICA. AS ESTRATÉGIAS FICAM ARMAZENADAS NA MENTE DO DIRIGENTE; QUASE NADA É ESCRITO.[16, 20, 21, 33, 36] NÃO HÁ NENHUM ROTEIRO PREESTABELECIDO PARA SEGUIR; ELE É GUIADO POR SUA VISÃO E PELO FEELING, SUA INTUIÇÃO.[4]

Na pequena empresa, *a divisão do trabalho* é imprecisa e com mínima diferenciação.[28] A *centralização* dá rapidez às decisões porque os dirigentes têm a visão do negócio que almejam e podem empenhar o capital da empresa. O dirigente está próximo da realidade e fortemente ligado às atividades operacionais.

A *comunicação informal* ou face a face é eficaz desde que as informações sejam transmitidas com clareza aos colaboradores e demais interessados no bom desempenho da empresa. A *autocoordenação* ocorre quando a empresa não tem colaboradores. Quando a empresa cresce e contrata funcionários, o mecanismo de coordenação utilizado é a *supervisão direta ou indireta*, dando início à hierarquia.

No estágio de existência (1), os aspectos importantes relacionados à estrutura organizacional são: a baixa especialização nas atividades de direção e operação, a centralização das decisões no dirigente, a autocoordenação das atividades do dirigente ou a supervisão direta das atividades dos funcionários, e a predominância da comunicação informal. No estágio de sobrevivência (2), ganha importância o mecanismo de coordenação da supervisão indireta dos funcionários.

Para a continuidade da pequena empresa, o dirigente deve realizar dois tipos de **planejamento**: o planejamento estratégico informal e o planejamento operacional formal, especialmente na área financeira e de compras. Os dois tipos de planejamento são essenciais nos dois estágios do ciclo de vida (1 e 2).

Não é raro, no entanto, o empresário criar um negócio baseado apenas em sua experiência de trabalho ou formação, sem realizar nenhum tipo de reflexão ou pesquisa com os potenciais clientes da futura empresa.

No estágio de existência (1), ganha importância o planejamento operacional formal, materializado pela elaboração da lista de compras, do orçamento[4,6] e definição das metas de vendas.[32] No estágio de sobrevivência (2), será necessária a incorporação de mais dois instrumentos: o fluxo de caixa e o demonstrativo de contas a receber.

FATORES DE MORTALIDADE RELACIONADOS AO AMBIENTE EMPRESARIAL

O Quadro 3 apresenta os fatores ambientais que necessitam de alto monitoramento do dirigente para garantir a sobrevivência da pequena empresa em cada estágio de desenvolvimento.

O fator **clientes** é descrito a partir de três aspectos: relacionamento com a empresa, fidelidade e inadimplência.

A **concorrência** pode ser prejudicial ao desempenho da pequena empresa em duas situações:[32] a existência de muitos competidores de tamanho e poder semelhantes ou a existência de organizações com muito poder, como grandes varejistas de vestuário, que atuam no mesmo segmento da pequena empresa, diminuindo sua competitividade.

> O RELACIONAMENTO DO CLIENTE COM A EMPRESA É BASEADO NA CONFIANÇA E AMIZADE QUE ELE TEM COM O DIRIGENTE E OS COLABORADORES. QUANDO O RELACIONAMENTO É BOM, AUMENTA A FIDELIDADE À EMPRESA E DIMINUI A INADIMPLÊNCIA. UMA DAS RAZÕES DA AMIZADE É A PROXIMIDADE ENTRE A LOJA E A RESIDÊNCIA DO CLIENTE.

Embora a concorrência possa, muitas vezes, representar uma "pedra no sapato", também se constitui em um estímulo para a busca de melhoria e crescimento constante. Tem que ser vista como uma fonte de inspiração e ideias. A concorrência ganha importância no encerramento, quando a pequena empresa já demonstrou ser potencialmente viável (estágio 2). É nessa hora que novos entrantes são atraídos para o setor de negócios.

Quadro 3 » Fatores ambientais que necessitam de alto monitoramento[4, 7]

Fatores relacionados ao ambiente empresarial		Estágios do ciclo de vida	
		Existência (1)	**Sobrevivência (2)**
Clientes	Relacionamento baseado na amizade e confiança	X	X
	Fidelidade	X	X
	Inadimplência	X	X
Concorrência			X
Fornecedores	Exigência de valor mínimo de compra (grandes fábricas)	X	X
	Melhora das condições de pagamento	X	X
Condições econômicas	Crescimento econômico	X	X
	Sazonalidade	X	X
Assessoria externa	TI		X
	Arquitetura		X
	Publicidade		X
	Gestão		X
Acesso a crédito	Linha para capital de giro		X
	Investimento		X

Quanto ao fator **fornecedores**, dois aspectos podem ser destacados: a exigência de valor mínimo ou de quantidade mínima de compra e as condições de pagamento.

A exigência de quantidade mínima de compra pode transformar-se num grande problema para a pequena empresa. Às vezes, para se diferenciar do concorrente, o dirigente busca a exclusividade de marca, porém, junto com a exclusividade, vêm a exigência do valor mínimo de compra e o excesso de estoque. A formação de redes de cooperação de pequenas empresas é uma alternativa viável para minimizar o problema.

No estágio 1, a empresa ainda está formando sua carteira de clientes e seu capital é limitado, por isso os dirigentes devem começar comprando pouco e de acordo com a capacidade de venda e pagamento da empresa. À medida que a empresa se desenvolve e melhora suas condições financeiras, as facilidades para pagamento também melhoram.

As empresas são influenciadas positiva e negativamente pelas **condições econômicas**: períodos de crescimento ou desaceleração da economia e períodos sazonais do comércio. Nos períodos de crescimento econômico, o desempenho das empresas tende a ser positivo e vice-versa.[9,22,23,44] Outro fator econômico que impacta negativamente são os períodos de sazonalidade no comércio. Por exemplo, nos meses de janeiro, fevereiro e agosto, o movimento cai no comércio de vestuário.

O uso de **serviços profissionais (assessoria externa)** contribui positivamente para a sobrevivência e crescimento das pequenas empresas.[11,14,22,24] Normalmente, esse fator se manifesta no estágio 2 do ciclo de vida, quando o faturamento melhora e começam a sobrar mais recursos. As empresas buscam serviços de TI, arquitetura e publicidade.

A assessoria em TI contribui para a escolha de um software de gestão, que ajuda o dirigente a melhorar o controle financeiro na empresa. A assessoria em arquitetura procura melhorar as instalações ou o layout das lojas e criar uma identidade visual para a empresa, proporcionando comodidade aos clientes e boa comunicação com o mercado.

O fator **acesso a crédito** tende a se manifestar no estágio 2, quando a empresa demonstra ser viável. O banco está interessado no histórico de faturamento da empresa. A influência positiva é para as empresas que captam recursos para investimento, pois o prazo para pagamento é longo e o juro é baixo. A manifestação negativa ocorre, predominantemente, nas empresas que necessitam de recursos para capital de giro. Nessa modalidade de crédito, os juros são elevados, depreciando ainda mais o capital escasso das empresas.

CONSIDERAÇÕES FINAIS

A ideia do ciclo de vida melhora o entendimento dos fatores que contribuem para a continuidade ou mortalidade das pequenas empresas. A importância do fator varia de um estágio para outro.

Com este capítulo sobre os fatores de mortalidade das pequenas empresas, espera-se contribuir para a eficácia das futuras pesquisas e políticas públicas de fortalecimento da pequena empresa, e também colaborar com os órgãos de apoio às pequenas empresas, como o SEBRAE, destacando os fatores de mortalidade relevantes nos treinamentos de proprietários-dirigentes, especialmente do setor de varejo de vestuários. As necessidades dos candidatos à criação de empresas diferem das necessidades de empresas nascentes que, por sua vez, são diferentes das necessidades das empresas maduras.

REFERÊNCIAS

[1] ADIZES, I. **Os ciclos de vida das organizações**. São Paulo: Thomson Pioneira, 1990.

[2] ADIZES, I. A eterna juventude. **HSM Management,** n. 4, p. 100-103, setembro/outubro de 1997.

[3] ALBUQUERQUE, A. F.; ESCRIVÃO FILHO, E. Mudança na importância dos fatores de mortalidade nos estágios do ciclo de vida da pequena empresa. *In*: SIMPÓSIO DE GESTÃO DA INOVAÇÃO TECNOLÓGICA - ANPAD. 27. 2012, p. 1-15, Salvador, **Anais...** Salvador, 2012.

[4] ALBUQUERQUE, A. F. **Fatores de mortalidade de pequenas empresas:** análise de empresas do setor varejista a partir do ciclo de vida organizacional. 2013. 339f. Tese (Doutorado). Escola de Engenharia de São Carlos, Universidade de São Paulo, São Carlos, 2013.

[5] ALBUQUERQUE, A. F.; ESCRIVÃO FILHO, E; OLIVEIRA, J. O dirigente e a mortalidade da pequena empresa: análise dos fatores relevantes no setor de varejo de vestuário. *In*: REUNIÓN ANUAL DE LA RED PYMES MERCOSUR. 19. 2014, p. 216-240, Campinas, **Anais...** Campinas, 2014.

[6] ALBUQUERQUE, A. F.; ESCRIVÃO FILHO, E; NAGANO, M. S.; TERENCE, A. C. F. Os aspectos organizacionais e a mortalidade da pequena empresa: descrição dos fatores relevantes no setor de varejo de vestuário. Gestão da Produção, Operações e Sistemas (GEPROS), ano 14, n. 3, p. 176-209, julho a setembro de 2018.

[7] ALBUQUERQUE, A. F.; ESCRIVÃO FILHO, E; MENDONÇA, P. S. M. Os fatores ambientais e a mortalidade da pequena empresa: descrição dos fatores relevantes no setor de varejo de vestuário. *In*: ENCONTRO DE ESTUDOS SOBRE EMPREENDEDORISMO E GESTÃO DE PEQUENAS EMPRESAS - EGEPE. 12. 2015, p. 1-15, Fortaleza, **Anais...** Fortaleza, 2022.

[8] BRUDERL, J.; PREISENDORFER, P.; ZIEGLER, R. Survival chances of newly founded business organizations. **American Sociological Review**, v. 57, n. 2, p. 227-242, 1992.

[9] CARTER, R.; AUKEN, H. V. Small firm bankruptcy. **Journal of Small Business Management**, v. 44, n. 4, p. 493-512, 2006.

[10] CHURCHILL, N. C.; LEWIS, V. L. The five stages of small business growth. **Harvard Business Review**, v. 61, n. 3, p. 30-50, maio/junho de 1983.

[11] DUCHESNEAU, D. A.; GARTNER, W. B. A profile of new venture success and failure in an emerging industry. **Journal of Business Venturing,** v. 5, n. 5, p. 297-312, 1990.

[12] DUTRA, I. V.; PREVIDELLI, J. J. Perfil do empreendedor versus mortalidade de empresas: estudo de caso do perfil do micro e pequeno empreendedor. *In*: EnANPAD - ENCONTRO NACIONAL DA ASSOCIAÇÃO DE PÓS-GRADUAÇÃO E PESQUISA EM ADMINISTRAÇÃO. 27. 2003, p. 1-16, Atibaia, **Anais...** Atibaia, 2003.

[13] FERREIRA, L. F. F. et al. Fatores associados à mortalidade de micro e pequenas empresas da cidade de São Paulo. *In*: EnANPAD - ENCONTRO NACIONAL DA ASSOCIAÇÃO DE PÓS-GRADUAÇÃO E PESQUISA EM ADMINISTRAÇÃO. 32. 2008, p. 1-16, Rio de Janeiro, **Anais...** Rio de Janeiro, 2008.

[14] FOTOPOULOS, G.; LOURI, H. Location and survival. **Small Business Economics**, v. 14, n. 4, p. 311-321, 2000.

[15] GALBRAITH, J. The stages of growth. **Journal of Business Strategy**, v. 3, n. 1, p. 70-79, 1982.

[16] GOLDE, R. A. Planejamento prático para pequenas empresas. *In*: **Coleção Harvard de Administração.** v. 9, p. 7-34, São Paulo: Nova Cultural, 1986.

[17] GRAPEGGIA, M. et al. Causas que condicionam a mortalidade e/ou sucesso das micro e pequenas empresas no Estado de Santa Catarina. *In*: ENEGEP - ENCONTRO NACIONAL DE ENGENHARIA DE PRODUÇÃO. 28. 2008, p. 1-14, Rio de Janeiro, **Anais...** Rio de Janeiro, 2008.

[18] GREINER, L. E. Evolutions and revolution as organizations grow. **Harvard Business Review**, v. 76, n. 3, p.5 5-68, maio/junho de 1998.

[19] GUERRA, O.; TEIXEIRA, F. A sobrevivência de pequenas empresas no desenvolvimento capitalista. **Revista de Economia Política**, v. 30, n. 1, p. 124-139, 2010.

[20] JULIEN, P. A. **Lês PME bilan et perspectives**. 2. ed. Quebec: Economica, 1997.

[21] LEONE, N. M. C. P. G. As especificidades das pequenas empresas. **Revista de Administração**, v. 34, n. 2, p. 91-94, abril/junho de 1999.

[22] LUSSIER, R. N. Reasons why small businesses fail: and how to avoid failure. **Journal of Small Business Management**, v. 1, n. 2, p. 10-17, 1996.

[23] LUSSIER, R. N. PFEIFER, S. A cross national prediction model for business success. **Journal of Small Business Management**, v. 39, n. 3, p. 228-239, 2001.

[24] LUSSIER, R. N. HALABI, C. E. A three-country comparison of the business success versus failure prediction model. **Journal of Small Business Management**, v. 48, n. 3, p. 360-377, 2010.

[25] MACHADO, H. V.; ESPINHA, P. G.. Reflexões sobre as dimensões do fracasso e mortalidade de pequenas empresas. **Revista Capital Científico**, v. 3, n. 1, p. 51-64, 2005.

[26] MACHADO, H. V.; ESPINHA, P. G.. Empreendedorismo e franchising: uma combinação que garante a sobrevivência. **Revista de Administração Mackenzie**, v. 11, n. 4, p. 131-153, 2010.

[27] MINISTÉRIO DA ECONOMIA. Governo destaca papel da micro e pequena empresa para a economia do país. Disponível em: <https://www.gov.br/economia/pt-br/assuntos/noticias/2020/outubro/governo-destaca-papel- da-micro-e-pequena-empresa-para-a-economia-do-pais>. Acesso em 25 de fevereiro de 2022.

[28] MINTZBERG, H. **Estrutura e dinâmica das organizações**. 2. ed. Lisboa: Publicações Dom Quixote, 1999.

[29] MIZUMOTO, F. M. et al. O impacto de capital humano, capital social e práticas gerenciais na sobrevivência de empresas nascentes: um estudo com dados de pequenas empresas no Estado de São Paulo. *In*: EnANPAD – ENCONTRO NACIONAL DA ASSOCIAÇÃO DE PÓS-GRADUAÇÃO E PESQUISA EM ADMINISTRAÇÃO. 32. 2008, p. 1-16, Rio de Janeiro, **Anais...** Rio de Janeiro, 2008.

[30] MORRISON, A.; BREEN, J.; ALI, S. Small Business Growth: intention, ability and opportunity. **Journal of Small Business Management**, v. 41, n. 4, p. 417-425, 2003.

[31] O'NEILL, H. M.; SAUNDERS, C. B.; HOFFMAN, A. N. Beyond the entrepreneur: planning as the organization grows. **Business Forum**, v. 12, n. 4, p. 38-40, 1987.

[32] PASCOTTO, H.; MACHADO, H. P. V. Dificuldades de pequenas empresas do setor de serviços securitários nos primeiros anos de vida. **Revista Eletrônica de Gestão Organizacional**, v. 4, n. 1, p. 53-68, janeiro/abril de 2006.

[33] PERRY, S. C. The relationship between written business plans and the failure of small businesses in the U.S. **Journal of Small Business Management**, v. 39, n. 3, p. 201-208, 2001.

[34] PRIMC, K.; KALAR, B.; SLABE-ERKER, R.; DOMINKO, M.; OGOREVC, M. Circular economy configuration indicators in organizational life cycle theory. Ecological Indicators, v. 116, 2020. DOI:10.1016/j.ecolind.2020.106532.

[35] QUINN, R. E.; CAMERON, K. Organizational life cycles and shifting criteria of effectiveness: some preliminary evidence. **Management Science,** v. 29 n. 1, p. 33-51, janeiro de 1983.

[36] ROBBINS, S. P; COULTER, M. **Administração**. 5. ed. Rio de Janeiro: Prentice-Hall do Brasil, 1998.

[37] ROGOFF, E. G.; LEE, M. S.; SUH, D. C. Who done it? Attributions by entrepreneurs and experts of the factors that cause and impede small business success. **Journal of Small Business Management**, v. 42, n. 4, p. 364- 376, 2004.

[38] SCHEERS, L. V. SMEs' marketing skills challenges in South Africa. **African Journal of Business Management**, v. 5, n. 13, p. 5048-5056, 2011.

[39] SCOTT, M.; BRUCE, R. Five stages of growth in small business. **Long Range Planning**, v. 20, n. 3, p. 45- 52, 1987.

[40] SEBRAE – NA. **MPE Indicadores**. Disponível em: http://www.sebrae.com.br/Sebrae/Portal%20Sebrae/Anexos/Novo%20MPE%20Indicadores%20-%2023%2007%202014.pdf.

[41] SEBRAE – SP. **As MPEs na economia brasileira.** Disponível em: http://www.sebraesp.com.br/TenhoUmaEmpresa/Biblioteca/OutrosConteudos/EstudosEPesquisas/ MPEsEmNumeros/Paginas/MPEsEmNumeros.aspx.

[42] STEINMETZ, L. Critical stages of small business growth. **Business Horizons**, v. 12, n. 1, p. 29-36, 1969.

[43] STEN, J. Exit: success or failure? *In*: ICSB – CONFERENCE INTERNATIONAL COUNCIL OF SMALL BUSINESS, 43. 1998, Singapore. **Proceedings...**Singapore: [s.n.], 1998, 1 CD-ROM.

[44] STROTMANN, H. Entrepreneurial survival. **Small Business Economics**, v. 28, n. 1, p. 87-104, 2007.

[45] VALE, G. M. V.; GUIMARÃES, L. de O. *Embeddedness*, criação e mortalidade de empresas: a importância dos laços no mundo dos negócios. *In*: EGEPE – ENCONTRO DE ESTUDOS SOBRE EMPREENDEDORISMO E GESTÃO DE PEQUENAS EMPRESAS. 6. 2010, p. 1-15, Recife, **Anais...** Recife, 2010.

[46] WALKER, E.; BROWN, A. What Success Factors are Important to Small Business Owners? **International Small Business Journal**, v. 22, n. 6, p. 577-594, 2004.

[47] ZACHARAKIS, A. L.; MEYER, G. D.; De CASTRO, J. Differing perceptions of new venture failure: a matched exploratory study of venture capitalists and entrepreneurs. **Journal of Small Business Management**, v. 37, n. 3, p. 1-14, 1999.

O AMBIENTE EXTERNO DAS PEQUENAS EMPRESAS

Tiago Fernando Musetti

Sergio Perussi Filho

Este capítulo tem como tema o monitoramento ambiental, atividade fundamental realizada por todas as organizações e, de forma específica, pelos empreendedores e administradores de empresas de pequeno porte para que o sucesso organizacional tenha maior perspectiva de acontecer.

A IMPORTÂNCIA DO MONITORAMENTO AMBIENTAL

Como as organizações não existem no vácuo, elas precisam, inevitavelmente, para sobreviver e crescer, interagir com seu ambiente organizacional.[1] O ambiente organizacional afeta o crescimento e a lucratividade da empresa ajudando na identificação das oportunidades e das ameaças e é importante para a sobrevivência e o êxito das empresas porque influencia as opções estratégicas da organização.[2] Com isso, a possibilidade de a organização sobreviver nesse cenário depende da habilidade em se antecipar às mudanças externas.[11]

Dentre as técnicas administrativas, a estratégia competitiva visa orientar a empresa a obter um padrão global de decisões e ações e se posicionar no ambiente externo, fazendo com que consiga vantagem competitiva sustentável em relação a seus concorrentes.[26] Mas para que uma estratégia seja implementada eficazmente deve-se considerar a influência exercida pelos fatores do ambiente organizacional no processo de sua formulação, pois caso empresas queiram sobreviver e prosperar devem vencer os obstáculos presentes nesse ambiente.[10,15,17]

DEFINIÇÕES DE AMBIENTE ORGANIZACIONAL

O ambiente organizacional, na administração, divide-se em dois grandes blocos: o ambiente externo e o ambiente interno.[3] O ambiente externo representa o que normalmente se denomina de "mercado" para as empresas, ou seja, as diversas variáveis que interferem, positiva ou negativamente, na trajetória de uma empresa em busca do sucesso, quase sempre fora de seu controle, ou seja, com pouca, e em alguns casos nenhuma possibilidade de interferência da empresa.[3,14] O ambiente interno, por outro lado, representa tudo aquilo que ocorre dentro da empresa, configurando aspectos que podem ser considerados positivos ou negativos para os objetivos da empresa e passíveis de serem modificados por ela, já que é de seu domínio o que ocorre em suas estratégias e operações.

A análise do ambiente externo, realizada por meio da obtenção de informações sobre o mundo dos negócios, verifica possíveis ameaças e oportunidades no ambiente organizacional e se constitui na melhor maneira de evitar ou usufruir dessas situações. A análise do ambiente interno tem como objetivo identificar pontos fortes e fracos de uma organização.[3,14] A Figura 1 apresenta um diagrama desses ambientes.

O Quadro 1 apresenta alguns aspectos envolvidos na análise desses ambientes, visando subsidiar decisões estratégicas da empresa, fim maior do diagnóstico ambiental.

O ambiente externo, também denominado de "ambiente de competição" ou "ambiente competitivo", compreende todos os elementos e variáveis que agem fora das fronteiras organizacionais e que têm potencial para afetá-las. Ele pode ser dividido em dois subgrupos: o primeiro é uma parte mais ampla que afeta todas as organizações e recebe o nome de *ambiente geral*.[10,21]

Figura1 » O Ambiente das Organizações[20]

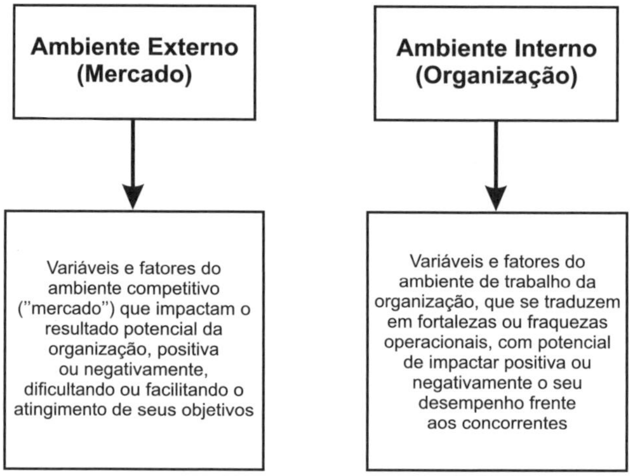

Quadro 1 » Comparação entre os Ambientes Externo e Interno[3]

	Análise Interna	**Análise Externa**
O que se procura	Eficiência	Eficácia
Horizonte de tempo analisado	Presente	Futuro
Produto	Pontos Fortes e Fracos	Oportunidades e Ameaças
Ação	A ação só depende da própria entidade	A entidade deverá se adaptar ao futuro do ambiente
Como será montada a estratégia	Procura-se tirar vantagem dos pontos fortes e reduzir os pontos fracos	Procura-se aproveitar as oportunidades e evitar as ameaças

O *ambiente geral*, que também pode ser denominado de *macroambiente*[1], *ambiente global*[7] e *ambiente contextual,*[27] tem uma abrangência maior e mais significativa sobre todas as organizações.[18,29] Trata-se, portanto, do ambiente que influencia, de maneira semelhante, todas as empresas de todos os setores.[6,19]

O segundo subgrupo é uma camada mais específica que afeta apenas as organizações de um determinado setor e recebe a denominação de *ambiente específico.*[18,29] Este ambiente, assim como o ambiente geral, tem várias nomenclaturas, como *ambiente operacional,*[24] *ambiente de tarefa,*[18] *microambiente,*[1] *ambiente da indústria*[7] e *ambiente transacional.*[27] Trata-se do ambiente mais próximo e imediato da organização, e é onde a firma obtém seus recursos e comercializa seus produtos e serviços, enfrentando outras organizações concorrentes e agências reguladoras. Ele se caracteriza por um conjunto de instituições socioeconômicas e grupos formais e informais que influenciam, têm interesses e contribuem ou podem contribuir, de maneira positiva ou negativa, para o desempenho da empresa.[28]

O ambiente organizacional é composto por muitas variáveis e subvariáveis. Esquematicamente, podem ser apresentadas conforme mostra a Figura 2.

Figura 2 » Um Exemplo de Representação do Ambiente Externo[20]

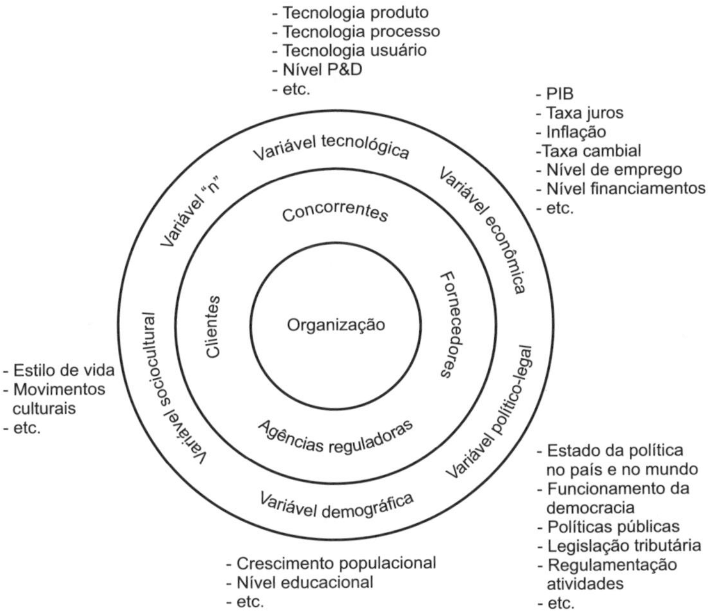

O ambiente específico pode também ser entendido como o ambiente onde agem, positiva e/ou negativamente, sobre a empresa as forças do setor econômico ao qual ela pertence, como apresentado no modelo das "Cinco forças que definem a rentabilidade de um setor" (Cinco Forças Competitivas)[24]. Assim, uma outra denominação para o ambiente específico pode ser a de "ambiente setorial", pois contempla o entendimento das forças que atuam em um determinado setor ao qual pertence a empresa ou organização sob análise.

A resposta da empresa perante as forças ambientais realimenta o processo de forma positiva ou negativa. Com isso, empresas devem aprender a identificar e se comportar diante de uma multiplicidade de forças ambientais diferentes de modo que consiga aproveitar oportunidades e minimizar ameaças.[19,21]

Em resumo, o ambiente externo é visualizado como uma fonte de informação que continuamente cria sinais e mensagens que organizações devem considerar como sendo importantes para seus processos de formulação de estratégias competitivas.[13] Contudo, conhecer somente o ambiente organizacional e sua função no atual cenário competitivo não é suficiente; é preciso que empresas façam o monitoramento, detalhadamente, das variáveis que o compõem para que consigam aproveitar oportunidades e diminuir ameaças ou restrições impostas pelo ambiente.[9]

MONITORAMENTO DO AMBIENTE ORGANIZACIONAL

Tal monitoramento pode ser definido como sendo o processo de coletar, analisar e interpretar informações e tendências externas à empresa que serão posteriormente utilizadas em seu processo de administração estratégica. Monitora-se o ambiente organizacional com o objetivo de identificar oportunidades e riscos atuais e futuros que podem vir a influenciar a capacidade das empresas de atingirem suas metas.[18,22] Geralmente implica mais do que a simples identificação de quais eventos externos são importantes para se realizar um diagnóstico estratégico em uma firma. Inclui-se também no monitoramento a identificação de tendências externas que guiarão o curso de ações futuras de empresas.[2] A escolha das variáveis de análise depende de quais indicadores a organização considera como essenciais para o negócio.

O Quadro 2 apresenta as variáveis que compõem o ambiente geral segundo a perspectiva de vários autores. A análise desse quadro permite concluir que dos catorze modelos analisados a variável político-legal é citada por todos os autores, seguida, respectivamente, pela tecnológica, sociocultural, econômica, demográfica, ecológica, internacional e global, mercado de trabalho.

A variável político-legal, ao tratar, por exemplo, de leis, políticas e regulamentos influencia o modo como organizações operam comercialmente, seja em nichos específicos, nacional ou mesmo internacionalmente, e também delimita relações trabalhistas e implementa normas de padronização de produção, dentre outras.

Quadro 2 » Principais variáveis do ambiente geral[20]

	Autores														
Variáveis	**1**	**2**	**3**	**4**	**5**	**6**	**7**	**8**	**9**	**10**	**11**	**12**	**13**	**14**	**Total**
Demográfica				X	X						X	X			4
Ecológica	X	X		X	X										4
Econômica	X	X	X	X	X	X	X	X		X	X		X	X	12
Internacional e Global		X		X			X						X		4
Mercado de Trabalho		X										X	X		3
Político-legal	X	X	X	X	X	X	X	X	X	X	X	X	X	X	14
Sociocultural	X		X	X	X	X	X	X	X	X		X	X	X	12
Tecnológica	X	X	X	X	X	X	X	X	X	X		X	X	X	13

Legenda:
- Andrews (1966)
- Bates (1985)
- Ahituv, Zif e Machlin (1998)
- Bateman e Snell (1998)
- Kotler (1998)
- Wright, Kroll e Parnell (2000)
- Tao e Prescott (2000)
- Hunger e Wheelen (2002)
- Tavana (2002)
- McGee e Sawyerr (2003)
- Xu, Kaye e Duan (2003)
- Dyer e Ross (2008)
- Daft (2010)
- Mayer et al. (2013)

A variável econômica justifica-se por lidar com a solidez econômico-financeira da organização, o que implica a capacidade da firma em honrar seus compromissos e planejar investimentos visando a sua sobrevivência.

A tecnológica representa a incerteza ambiental, pois é responsável por alterar processos ou produtos executados por uma empresa, ou seja, o modo como é realizado um determinado processo ou produto hoje pode ser completamente alterado amanhã, fazendo com que empresas não enquadradas nas novas formas deixem de obter vantagem competitiva em relação a seus concorrentes.

As variáveis que compõem o ambiente específico, segundo vários autores, estão apresentadas no Quadro 3. A análise desse quadro mostra que as variáveis do ambiente específico mais apresentadas na literatura são: concorrentes, fornecedores, clientes, ameaça de novos entrantes e ameaça de produtos substitutos.

Alterando-se a denominação da variável *concorrentes*, para *rivalidade interna (no setor econômico)*, o que parece não modificar seu sentido, tal troca permite uma importante conclusão: as principais variáveis do ambiente específico corroboram com o modelo das Cinco Forças Competitivas[24] (Rivalidade Interna, Poder de Barganha dos Fornecedores, Poder de Barganha dos Compradores, Ameaça de Novos Entrantes e Produtos Substitutos), possibilitando comparar a análise do ambiente específico com a análise do impacto das Cinco Forças no setor econômico ao qual a empresa pertence.

Quadro 3 » Variáveis do Ambiente Específico[20]

	Autores														
Variáveis	**1**	**2**	**3**	**4**	**5**	**6**	**7**	**8**	**9**	**10**	**11**	**12**	**13**	**14**	**Total**
Acionistas							X								1
Ameaça de Novos Entrantes			X			X						X			3
Ameaça de Produtos Substitutos	X	X	X			X						X			5
Comunidade Local							X								1
Clientes/ Consumidores	X	X	X		X	X	X	X	X	X	X	X	X	X	13
Concorrentes		X	X	X	X	X	X	X	X	X	X	X	X	X	13
Credores							X	X							2
Distribuidores	X														1
Fornecedores	X		X		X	X	X	X	X	X		X	X	X	11
Funcionários	X						X								2
Grupos de Interesses Especiais							X	X							2
Sindicados e Associações							X	X							2

Legenda:
- Bates (1985)
- Ahituv, Zif e Machlin (1998)
- Bateman e Snell (1998)
- Las Casas (1999)
- Tao e Prescott (2000)
- Wright, Kroll e Parnell (2000)
- Hunger e Wheelen (2002)
- Tavana (2002)
- McGee e Sawyerr (2003)
- Xu, Kaye e Duan (2003)
- Dyer e Ross (2008)
- Hitt, Ireland e Hoskisson (2008)
- Daft (2010)
- Mayer et al. (2013)

Com relação à quantidade de variáveis que devem ser analisadas por uma empresa, nota-se que não há um número exato, mas apenas algumas recomendações, como, por exemplo, que as variáveis escolhidas devem ser as de maior impacto para a organização sob análise[8,16]. Outra recomendação enfatiza a necessidade de se monitorar variáveis que podem sofrer alterações no tempo em função da dinamicidade dos mercados, sendo necessário, portanto, analisar constantemente o ambiente para que futuras mudanças sejam implementadas[16].

FONTES DE INFORMAÇÃO PARA MONITORAMENTO DO AMBIENTE ORGANIZACIONAL

Essas fontes de informação podem ser definidas como sendo tudo o que gera ou veicula informação e podem ser descritas como quaisquer meios que respondam a uma necessidade de informações por parte de quem as necessite.[25]

O Quadro 4 apresenta algumas fontes de informação classificadas, quanto à natureza, em pessoas e impessoais, e quanto à origem, em internas e externas.

Quadro 4 » Fontes de Informações Ambientais (adaptado)[4]

	Fontes Externas	**Fontes Internas**
Fontes Pessoais	Amigos e colegas Associações e Sindicatos Clientes Concorrentes Consultores externos Empresários Familiares Feiras e palestras Fornecedores Funcionários de empresas não concorrentes Funcionários públicos Gerente do banco Parceiros comerciais Parentes Palestras Reuniões profissionais Universidades e Centros Tecnológicos	Conselho gestor Funcionários Experiência pessoal
Fontes Impessoais	Estudos setoriais Feiras e congressos Internet Jornais e revistas Legislação Livros Organizações públicas Publicações governamentais Televisão e rádio	Banco de dados Planilhas gerenciais Relatórios anuais

MONITORAMENTO DO AMBIENTE ORGANIZACIONAL EM MICRO E PEQUENAS EMPRESAS

Quando as situações são rotineiras, o proprietário-dirigente de uma micro e pequena empresa toma decisões baseando-se em seus conhecimentos; porém, quando as situações não são programadas, a situação torna-se mais complexa porque os dirigentes têm pouco domínio sobre o tema e não sabem analisar as variáveis.[12,23] Quando tal panorama se desenha, dirigentes tendem a buscar ajuda externa por meio de empresas de consultoria.

Proprietários-dirigentes de micro e pequenas empresas devem procurar se aconselhar com pessoas que conheçam de fato a realidade de um determinado setor de atividade, pois buscar conselhos não deve ser visto como um ato de fraqueza, mas sim como uma gestão de sobrevivência de longo prazo.[12]

FONTES DE INFORMAÇÕES DO AMBIENTE ORGANIZACIONAL EM MICRO E PEQUENAS EMPRESAS

Proprietários que dirigem micro e pequenas empresas tendem a usar fontes de informação pessoal em detrimento de fontes impessoais. Por sua vez, profissionais de empresas de grande porte utilizam fontes formais de informação, reforçando o efeito do tamanho das empresas nas práticas de monitoramento do ambiente de atuação.[5,19]

Em pesquisa realizada por um dos autores deste capítulo,[20] buscou-se elencar as fontes de informações sobre o ambiente de atuação utilizadas por quatro empresas de pequeno porte, sendo duas empresas do setor de base tecnológica e duas empresas do setor metal-mecânico. O resultado apontou que as fontes de informações mais utilizadas pelos dirigentes investigados são *clientes*, *departamento comercial*, *empresários* e *feiras e congressos*. Isso corrobora com a afirmação do primeiro parágrafo deste item sobre as práticas de monitoramento utilizadas por micro e pequenas empresas.

A pesquisa mostrou que os dirigentes das pequenas empresas investigadas se utilizam majoritariamente de fontes pessoais de informações. A frequência de aparecimento do uso da fonte de informação *clientes* mostra que as empresas procuram consultar os consumidores sobre suas necessidades e assim tentam criar valor para eles.

Embora três dirigentes — dois do setor de base tecnológica e um do setor metal-mecânico — tenham assinalado que se preocupam em conhecer necessidades e demandas de seus clientes, percebeu-se que essa preocupação é mais evidente nas empresas tecnológicas. Isso pode ser explicado pelo fato de que, como o setor sofre impacto direto das inovações, e estas mudam rapidamente, conhecer e talvez se antecipar às demandas dos consumidores torna-se um fator diferencial e de vantagem competitiva para as empresas que atuam em tal setor.

Algumas das formas de se relacionar com consumidores são por meio do *departamento comercial*, principalmente por meio de viajantes, representantes comerciais e *assistência técnica*, em que existe um canal de comunicação para que clientes descrevam suas impressões, críticas e sugestões sobre os produtos adquiridos.

Trocas de informações com outros *empresários* mostram que encontros sociais entre dirigentes procuram abordar temas como a situação político-econômica do país, especificidades dos setores de atuação e novas tecnologias disponíveis no mercado.

Feiras e Congressos são utilizados exclusivamente pelas empresas de base tecnológica participantes do estudo. Isso parece indicar que essas variáveis são exclusivas de micro e pequenas empresas que atuam em setores mais intensivos na utilização de tecnologias. A participação em feiras e congressos permite que micro e pequenas empresas interajam com concorrentes, fornecedores e fabricantes, fazendo com que dirigentes se atualizem quanto às tecnologias que estão sendo lançadas no mercado, servindo também como atividade de vigilância tecnológica.

Ressalte-se, ainda, a pouca contratação de *serviços de consultoria*, sendo que apenas uma empresa do setor de base tecnológica se utilizava desse tipo de serviço para realizar o processo de monitoramento ambiental. Quanto à contratação de *serviços de consultoria ofertados pelo SEBRAE* verificou-se apenas nas empresas de base tecnológica. Mesmo assim, um dos dirigentes investigados salientou que o serviço ofertado pela entidade não forneceu um diferencial competitivo para sua empresa. Nas empresas do setor metal-mecânico objeto do estudo, não foi verificada a utilização dos serviços do SEBRAE.

As principais variáveis do ambiente externo monitoradas pelos entrevistados foram a econômica, político-legal e tecnológica, respectivamente. O impacto das variáveis econômica e político-legal, que afeta todas as empresas investigadas, deve-se a que certas decisões governamentais, como uma política monetária que altera a taxa de juros, o câmbio e o nível de financiamento, e políticas fiscais que provocam aumento de impostos, influenciam diretamente as empresas e a sociedade.

Nas quatro empresas examinadas, o processo de monitoramento ambiental mostrou ser uma atividade informal e pouco estruturada por não utilizar nenhuma metodologia ou técnica de análise mais sistemática, e estar focada principalmente em decisões do proprietário-dirigente. Essa conclusão talvez possa ser explicada pelas especificidades das empresas de micro e pequeno portes, como a preocupação com a resolução de questões internas e a falta de recursos organizacionais. A carência de recursos físicos e financeiros, aliada muitas vezes ao objetivo de vida pessoal (Crescer ou não crescer? Assumir mais desafios e riscos ou não?) definido pelo empreendedor, pode levar a que esse tipo de ação administrativa se realize informalmente e, muitas vezes, somente existindo na "cabeça" do próprio empreendedor ou empresário.

A variável tecnológica foi assinalada como a terceira variável mais influente. As empresas de base tecnológica investem constantemente na inovação de seus produtos, procurando aprimorar os modelos já existentes ou desenvolver novos projetos. Essa característica pode ser explicada pela especificidade do setor de tecnologia avançada que, por utilizar os avanços tecnológicos recentes faz com que seus produtos tenham um ciclo de vida menor devido à alta taxa de desenvolvimentos científico-tecnológicos que impactam seus projetos e ofertas ao mercado, exigindo que inovações sejam lançadas no mercado de maneira mais constante. Ao contrário, o setor tradicional, metal-mecânico no estudo realizado, tende a sofrer menos impactos tecnológicos de desenvolvimentos científico-tecnológicos recentes (setor econômico maduro).

As principais variáveis do ambiente específico de interesse dos dirigentes entrevistados são concorrentes e clientes/consumidores, respectivamente. Os dirigentes, de ambos os setores, elencaram a concorrência como a principal variável do ambiente específico. Conhecer as ações competitivas dos rivais é vital para garantir a sobrevivência da empresa em seu setor.

A variável *clientes* foi citada pelos dirigentes de ambos os setores, com maior ênfase pelas empresas de base tecnológica. Conhecer as necessidades, hábitos de compra e demandas dos clientes é fundamental para a empresa projetar o ciclo de vida do produto e também aprimorar ou desenvolver produtos que agreguem valor para os consumidores. Como as tecnologias mudam com frequência, conhecer os gostos e as necessidades dos clientes torna-se fundamental para agregar valor aos produtos e atender às demandas emergentes.

CONSIDERAÇÕES FINAIS

Este capítulo teve como objetivo apresentar o ambiente externo das pequenas empresas e a importância de seu monitoramento para que sejam bem-sucedidas. Além disso, trouxe informações, fruto de pesquisa realizada por um dos autores, sobre como dirigentes de pequenas empresas monitoram o ambiente organizacional.

Além dos aspectos já evidenciados na análise ao longo do capítulo, um aspecto parece merecer comentário ao encerrá-lo: a predominância de fontes informais e pessoais utilizadas pelos dirigentes das pequenas empresas objeto do estudo. Este fato talvez possa aumentar a probabilidade de equívocos por parte dos dirigentes na tomada de decisões estratégicas, pois caso as pessoas consultadas não estejam bem informadas ou não sejam especialistas em um determinado assunto, ou, ainda, não estejam atualizadas sobre os acontecimentos do ambiente organizacional, as informações obtidas poderão se apresentar incompletas ou distorcidas, levando a erros no diagnóstico do ambiente de atuação.

Esse potencial de erro de avaliação parece tender a ser menos passível de acontecer com grandes empresas, já que as fontes de monitoramento do ambiente tendem a ser mais racionais e fundamentadas em estudos mais clássicos, pesquisas profissionais e leituras técnicas mais qualificadas.

Como leitura complementar ao conteúdo aqui apresentado, os autores sugerem que os leitores busquem, a partir deste entendimento inicial, que se espera tenha ocorrido, um aprofundamento mais específico com respeito à análise setorial e também sobre o ambiente interno. Com esses conhecimentos ampliados e aprofundados, cada vez mais o leitor estará apto a não somente entender, mas também a praticar as atividades inerentes ao monitoramento do ambiente de atuação da pequena empresa.

REFERÊNCIAS

[1] ADIDAM, P. T.; BANERJEE, M.; SHUKLA, P. Competitive intelligence and firm's performance in emerging markets: an exploratory study in India. **Journal of Business & Industrial Marketing**, v. 27, n. 3, p. 242-254, 2012.

[2] AGUILAR, F. J. **Scanning the business environment**. Nova York: MacMillan, 1967.

[3] ALMEIDA, M. I. R.; MOREIRA JUNIOR, A. L. A análise do ambiente organizacional na pequena empresa: um estudo em PME's na cidade de São Paulo. *In*: CONGRESSO LATINO-AMERICANO DE ESTRATÉGIA, SLADE, 17., 2004, Santa Catarina. **Anais...** Santa Catarina, 2004.

[4] AUSTER, E.; CHOO, C. W. CEOs, Information, and decision-making: scanning the environment for strategic advantage. **Library Trends**, v. 43, n. 2, p. 206-225, 1994.

[5] BARBOSA, R. R. Uso de fontes de informação para a inteligência competitiva: um estudo da influência do porte das empresas sobre o comportamento informacional. **Revista Eletrônica de Biblioteconomia e Ciência da Informação**, n. esp., 1º semestre, p. 91-102, 2006.

[6] BATEMAN, T. S.; SNELL, S. A. **Administração**: construindo vantagem competitiva. São Paulo: Atlas, 1998.

[7] BATES, C. S. Mapping the environment: an operational environmental analysis model. **Long Range Planning**, v. 18, n. 5, p. 97-107, 1985.

[8] CANCELLIER, E.; ALBERTON, A.; BARBOSA, A. Diferenças na atividade de monitoramento de informações do ambiente externo em pequenas e médias empresas: a influência do porte e da idade. **Perspectivas em Ciência da Informação**, v. 16, n. 2, p. 168–186, 2011.

[9] CHIAVENATO, I.; SAPIRO, A. **Planejamento estratégico:** fundamentos e aplicações. Rio de Janeiro: Elsevier, 2004.

[10] DAFT, R. L. **Administração**. São Paulo: Cangage Learning, 2010.

[11] DYER, L. M.; ROSS, C. An advice in dynamic and complex business environment: impact on the success of small firms. **Journal of Development Entrepreneurship**, v. 13, n. 2, p. 133-149, 2008.

[12] HAASE, H.; FRANCO, M. Failure factors in small and medium-sized enterprises: qualitative study from an attributional perspective. **International Entrepreneurship and Management Journal**, v. 6, n. 4, p. 503–521, 2010.

[13] HEMINGWAY, C. A.; MACLAGAN, P. W. Managers' personal values as drivers of corporate social responsibility. **Journal of Business Ethics**, v. 50, n. 1, p. 33-44, 2004.

[14] HITT, M. A.; IRELAND, R. D.; HOSKISSON, R. E. **Administração estratégica**. São Paulo: Cengage Learning, 2008.

[15] HUANG, X. Strategic decision making in chinese SMEs. **Chinese Management Studies**, v. 3, n. 2, p. 87–101, 2009.

[16] KRAKAUER, P. V. C.; PORTO, M. C. G.; FISCHMANN, A. A.; ALMEIDA, M. I. R. Planejamento estratégico em pequenas e médias empresas: estudo quantitativo com empresas brasileiras de tecnologia da informação. **Revista Espacios**, v. 33, n. 7, p. 1-15, 2012.

[17] MAXIMIANO, A. C. A. **Teoria geral da administração**. São Paulo: Atlas, 2008.

[18] MAYER, J. H.; STEINECKE, N.; QUICK, R.; WEITZEL, T. More applicable environmental scanning systems leveraging "modern" information systems. **Information Systems and e-business management**, v. 11, n. 4, p. 507-540, 2013.

[19] McGEE, J. E.; SAWYERR, O. O. Uncertainty and information search activities: a study of owner-managers of small high-technology manufacturing firms. **Journal of Small Business Management**, v. 41, n. 4, p. 385-401, 2003.

[20] MUSETTI, T. F. **Monitoramento do ambiente organizacional em pequenas empresas**: estudo de casos nos setores metal-mecânico e base tecnológica. 2015. Dissertação (Mestrado em Economia, Organizações e Gestão do Conhecimento) - Escola de Engenharia de São Carlos, Universidade de São Paulo, São Carlos, 2015.

[21] OLIVEIRA, D. P. R. **Planejamento estratégico**. 31. ed. São Paulo: Atlas, 2013.

[22] PARNELL, J. A.; LESTER, D. L.; LONG, Z.; KÖSEOGLU, M. A. How environmental uncertainty affects the link between business strategy and performance in SMEs: evidence from China, Turkey, and the USA. **Management Decision**, v. 50, n. 4, p. 546–568, 2012.

[23] PINEDA, R.; LERNER, L. D.; MILLER, M. C.; STANLEY, J. An investigation of factors affecting the information-search activities of small business managers. **Journal of Small Business Management**, v. 36, n. 1, p. 11- 22, 1998.

[24] PORTER, M. E. **Estratégia competitiva**: técnicas para análise de indústrias e da concorrência. Rio de Janeiro: Editora Campus, 1986.

[25] RODRIGUES, C.; BLATTMANN, U. Gestão da informação e a importância do uso de fontes de informação para geração de conhecimento. **Perspectivas em Ciência da Informação**, v. 19, n. 3, p. 4-29, 2014.

[26] SLACK, N.; CHAMBERS, S.; HARLAND, C.; HARRISON, A.; JOHNSTON, R. **Administração da produção**. São Paulo: Atlas, 1996.

[27] TAVANA, M. Euclid: strategic alternative assessment matrix. **Journal of Multi-Criteria Decision Analysis**, v. 11, n. 2, p. 75-96, 2002.

[28] TAVARES, M. C. **Planejamento estratégico**: a opção entre o sucesso e o fracasso empresarial. São Paulo: Harbra Business, 1991.

[29] XU, X. M.; KAYE, G. R.; DUAN, Y. UK executives' vision on business environment for information scanning: a cross industry study. **Information & Management**, v. 40, n. 5, p. 381-389, 2003.

[30] YUSUF, A.; SAFFU, K. Planning and performance of small and medium enterprise operators in a country in transition. **Journal of Small Business Management**, v. 43, n. 4, p. 480–497, 2005.

CAPÍTULO 9

PLANEJAMENTO ESTRATÉGICO NA PEQUENA EMPRESA

Ana Cláudia Fernandes Terence

Jair de Oliveira

O segmento das pequenas empresas, caracterizado como heterogêneo por contar com empresas de diferentes setores, idades, tamanhos, localizações e perfis de crescimento,[13] necessita ser tratado de acordo com sua diversidade e sua especificidade de gestão. Este capítulo tem como objetivo apresentar o planejamento estratégico como ferramenta de gestão para as pequenas empresas, considerando suas características próprias e o relevante papel desempenhado pelo dirigente.

O "processo administrativo" trata o planejamento enquanto função administrativa, relacionado ao cotidiano da pequena empresa e considerado em um horizonte de curto e médio prazo. Assim, quando o dirigente planeja estrategicamente, ele decide sobre questões que definem o rumo e até a sobrevivência do empreendimento a longo prazo.

ESTRATÉGIA EMPRESARIAL

O planejamento estratégico é uma ferramenta de gestão amplamente utilizada nas organizações de todo o mundo. Ao tratar de planejamento estratégico, faz-se necessário compreender o conceito e a dimensão da estratégia, tema que vem conquistando espaço nas universidades e no ambiente empresarial.

Não há consenso sobre o conceito de estratégia. Uma definição útil é a de que a estratégia é o padrão ou o plano que integra as principais metas, políticas e sequências de ações de uma organização em um todo coerente.[20] Sob esse enfoque, a ação estratégica ajuda a ordenar e alocar os recursos de uma empresa com base em suas competências e deficiências internas relativas e a definir ações antecipadas a possíveis mudanças no ambiente e ações dos concorrentes. A partir dessa definição, a estratégia deve conter ao menos três elementos: metas, políticas e planos de ação. Ainda em relação ao conceito de estratégia, atribuem-se diversos sentidos ao termo, considerando-se que uma única definição não refletiria com clareza todos os aspectos envolvidos. Mintzberg[17] argumenta que a estratégia engloba vários sentidos que podem ser apresentados em cinco definições, que ele denomina 5Ps: plano (*plan*), pretexto (*ploy*), padrão (*pattern*), posição (*position*) e perspectiva (*perspective*).

A estratégia, como plano, refere-se ao estabelecimento de um curso de ação conscientemente pretendido, ou seja, de um conjunto de diretrizes para lidar com uma determinada situação.

Caracteriza-se por ser *criada antes da ação à qual vai se aplicar,* por ser *desenvolvida de modo consciente e proposital* e, finalmente, por ser *estática e focar um plano geral proveniente da mente do estrategista.*

A estratégia, como pretexto, configura uma "manobra" específica para superar um opositor ou concorrente. Sob esse ponto de vista, é *intencional — um pretexto para se obter uma vantagem — dinâmica, pretendida e centrada em uma ação competitiva particular.*

A estratégia, como padrão, representa o resultado do processo, ou melhor, um padrão que pode ser observado em um *conjunto de ações gerenciais que não é necessariamente preconcebido.* Apresenta as seguintes características: é *realizada, deliberada ou emergente;* agrega o que foi planejado e realizado (os planos podem ou não se concretizar); apresenta padrões de comportamento (que não exigem necessariamente um planejamento prévio); e tem como foco a ação e o comportamento da empresa.

A estratégia, como posição, constitui especificamente um meio de localizar a empresa no ambiente em que atua, sendo, portanto, a *força mediadora entre a organização e o ambiente*. Em tal ponto de vista, enfatiza o contexto.

A estratégia, como perspectiva, é um conceito compartilhado pelos membros da organização, um ponto de vista refletido em ações ou intenções, pois seu foco é a *ação coletiva dos membros da organização, baseada em suas intenções e comportamentos*.

Essas definições ajudam a entender e a administrar os processos pelos quais se formam as estratégias. São conceitos que englobam relações que acrescentam elementos importantes à compreensão da estratégia, a qual não pode ser considerada apenas uma forma de competir, como geralmente é tratada na literatura e em seu uso popular. A estratégia, como instrumento de percepção coletiva e de ação, também revela questões fundamentais sobre as organizações.[17,19,22]

Nessas definições de estratégia verifica-se que, apesar de não haver um consenso, alguns elementos comuns podem ser encontrados nas definições dos autores da área, como a elaboração de um plano, o estabelecimento de um curso de ação e de políticas, e a alocação de recursos para atingir objetivos predeterminados visando aumentar a vantagem competitiva.

> **A ESTRATÉGIA REPRESENTA O CONJUNTO DE AÇÕES COORDENADAS PARA O ALCANCE DE OBJETIVOS E TAMBÉM COMPORTA AQUELAS QUE REMETEM A AÇÕES DE OUTROS AGENTES E ÀS SUAS VÁRIAS INTERAÇÕES, OU SEJA, ENTENDE-SE POR ESTRATÉGIA UM INSTRUMENTO QUE ALINHA A ORGANIZAÇÃO A SEU AMBIENTE.**

Em uma definição abrangente, a estratégia é um padrão de decisões coerente e integrativo que define o propósito organizacional ao estabelecer objetivos de longo prazo, programas de ação e prioridades para alocação de recursos; seleciona os negócios nos quais a organização atua ou atuará; caracteriza o tipo de organização econômica e humana que a empresa é ou pretende ser; apresenta alternativas para alcançar uma vantagem sustentável, em longo prazo, em cada um dos negócios da empresa, respondendo corretamente às oportunidades e ameaças de seu ambiente e às forças e fraquezas da organização; está presente em todos os níveis hierárquicos da empresa (corporativo, de negócio e funcional) e, por fim, determina a natureza das contribuições que pretende oferecer a seus *stakeholders**.

Dois aspectos no processo de criação de estratégias se evidenciam: o deliberado, que se baseia em planos lógicos e racionais e se volta para o estabelecimento de objetivos (proativos ou adaptativos), e o emergente, que se fundamenta em flexibilidade, oportunismo, aprendizado e intuição.[25]

O modelo racional do processo de criação de estratégia (deliberado) relaciona-se fortemente com o sistema de planejamento estratégico, uma ferramenta amplamente utilizada pelas empresas. A racionalidade enfatiza a importância da análise exaustiva das alternativas disponíveis para a tomada de decisão, o monitoramento do ambiente, a adoção de métodos de planejamento e a unificação de estratégias a partir da identificação, avaliação e seleção da mais adequada diante das possibilidades.[8,11,12] Outra visão do processo de criação de estratégia destaca que as estratégias podem ser moldadas, o que demanda dedicação, intuição, conexão entre pensamento e ação em um processo contínuo de aprendizado. O estrategista molda a estratégia utilizando o conhecimento resultante de sua experiência para moldar o futuro.[17]

Em consonância com esses conceitos, pode-se dizer que toda empresa tem sua estratégia formulada e implementada, seja a partir de um plano previamente elaborado e/ou em um processo que emerge de um conjunto de ações criado ao longo do tempo.[18] Essas duas visões do processo de criação de estratégias não são necessariamente opostas, pois se entende que ambas estão presentes em um mesmo processo que contempla características deliberadas e emergentes.

> **O PROCESSO DE CRIAÇÃO DE ESTRATÉGIAS, PARA SER COMPLETO, DEVE ABRANGER CARACTERÍSTICAS TANTO DELIBERADAS QUANTO EMERGENTES.**

A abordagem utilizada neste capítulo é a de que a estratégia deve ser entendida como um curso de ação — geral ou específico — voltado para determinadas situações, que visa alinhar as decisões e ações com um objetivo a ser alcançado. Pode ser definida como um modo de agir consciente e propositalmente concebido antes das ações (intencional e deliberada)

* Grupo ou indivíduo que afeta, deseja afetar ou é afetado pelas ações da organização na consecução de seus objetivos. São exemplos de *stakeholders*: clientes, concorrentes, fornecedores, empregados etc.

ou como padrão estabelecido em uma sequência de ações (intencional ou não). Trata-se, em suma, de um conjunto de ações resultante de um processo contínuo de formulação, emersão e realização de estratégias cuja finalidade é manter ou melhorar o desempenho da organização e aumentar sua competitividade.

PLANEJAMENTO ESTRATÉGICO NA PEQUENA EMPRESA

As pequenas empresas, para sobreviverem, precisam utilizar da melhor forma possível seus recursos humanos e materiais, superar as ameaças presentes em seu ambiente externo (contexto de atuação), explorar suas oportunidades e estabelecer os melhores meios para atuarem no mercado.

Assim, o planejamento estratégico, como uma ferramenta, pode auxiliar a pequena empresa no processo de gestão, possibilitando o aperfeiçoamento de seus produtos e serviços, tendo em vista, entre outros aspectos, compreender as necessidades dos clientes; analisar o setor de atuação, o mercado e os concorrentes; e estabelecer os valores a serem oferecidos ao cliente, as vantagens em longo prazo e a lucratividade.

O planejamento estratégico auxilia na orientação dos rumos e das ações da empresa em seu contexto de atuação, bem como em seus aspectos internos de gestão. Pode-se caracterizar esse planejamento como um processo contínuo que estabelece a interação da empresa com o ambiente, que permite definir seus objetivos e suas potencialidades e orienta para o melhor aproveitamento dos recursos.

Ademais, proporciona vantagens para as empresas que utilizam essa ferramenta de gestão, tais como: auxilia a administração a adaptar-se às mudanças do ambiente de atuação; ajuda a estabelecer mais precisamente as atividades e a coordenação entre as várias partes da organização; e tende a tornar os objetivos mais específicos e conhecidos.[15] E mais: como processo explícito, contribui para a coleta e análise de dados fundamentais (longo prazo) com a finalidade de desenvolver e manter o alinhamento da organização com seu ambiente,[1,3,20] viabiliza a integração e o controle de processos,[16] e requer a comunicação de objetivos e a alocação de recursos.[20] Enfim, também disciplina o pensamento estratégico na pequena empresa e oferece melhores resultados diante dos métodos de tentativa e erro.[1,2,3]

Não se deve, entretanto, compreender o planejamento estratégico como uma ferramenta que, por si só, garanta a melhor estratégia para a empresa ou o melhor emprego e desenvolvimento de seus recursos e habilidades atuais. É uma ferramenta que pode auxiliar a organização a identificar ações na prática em um processo flexível, sujeito a mudanças e realizado em todos os níveis e atividades da empresa.

Existem diversas metodologias de elaboração do planejamento estratégico, e com as respectivas etapas e as atividades, que devem ser seguidas pelos dirigentes. Algumas conduzem o processo de forma mais detalhada, ao passo que outras apresentam as atividades de forma mais sintética; entretanto, os dois modos têm a mesma finalidade: propor orientações para elaboração de estratégias empresariais. Considera-se relevante para as pequenas empresas a realização de uma etapa inicial, a qual se constitui na conscientização e engajamento do empresário no processo, além do envolvimento dos funcionários que participam da implementação do plano estratégico.

Para garantir o sucesso do planejamento estratégico nas pequenas empresas é necessário observar algumas características geralmente envolvidas no processo. Para o segmento das pequenas empresas, no qual suas características próprias influenciam, dificultam ou mesmo inibem o desenvolvimento do planejamento, o fundamental é considerar essas especificidades típicas. Nota-se que a pequena empresa necessita de um processo de elaboração de estratégias que esteja integrado ao dia a dia da empresa e nas atividades dos dirigentes e funcionários.

O PROCESSO DE PLANEJAMENTO PARA AS PEQUENAS EMPRESAS DEVE SEGUIR AS SEGUINTES ETAPAS: EXAME DAS CARACTERÍSTICAS BÁSICAS DESTAS ORGANIZAÇÕES; ANÁLISE DA MANEIRA PELA QUAL TAIS CARACTERÍSTICAS INIBEM O PROCESSO DE PLANEJAMENTO; ESTUDO DE ALGUNS MÉTODOS PARA ELIMINAR OU AO MENOS REDUZIR OS OBSTÁCULOS AO PLANEJAMENTO.

É NECESSÁRIO AVALIAR A REALIDADE DAS PEQUENAS EMPRESAS, BEM COMO SUAS CARACTERÍSTICAS E LIMITAÇÕES AO PLANEJAMENTO, PARA SE PROPOR AOS EMPRESÁRIOS UMA FORMA MAIS ADEQUADA PARA O DESENVOLVIMENTO DE ESTRATÉGIAS.[21]

Muitas vezes o dirigente da pequena empresa considera a elaboração do planejamento estratégico uma questão técnica, de poucos resultados práticos e, ainda, uma tarefa que demanda tempo para realizar e pôr em prática. Outras características da pequena empresa que interferem na utilização do planejamento estratégico são: estrutura simples; poucos recursos para a contratação de profissionais e/ou serviços de consultoria para suprir a falta de conhecimento administrativo; excesso de tarefas operacionais no cotidiano do dirigente; centralização de poder, entre outros. Contudo, outras características despontam como facilitadoras na elaboração do planejamento estratégico, como a estrutura enxuta e ágil para tomada de decisão; o fator dos processos serem menos burocratizados; a flexibilidade em sua estrutura organizacional; a facilidade em adaptar-se a mudanças, além de apresentar um relacionamento direto e próximo com clientes e fornecedores.[21]

Assim, é preciso abordar o planejamento estratégico de maneira menos complexa e formal e, principalmente, considerando as principais características de gestão desse porte de empresas.

ROTEIRO PARA A ELABORAÇÃO DO PLANEJAMENTO ESTRATÉGICO NA PEQUENA EMPRESA

O desenvolvimento do roteiro para a elaboração do planejamento estratégico na pequena empresa toma como base as metodologias de planejamento estratégico e as características de gestão das pequenas empresas. O objetivo desse roteiro é ser um instrumento prático e aplicável pelo próprio empresário. Destaque-se que, como as necessidades de planejamento variam de empresa para empresa, o roteiro não descarta a reflexão e a dedicação do empresário.

O roteiro apresenta seis etapas para a elaboração do planejamento estratégico nas pequenas empresas: (1) conhecimento da técnica e conscientização do empresário; (2) estabelecimento da visão geral da empresa, composta pela missão, visão e valores; (3) elaboração do diagnóstico estratégico, ou seja, a análise externa e interna, e fatores críticos de sucesso; (4) elaboração da estratégia a partir da identificação da estratégia atual e escolha da estratégia futura; (5) definição dos objetivos, metas e ações; e (6) apresentação do plano para a organização.[23]

A aplicação do roteiro deve ser em etapas; porém, antes de seu início, cumpre definir a equipe que participará do processo. Como, na pequena empresa, a estrutura é reduzida e muitas vezes ela não conta com pessoal qualificado ou que conheça a ferramenta de planejamento, torna-se necessário verificar se os funcionários têm predisposição, criatividade e conhecimento dos produtos, processos e recursos da empresa, bem como identificação com seus propósitos. Estabelecida a equipe que se incumbirá da elaboração do planejamento estratégico, o roteiro poderá ser aplicado. É importante ressaltar que a aplicação do roteiro diretamente pelo empresário exigirá disciplina na organização do tempo e no desenvolvimento das atividades.

Quadro 1 » Roteiro para a elaboração do planejamento estratégico[23,24]

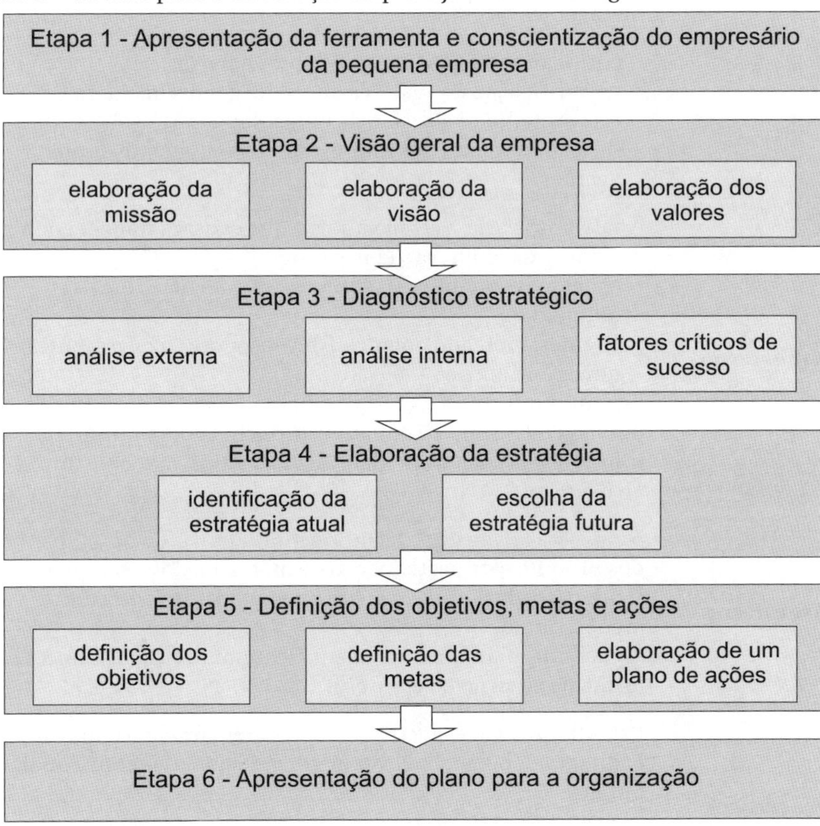

Quadro 2 » Atividades para a elaboração do planejamento estratégico[23]

Atividade	Passos
Conhecimento e conscientização	O empresário deve tomar ciência da técnica do planejamento estratégico (na literatura, com funcionários, auxílio externo etc), suas vantagens e esclarecer eventuais dúvidas.
Missão	Definir o que é a empresa, a partir das seguintes questões: Qual é o negócio da empresa? Onde a empresa está? Quais são os clientes? Quais são os produtos/serviços oferecidos? Quais são as necessidades dos clientes? Qual é o diferencial em relação à concorrência? Qual é a imagem da empresa?
Visão	Identificar onde a empresa quer chegar, tomando conhecimento da expectativa e do interesse do empresário e dos agentes da empresa.
Valores	Identificar as crenças e os princípios a partir: da verificação dos valores que o dirigente considera relevantes para a gestão da empresa; do levantamento dos interesses e das expectativas dos agentes.
Análise externa	Analisar as variáveis relevantes e que causam impacto no cotidiano da empresa, dentre estas: aspectos econômicos, políticos, tecnológicos, legais e ambientais; clientes, mercado potencial, fornecedores, concorrentes, novos entrantes. Levantar informações junto a clientes, fornecedores, publicações especializadas, eventos etc. A partir da análise das informações coletadas, identificar as ameaças e oportunidades ao negócio.
Análise interna	Analisar a forma de atuação vigente, a partir do desempenho dos produtos, da participação de mercado, do desempenho financeiro, da definição sobre o resultado da forma de atuação atual. A partir da análise acima, identificar pontos fracos e fortes na forma de atuação da empresa.
Fatores críticos de sucesso	Estes fatores são específicos e dependem de cada empresa e de cada setor, pois estão diretamente relacionados com a análise ambiental. Identificar os fatores relevantes para a atuação da empresa no seu segmento de atuação. Identificar o que é primordial para uma empresa atuante no segmento se manter competitivo.

(Continua)

Atividade	Passos
Estratégia atual	Identificar as principais ações, investimentos e decisões tomadas no último ano.
Estratégia futura	Realizar a análise exaustiva das atividades anteriores. Selecionar a estratégia de atuação que seja condizente com sua realidade, proporcione a concretização das metas e dos objetivos e considere as ações dos concorrentes.
Definição de objetivos	Definir os objetivos de acordo com a dinâmica do setor de atuação da empresa, a missão, a visão e as análises interna e externa. Definir os indicadores que serão utilizados para controlar e monitorar os objetivos propostos.
Definição de metas	Definir as ações necessárias para se atingir os objetivos propostos. Definir o período de tempo determinado e os responsáveis pelo desenvolvimento das metas. Estabelecer os procedimentos para monitorar as metas.
Elaborar o plano para suportar a estratégia e atingir os objetivos	Identificar ações, projetos, investimentos etc. que serão necessários para atingir os objetivos propostos por meio da estratégia selecionada.
Apresentar o plano para toda a organização	Realizar uma reunião com a equipe para comunicar a estratégia e a importância do engajamento de todos os funcionários para o sucesso da empresa.

Acredita-se que, para o desenvolvimento do planejamento estratégico e a obtenção dos benefícios que a ferramenta propicia, faz-se necessário que o dirigente se conscientize, primeiramente, da necessidade de estabelecer o plano para que então consiga, por meio de algumas análises, visualizar o futuro e definir as decisões da organização.

Ressalte-se que a análise externa e interna da pequena empresa é fundamental para identificar possíveis oportunidades, ameaças, pontos fortes, pontos fracos e fatores críticos de sucesso, e também para refletir sobre esses aspectos antes de se definir as melhores estratégias a adotar na organização. No entanto, é essencial que essa análise seja realista, completa e impessoal de modo a facilitar a adoção de uma estratégia condizente com sua verdadeira situação, uma vez que o empresário tende a minimizar as ameaças e pontos fracos e supervalorizar as oportunidades e pontos fortes.

A PRIMEIRA ATIVIDADE PARA ELABORAR O PLANEJAMENTO ESTRATÉGICO NA PEQUENA EMPRESA DEVE SER A CONSCIENTIZAÇÃO DO DIRIGENTE REFERENTE À NECESSIDADE DE REFLETIR SOBRE SUA SITUAÇÃO ATUAL PARA SE DEFINIREM ENTÃO OS PLANOS FUTUROS. TODO ESSE PROCESSO DEPENDE DIRETAMENTE DA INFLUÊNCIA E DO ENGAJAMENTO DO EMPRESÁRIO NAS ATIVIDADES DO PLANEJAMENTO ESTRATÉGICO.

Pode-se considerar a análise do ambiente de atuação da pequena empresa como uma fonte de atualização e monitoramento para o empresário. Realizando essa atividade constantemente, o dirigente terá melhores condições de estabelecer ações estratégicas condizentes com sua missão e visão e suas potencialidades.

A CRIAÇÃO DE ESTRATÉGIAS NA PEQUENA EMPRESA E O ESTRATEGISTA

De maneira geral, o processo de criação de estratégias nas pequenas empresas reflete uma análise dirigida, oportuna ou instintiva de suas condições, realizada em um processo emergente,[5] ou seja, em um processo flexível e dinâmico que se desenvolve no dia a dia, baseado na intuição e na experiência do dirigente.[4,6]

O estilo e a personalidade do dirigente são fundamentais no processo de criação de estratégias, o qual se caracteriza, na maioria das vezes, por ser informal e de curto prazo, e residir na mente do estrategista.[14] Neste caso, os dirigentes podem utilizar um método rápido e eficiente que obedece às seguintes diretrizes:

1. filtrar as oportunidades para descartar os empreendimentos não promissores;
2. analisar as ideias com parcimônia e concentrar os esforços nas mais importantes, e
3. integrar ação e análise.

É um processo que conta com a análise e a ação simultâneas. Os dirigentes não precisam esperar que se chegue a uma análise completa para agir; se necessário, devem estar prontos para mudar o curso de ação. As estratégias surgem a partir da escolha de uma ideia e da decisão de explorá-la em um processo contínuo de suposições, análise e ação.

Pode-se afirmar que o sucesso de uma organização está relacionado com a capacidade que o dirigente tem de perceber as oportunidades de um determinado ambiente, interpretá-las e agir. A interpretação do ambiente que circunda o negócio, feita pelo dirigente, depende de suas crenças.

Para detectar oportunidades é preciso ter intuição, a qual requer entendimento e que, por sua vez, exige conhecimento.[7] O estrategista deve ser capaz de reconhecer as oportunidades e ameaças do ambiente em que atua e definir os desafios com os quais sua organização deve lidar. Uma visão mais restrita desse ambiente pode levá-lo a certa miopia estratégica, a ignorar pressões e ameaças.

A estratégia relaciona-se à maneira de ver, sentir, agir e reagir do estrategista, construída a partir de seu conhecimento, de suas suposições sobre eventos futuros e da identificação e análise que faz de alternativas e respectivas consequências. As escolhas do dirigente se realizam, portanto, conforme seus valores e sua preferência. O campo de visão dos estrategistas é limitado, e sua percepção seletiva os leva a analisar apenas alguns dos fenômenos compreendidos em seu campo de visão, escolhidos e interpretados a partir de sua cognição e seus valores. Portanto, a criação da estratégia, dependendo diretamente da percepção do dirigente, também se relaciona com sua cognição e seus valores. Assim, *a interação da situação (contexto e especificidades de organização) com as características do dirigente e do processo de criação de estratégias determinam o desempenho organizacional.*[10]

Esse processo está representado na Figura 1.

Figura 1 >> Perspectiva do dirigente no processo de criação de estratégias

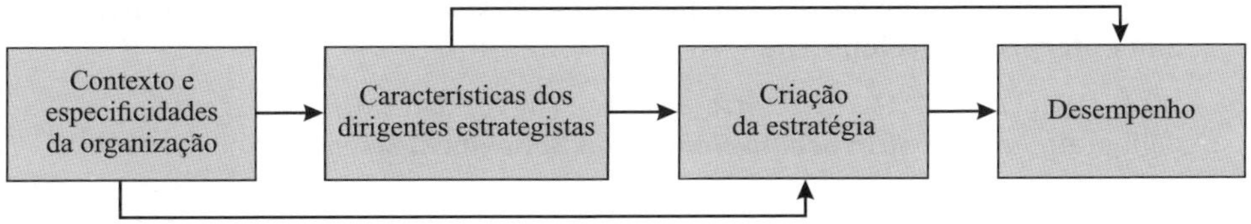

CONSIDERAÇÕES FINAIS

O processo de criação de estratégias das pequenas empresas apresenta as seguintes características: é informal, intuitivo, realizado na mente do estrategista, pouco estruturado, de curto prazo e implica estratégias reativas, associadas à sobrevivência. De caráter emergente, não analítico, concilia reflexão e ação, e suas estratégias não são comunicadas e formalizadas. Também condiz com a visão e as crenças do dirigente, e se relaciona com os recursos e características do dirigente e à capacidade que ele tem de analisar o contexto do ambiente em que atua.

Destaque-se a forte influência dos dirigentes da pequena empresa que agem de acordo com seus princípios, impulsos e intuição e, em sua maioria, consideram-se intuitivos na gestão. Alguns são realmente intuitivos; outros, porém, assim se julgam porque não têm uma compreensão global das condições que as empresas enfrentam. A falta de uma compreensão mais abrangente das condições que influenciam a gestão da pequena empresa deve-se, em grande parte, a outra característica da pequena empresa, a centralização das atividades. Esta situação o torna um dirigente flexível, versátil, conhecedor da rotina na qual está envolvido, mas também um dirigente com pouco tempo para tratar das questões estratégicas.

REFERÊNCIAS

[1] ANSOFF, I. **A nova estratégia empresarial**. São Paulo: Atlas, 1990.

[2] ANSOFF, I. Critique of Henry Mintzberg's The design school: Reconsidering the basic premises of strategic management. **Strategic Management Journal**, v. 12, p. 449-461, 1991.

[3] ARMSTRONG, J. S. The value of formal planning for strategic decisions: review of empirical research. **Strategic Management Journal**, v. 3, p. 197-211, 1982.

[4] BLACKBURN, R. A.; HART, M.; WAINWRIGHT, T. Small business performance: business, strategy and owner-manager characteristics, **Journal of Small Business and Enterprise Development**, v. 20, n. 1, p 8-27, 2013.

[5] BOZKURT, Ö. Ç.; KALKAN, A. Strategic focus in Turkish SMEs: emergent or deliberate strategies?. **Procedia-Social and Behavioral Sciences**, v. 99, p. 929-937, 2013.

[6] DAY, J. The value and importance of the small firm to the world economy. **European Journal of Marketing,** v. 34, n. 9/10, p. 1033, 2000.

[7] FILLION, L. J. Empreendedorismo e gerenciamento: processos distintos, porém complementares. **RAE Light**, São Paulo, v. 7, n. 3, p. 2-7, julho/setembro de 2000.

[8] FLETCHER, M.; HARRIS, S. Seven aspects of strategy formation: Exploring the value of planning. **International Small Business Journal**, v. 20, n. 3, p. 297–314, 2002.

[9] GLOBOCNIK, D. FAULLANT, R.; PARASTUTY, Z.. Bridging strategic planning and business model management - A formal control framework to manage business model portfolios and dynamics. **European Management Journal**, v. 38, n. 2, p. 231-243, 2020.

[10] HAMBRICK, D. C.; MANSON, P. A. Upper echelons: the organization as a reflection of its top managers. **Academy of Management Review,** v. 9, n. 2, p. 193-206, apr., 1984.

[11] HAUSER, A.; EGGERS, F.; GÜLDENBERG, S.. Strategic decision-making in SMEs: effectuation, causation, and the absence of strategy. **Small Business Economics**, v. 54, n. 3, p. 775-790, 2020.

[12] HOUGH, J. R.; WHITE, M. A.. Environmental dynamism and strategic decision-making rationality: an examination at the decision level. **Strategic Management Journal**, v. 24, n. 5, maio de 2003.

[13] JOHNSON, S; WEBBER, D. J.; THOMAS, W. Which SMEs use external business advice? A multivariate sub-regional study. **Environment and Planning**, v. 39, p. 1981–1997, 2007.

[14] McCARTHY, B. Strategy un personality–driven, strategy is crises-driven insights for entrepreneurial firms. **Management Decision**, v. 41, n. 4, p. 327-339, 2003.

[15] MEGGINSON, L. C.; SCOTT, C.; MEGGINSON, W. **Successful small business management.** Boston: Irwin, 1991.

[16] MILLER, C. C.; CARDINAL, L. B. Strategic planning and firm performance: a synthesis or more than two decades of research. **Academy of Management Review**, v. 37, n. 6, p. 1649-1665, dezembro de 1994.

[17] MINTZBERG, H. Five Ps for strategy. **California Management Review**, Berkeley, v. 30, n. 1, p. 11-24, outono de 1987.

[18] MINTZBERG, H.; AHLSTRAND, B.; LAMPEL, J. **Safári de estratégia**: um roteiro pela selva do planejamento estratégico. Porto Alegre: Bookman, 2000.

[19] QUINN, J. B. Estratégias para mudança. *In*: MINTZBERG, H.; LAMPEL, J.; QUINN, J. B.; GOSHAL, S. **O processo da estratégia**. Porto Alegre: Bookman, 2006.

[20] QUINN, J. B. Strategic change: “logical incrementalism”, **Sloan Management Review**, v. 30, n. 4, p. 45-60, verão de 1989.

[21] RANGA, L. M.; MIEDEMA, J.; JORNA, R. Enhancing the innovative capacity of small firms through triple helix interactions: challenges and opportunities. **Technology Analysis and Strategic Management**, v. 20, n. 6, p. 697–716, 2008.

[22] SNOW, C. C.; HAMBRICK, D. C. Measuring organizational strategies: some theoretical and methodological problems. **Academy of Management Review,** v. 5, n. 4, p. 527-538, 1980.

[23] TERENCE, A. C. F; ESCRIVÃO FILHO, E. Elaboração do planejamento estratégico: estudo e aplicação de um roteiro em pequenas empresas. **Revista da Micro e Pequena Empresa,** v. 1, n. 2, 2007.

[24] TERENCE, A. C. F. **Planejamento estratégico como ferramenta de competitividade na pequena empresa**: desenvolvimento e avaliação de um roteiro prático para o processo de elaboração do planejamento. 2002. Dissertação (Mestrado em Engenharia de Produção) - Escola de Engenharia de São Carlos, Universidade de São Paulo, São Carlos, 2002. https://www.teses.usp.br/teses/disponiveis/18/18140/tde-27052004-110812/publico/Dissertacao_anaclaudia.pdf

[25] WOLF, C.; FLOYD, S. W. Strategic planning research: Toward a theory-driven agenda. **Journal of management**, v. 43, n. 6, p. 1754-1788, 2017.

CAPÍTULO 10

GESTÃO DE PEQUENAS EMPRESAS FAMILIARES

Márcia Freire de Oliveira

Luiz Ricardo Kabbach de Castro

Mariana Martins Meirelles

Andrea Costa Van Herk Vasconcelos

Vivian Duarte Couto Fernandes

As empresas familiares são a forma predominante de empresas em diversos países e numa ampla variedade de setores da economia. Mais de 90% das empresas no mundo são geridas ou controladas por famílias, incluindo pequenas e grandes empresas, como a lanchonete próxima à sua casa ou o Banco Itaú e a Volkswagen.[6] Em alguns países como, por exemplo, o Brasil, somente as 10 maiores empresas familiares chegam a empregar mais de 500 mil pessoas.[10]

Apesar de sua presença massiva em diversos países, os dados referentes às empresas familiares são imprecisos. Isso se explica, em parte, porque a definição de empresas familiares ainda não é clara, dada a dificuldade em definir os limites e as características da empresa familiar.

Neste capítulo, optou-se por utilizar uma definição que captura tanto aspectos estruturais como processuais da empresa familiar,[2] segundo a qual "uma empresa familiar é uma organização que apresenta, simultaneamente, quatro características comuns:

1. *Família*. Dois ou mais membros de uma mesma família (consanguíneos ou por casamento) participam diretamente da governança da empresa, como, por exemplo, na gestão ou no conselho.
2. *Propriedade*. A família detém uma fração significativa das ações da empresa. Tomando a Teoria de Portfólio como referência, definimos uma "fração significante" como um investimento que excede a fração da empresa no portfólio de mercado. Em outras palavras, esse limite não está necessariamente relacionado com a proporção de ações ou cotas que a família detém na empresa.
3. *Direito de voto*. Os membros da família têm poder de controle significante sobre a empresa, no qual o limiar de direitos de voto é ao menos tão grande quanto a fração dos direitos de propriedade detidos pela família.
4. *Preferência pela transferência intergeracional da empresa*. A família empresária atribui valor em manter seus direitos de propriedade e de controle sobre a empresa ao longo das gerações."[2]

Por essa definição uma empresa individual não pode ser considerada uma empresa familiar, distinguindo-se de grande parte das pequenas empresas familiares. Além disso, o processo sucessório passa a ter uma importância vital já que a família empresária tem como valor intrínseco a passagem da propriedade e controle familiar da empresa para as gerações futuras (a questão da sucessão será apresentada mais adiante neste capítulo).

Com base nessa definição, a governança da pequena empresa familiar será discutida por meio do "Modelo de Três Círculos",[18] caracterizando os principais desafios da empresa familiar e discutindo possíveis alternativas de solução. Por fim, discorreremos sobre o processo sucessório na pequena empresa familiar.

O RELACIONAMENTO EMPRESA, FAMÍLIA E GESTÃO NA PEQUENA EMPRESA

A gestão na empresa familiar, diferentemente das organizações não familiares, requer não somente a integração e coordenação dos objetivos e interesses dos gestores e proprietários, mas também dos interesses da família. De forma a capturar essa dinâmica entre os interesses de gestores, proprietários e familiares, é proposto um modelo[18] que representa a sobreposição de tais papéis, discutindo suas implicações para a empresa familiar (Figura 1).

Figura 1 >> Sobreposição entre os papéis dos gestores, proprietários e familiares (adaptado)[18]

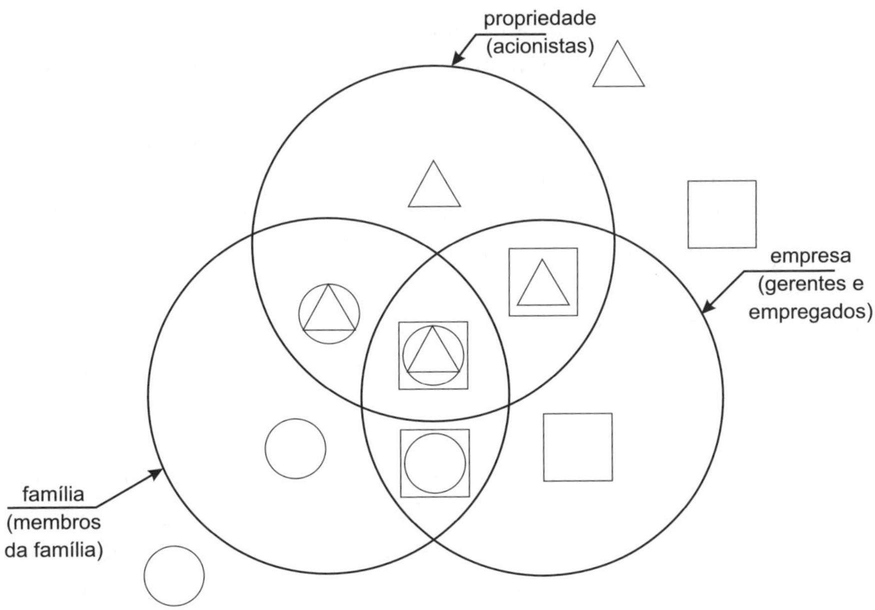

Nesse modelo, conhecido na literatura de empresas familiares como "Modelo de Três Círculos," qualquer pessoa dentro de uma empresa familiar pode ser representada por uma das sete possíveis combinações formadas pelas sobreposições dos papéis de gestão, propriedade e família. Assim, a classificação dos indivíduos por intermédio desse modelo permite entender quais papéis, objetivos e interesses tendem a prevalecer em cada situação. Por exemplo, um indivíduo que for, ao mesmo tempo, proprietário da empresa e membro da família poderá entender que a distribuição de lucros não significa somente uma retribuição da empresa a ele como membro da família, como também um modo de obter um retorno sobre seu investimento como proprietário.

Entretanto, uma pessoa que for apenas gestora nessa mesma empresa poderá optar por não distribuir dividendos visando reinvestir os lucros na empresa com o objetivo de aproveitar oportunidades de crescimento e, com isso, aumentar suas responsabilidades e, finalmente, seu salário. Ou, ainda, uma terceira pessoa, membro da família e gestora, pode concordar com o gestor não familiar em relação ao crescimento da companhia, mas com o objetivo de criar melhores oportunidades de carreira, ou mesmo mais responsabilidades perante a família. Essa terceira pessoa pode também ser uma filha de um familiar dono e gestor, com uma relação afetiva e emocional intensa, aumentando o debate sobre a distribuição (ou não) de lucros da empresa e gerando potenciais conflitos internos tanto na família como na empresa.

Outras questões inerentes às empresas familiares, como: o processo de promoção de empregados e gestores; a participação, ou não, de membros familiares no negócio; a remuneração dos acionistas etc., também podem ser melhor esclarecidas por meio deste modelo. Isso porque ele permite entender melhor os paradigmas e comportamentos por trás de cada um dos papéis, ao mesmo tempo que explicita suas possíveis sobreposições.

Na empresa familiar e, em particular, na pequena empresa familiar, a governança passa a ter alguns contornos específicos já que, como um conjunto de mecanismos, a governança deve adaptar-se ao contexto. Um ponto de partida para a análise e definição dos mecanismos de governança na empresa familiar é o "Modelo de Três Círculos" apresentado na Figura 1.

Considerando que cada um dos três grupos — família, proprietários e gestão — tem objetivos e interesses diversos, assim como dinâmicas próprias de como lidar com seus membros, há em cada grupo uma necessidade específica de gestão e governança. Por exemplo, a família não deve ser gerenciada como uma empresa ou vice-versa. Entretanto, os três grupos estão interconectados em um único sistema, "a empresa familiar", e precisam estar coordenados de tal maneira que possam contribuir para a criação de valor para cada um dos grupos e, em especial, para o negócio.

Construir um modelo de governança para o sistema da empresa familiar é, portanto, mais complexo que numa empresa não familiar, uma vez que a família empresária pode estar presente na propriedade e na gestão,[7] e a influência de seus interesses e objetivos tende a permear toda a organização, uma característica ausente numa empresa não familiar. No entanto, existem mecanismos amplamente utilizados que podem facilitar esse processo, que discutiremos a seguir.

A Figura 2 ilustra alguns mecanismos de governança comumente encontrados em empresas familiares.[5] A presença de cada um deles depende do contexto da empresa, representado por seu tamanho, complexidade, diversidade, características dos acionistas e, evidentemente, a identidade, perfil e cultura da família empresarial. Destaque-se que características e composição dos Conselhos de Administração em empresas familiares dependem, fundamentalmente, do poder da família empresária (controle direto ou indireto; participação ou não na gestão), da cultura da organização (sobreposição entre os valores da família e da empresa e comprometimento da família com o negócio), papel do conselho (controle ou apoio estratégico) e experiência da família empresária (número de gerações envolvidas na empresa e participação dos membros da família).[4]

Figura 2 » Estruturas Básicas de Governança na Empresa Familiar (adaptado)[5]

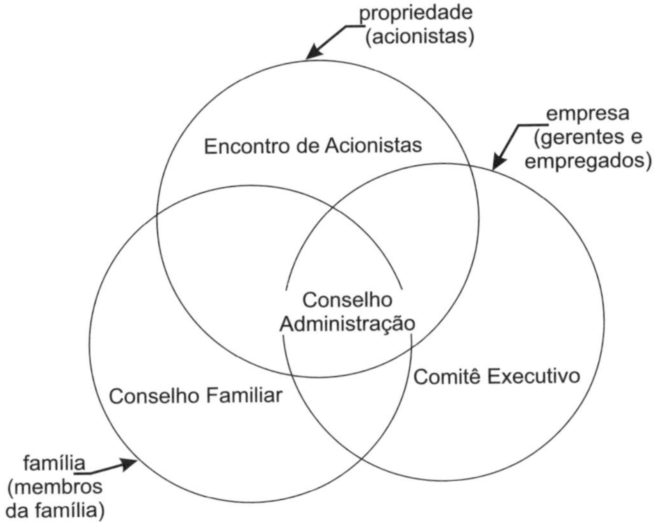

Assim, os mecanismos de governança para cada um dos três grupos que compõem o sistema de gestão familiar — família, proprietários e gestores — devem ter como objetivos organizar as atividades do grupo, informar e educar seus membros, garantir um processo eficaz de comunicação, fomentar a construção de relacionamentos de confiança, formular o planejamento e as políticas que afetam os interesses do grupo, e gerir o processo de tomada de decisão, levando em consideração que os interesses e objetivos desses grupos variam de empresa para empresa. Detalhamos a seguir os mais comumente encontrados nas práticas das empresas familiares:

- **Comitê Executivo**. Representa o fórum de discussão da alta gerência da empresa. Um bom comitê executivo deve garantir o alinhamento organizacional entre a alta gestão e os demais empregados da empresa de forma que a estratégia da organização e suas decisões de alto nível estejam refletidas nos processos de negócios representados pelas atividades rotineiras da empresa.
- **Encontro de Acionistas ou Cotistas**. É o principal mecanismo de governança dos acionistas e representa uma das melhores oportunidades para educá-los quanto às suas responsabilidades e expectativas da empresa e da administração sobre seu papel no sistema da empresa familiar. O encontro de acionistas ou cotistas se constitui, também, em um fórum formal e estruturado para discussão das informações relevantes sobre a empresa, como a situação financeira da companhia, as oportunidades e a situação atual dos negócios, o ambiente competitivo e as tendências que possam afetá-la.[16]
- **Conselho Familiar**. Em empresas geridas e controladas por uma família é natural que os objetivos e interesses da família sejam considerados quando da tomada de decisão na empresa. Por exemplo, como e quando serão transferidos os direitos de propriedade, qual a melhor estratégia de remuneração dos membros da família, quanto e quando distribuir dividendos etc. A questão, assim, deixa de ser se a família interfere na gestão da empresa, mas como se dá essa relação. O conselho familiar, portanto, é um mecanismo de governança que permite coordenar os interesses da família com as atividades da empresa. Nesse fórum tem-se a oportunidade de, entre outras atividades: (1) informar a situação financeira e a estratégia de gestão aos membros da família que não participam da administração das finanças da empresa; (2) engajar os membros da família nos assuntos da empresa, tornando-os melhores cotistas ou acionistas; (3) abrir espaço para deliberação de políticas que afetam tanto a família como a empresa como, por exemplo, a remuneração de familiares na gestão, regras de distribuição de dividendos, participação dos familiares na gestão da empresa etc.; (4) criar

um ambiente de celebração, camaradagem e companheirismo entre os familiares; (5) estabelecer um ambiente formal e estruturado para solução de conflitos.

* **Conselho de Administração**. Esse órgão, por sua função de aconselhamento, monitoramento e fiscalização da gestão das empresas, é considerado um mecanismo central de boa governança corporativa capaz de aliviar as fragilidades do processo de administração de uma companhia.[12] O Conselho de Administração, portanto, deve ser visto pela pequena empresa familiar como uma instituição que sempre respeita o contexto e a natureza da empresa e da família. O Conselho de Administração tem três finalidades,[9] a saber: "(1) considerar e respeitar os interesses dos proprietários; (2) formular e monitorar o objetivo estratégico de longo prazo da empresa; e (3) ser o principal conselheiro para o executivo principal (CEO)." Na pequena empresa familiar o CEO tende a ser o principal acionista ou cotista, e nesse caso a função do conselho passa a ser a de monitorar a capacidade dos gestores de executar o planejamento estratégico.

O proprietário-gestor, na pequena empresa familiar, normalmente resiste à implementação desse conselho, assumindo que perderá parte de sua autonomia e discricionariedade, bem como teme pela confidencialidade das informações e privacidade da família. Tais inquietações podem ser minimizadas mediante um processo bem definido de escolha de conselheiros e de administração do conselho. Uma vez instituído, um conselho atuante proporciona ao proprietário-gestor um fórum de discussão, aconselhamento e feedback que pode trazer excelentes resultados para a gestão da empresa familiar.

Quando a empresa passa para a segunda geração — sociedade entre irmãos — ou terceira geração — consórcio de primos —, o conselho torna-se uma estrutura fundamental para a boa governança da empresa. Contudo, se a empresa chegou a esse estágio de maturidade, assume-se que deixou de ser uma pequena empresa, passando a necessitar de estruturas mais robustas de governança.

O Quadro 1 detalha as funções e identidade do Conselho de Administração na pequena empresa familiar à luz de três perspectivas teóricas. A Teoria de Agência define, em seu sentido mais amplo, um problema segundo o qual a riqueza de uma parte, chamada *principal*, depende de ações tomadas por outra parte, chamada *agente*, cujos interesses são conflitantes. O problema de agência, portanto, passa a ser como incentivar o agente para que atue no interesse do principal e não somente para atender a seus próprios interesses. Numa pequena empresa familiar, por exemplo, podemos encontrar uma situação em que um membro da família é responsável pela gestão da empresa (agente) enquanto os demais membros, proprietários, não participam da gestão (principal). Ainda que o proprietário-gestor tenha interesse no bom desempenho da empresa, pode usar seu poder para melhorar sua posição à custa de outros acionistas ou cotistas, aumentando sua remuneração ou utilizando os recursos da empresa em seu próprio benefício. Nesse caso, o Conselho de Administração passa a ter uma função de controle das atividades do proprietário-gestor.

Quadro 1 » Funções e Identidade do Conselho na Pequena Empresa Familiar (adaptado)[13]

Teoria	**Teoria de Agência**	**Teoria Baseada em Recursos**	**Teoria da Dependência de Recursos**
Função do Conselho	Controle	Aconselhamento	Recursos
Contribuição	Reduzir a assimetria de informação entre membros da família, ou com *stakeholders* externos.	Trazer recursos e competências para a empresa. Reduzir o risco de endogamia e trazer uma visão externa para o negócio.	Ajudar por meio de novos contatos e redes de relacionamento em processo de expansão. Legitimar o novo CEO em processos de sucessão.
Identidade	Não familiar com experiência que seja de confiança da família e dos *stakeholders* externos.	Não familiar com experiência que seja de confiança do CEO ou dos familiares dominantes.	Não familiar com experiência que seja de confiança do CEO ou dos familiares dominantes e de *stakeholders* externos.

Um segundo papel do conselho é o de prover conhecimento e competências que não estão presentes na empresa. A Teoria Baseada em Recursos (RBV, na sigla em inglês) define o Conselho de Administração como recurso capaz de gerar vantagens competitivas. Por exemplo, conselheiros com grande conhecimento do setor de atividade no qual a empresa está inserida podem prover informações e insights estratégicos que permitam à empresa se posicionar de maneira única frente a sua concorrência. Especialmente no caso de pequenas empresas familiares, nas quais a flexibilidade e a dinâmica são características intrínsecas, o conhecimento e os recursos humanos e técnicos gerados a partir da escolha cuidadosa dos conselheiros permite um diferencial para as empresas. A natureza dos recursos — raridade, valor e dificuldade de imitação, transferência e substituição — determina a vantagem competitiva do conselho.[1]

Finalmente, a Teoria da Dependência de Recursos sugere que as organizações agem de forma a influenciar (ou tentar influenciar) o ambiente externo de negócios. Por essa perspectiva, as empresas familiares são, em parte, resultado de respostas conscientemente planejadas em suas decisões estratégicas num contexto de contingências do ambiente por elas influenciado. Por exemplo, as empresas respondem ao contexto externo de maneira a absorver a interdependência e reduzir incertezas por meio do desenvolvimento de novos negócios e da cooperação com outras empresas e, no caso concreto da governança corporativa, construindo mecanismos que possibilitam influenciar os agentes internos e externos. Neste último caso, a escolha de conselheiros que tenham influência sobre *stakeholders* externos influentes é uma alternativa natural.[15]

Uma alternativa ao Conselho de Administração é o "conselho consultivo", sobretudo para empresas que ainda não têm uma estrutura de governança definida e pensam iniciar um processo formal de planejamento, execução e aprendizado de suas práticas tanto na gestão, como na família e entre os acionistas ou cotistas, ou pequenas empresas familiares que não almejam formar um Conselho de Administração. O Conselho Consultivo é constituído por membros externos à empresa, independentes, com experiência profissional capazes de contribuir para o desempenho da companhia.

Diferentemente de um serviço de consultoria ou assessoria, no qual a empresa contrata *ad hoc* um apoio externo para auxílio a uma determinada decisão ou função, o conselho externo provê uma opinião baseada na independência de pensamento, o que permite discordar das opiniões e decisões da gestão e acionistas ou cotistas da família. Outra diferença fundamental entre os consultores/assessores externos e um conselho é o envolvimento de longo prazo. O conselho é formado sem prazo determinado tornando-se um mecanismo perene e de visão de longo prazo para atender aos interesses e objetivos da empresa e da família.

Ante o exposto, o gestor de uma pequena empresa familiar dificilmente conseguirá perpetuar sua empresa e deixar um legado para as futuras gerações sem criar uma estrutura formal e efetiva de governança em condições de coordenar os objetivos e interesses da gestão, da empresa e, sobretudo, da família. Vale ressaltar, entretanto, que esse sistema de governança deve ser o mais simples possível, respeitando as necessidades e objetivos de gestão e governança da empresa familiar em questão. O Conselho de Administração, o Conselho Familiar e os Encontros de Acionistas ou Cotistas são, geralmente, suficientes para construir um sistema de governança efetivo. Lembrando que, na pequena empresa, alguns dos membros desses comitês se repetem com maior frequência. Se for o caso, uma estrutura mais simplificada, na qual o Conselho Familiar e o Encontro de Acionistas ou Cotistas se sobreponham pode ser uma opção. De qualquer forma, não há uma estrutura genérica para todas empresas. A análise do contexto e dos objetivos da família empresária, ao lado das necessidades da empresa, definirão os mecanismos mais apropriados em cada situação.

A SUCESSÃO NAS PEQUENAS EMPRESAS FAMILIARES

A sucessão nas empresas familiares é um tema relevante que deve ser tratado com cautela pelos gestores da organização. Definida como um processo de transferência de poder e gestão da empresa de uma geração familiar à outra,[9] envolve a interação social entre fundadores, sucessores, familiares e empregados que não fazem parte da família.[14]

As pequenas empresas familiares estão mais expostas às dificuldades ligadas ao processo sucessório já que, nele, transmite-se a gestão ao sucessor (familiar ou não) ao mesmo tempo em que transfere a propriedade. Em outras palavras, diferentemente das empresas não familiares, o processo sucessório na empresa familiar envolve os três subsistemas da empresa familiar: gestão, família e propriedade.

A perpetuação das pequenas empresas familiares relaciona-se diretamente, portanto, a um processo sucessório bem-sucedido. Quando o processo sucessório não é acompanhado de prévio planejamento, a empresa tende a enfrentar dificuldades em vários aspectos, como, por exemplo, aqueles relacionados (1) aos conflitos entre os membros da família, (2) às incertezas dos *stakeholders* em relação ao sucessor, (3) às mudanças organizacionais que podem vir a ocorrer com a mudança de poder e autoridade na empresa,[19] entre outros.

O planejamento do processo de sucessão deve ser estruturado e conter objetivos claros. Quanto antes forem discutidas as questões que envolvem a sucessão, de maneira aberta, racional e estruturada, melhor tendem a ser os resultados, permitindo uma administração proveitosa do ponto de vista pessoal, emocional e profissional. Assim como na construção do sistema de governança, não existe um plano para sucessão padrão que se encaixe em todas as empresas familiares. Dessa forma, um planejamento sucessório precisa levar em consideração a configuração da família, seu conjunto de características, necessidades, objetivos e capacidades.[19]

Embora, em geral, o processo de sucessão esteja centrado em duas figuras — sucessor e sucedido —, é importante acompanhar o impacto nos três subsistemas da empresa familiar.[3] Um processo de sucessão pode ser caracterizado por três etapas:[17] a primeira se relaciona com a preparação dos potenciais sucessores; a segunda engloba a escolha do sucessor e a gestão conjunta entre sucedido e sucessor; e, por fim, a terceira etapa se concretiza no momento em que o sucedido transfere a direção da empresa ao sucessor e os reflexos organizacionais são percebidos.

É fundamental gerenciar cuidadosamente o processo sucessório em cada uma de suas etapas. Durante o processo de preparação, ressalte-se a necessidade de identificar as motivações pessoais do possível sucessor para garantir que, caso seja um membro familiar, esteja motivado por um desejo pessoal de contribuir com a empresa, e que não se trata de uma imposição por parte da família.

Ao longo do processo sucessório é natural que sucessor e sucedido passem por dilemas pessoais. Enquanto os pais lutam pela sobrevivência da empresa, receando ser excluídos e tendo dificuldade em se afastar da organização, os filhos sofrem até que alcancem a legitimação pessoal perante os pais e demais *stakeholders* da organização.[8] Assim, as forças psicológicas subjacentes ao processo devem ser devidamente reconhecidas, analisadas e endereçadas para garantir que o processo atinja seus objetivos.

Uma sucessão bem-sucedida envolve a satisfação das partes envolvidas e a eficácia do processo, que está ligada ao impacto deste sobre o desempenho da empresa familiar. As empresas familiares são cenários de convivência entre pessoas guiadas pela necessidade de conquistar desenvolvimento individual e coletivo no âmbito empresarial.[19] No entanto, como essas relações se enraízam em questões emocionais, próprias de parentesco, o ambiente organizacional se torna palco de conflitos de relações e gerações.[11]

Assim também, o processo de sucessão familiar, geralmente permeado por comportamentos alicerçados em conflitos entre os membros da família, muitas vezes gera inconsistências e crises empresariais.[8,12] Se isso acontece, o que fazer, então, para evitar que essa situação se instale?

Estudos constatam que herdeiros que enfrentam muitos conflitos com os sucedidos durante uma gestão conjunta efetuam mudanças significativas no modo de gerir a empresa após a conclusão da sucessão, ou seja, quando os sucedidos já não estão mais no negócio.[8,19] Em outras palavras, com a saída do sucedido os sucessores encontram uma maneira de adotar no negócio seu estilo de gestão, com profissionalização, mudança de posicionamento da empresa, internalização de atividades antes terceirizadas, revisão da área de gestão de pessoas etc. Todavia, ao efetuarem mudanças na empresa, os sucessores se deparam com muitas dificuldades, principalmente com relação aos funcionários antigos resistentes à mudança.

Há que se considerar ainda que uma nova geração entrando no ambiente empresarial familiar, naturalmente gera expectativas sobre relação entre práticas "tradicionais" e as "novas", ou seja, as do sucedido, cujos modelos e formas de trabalho já estão estabelecidos, e as do sucessor, com novas perspectivas e reflexões sobre os negócios e, não raramente, com características como dinamismo, criatividade e impulsividade.

Nesse sentido, é importante priorizar e, mais do que isso, estimular relações de aprovação e valorização entre sucedidos e sucessores.[8] Para isso, alguns pontos de reflexão necessitam ser observados, a fim de minimizar os riscos em um processo sucessório, entre eles:

1. **Regras claras**: garantir que regras de convivência e uso de poder sejam respeitados, principalmente nas decisões estratégicas para a empresa. Isso definirá um direcionamento para as ações dos sucessores e permitirá um processo mais sistematizado, incluindo o comportamento de outros membros da família que também participam da organização;
2. **Gestão de carreira das novas gerações**: planejar uma carreira para as novas gerações. Definir claramente os critérios para que membros da família participem da gestão da empresa, abrindo espaço para seu crescimento profissional dentro ou fora da empresa. Isso permitirá que o sucessor tenha oportunidades e não trabalhe na empresa familiar por falta de opção ou por necessidade;

3. **Engajamento da família**: estimular um processo de conscientização da responsabilidade que cabe a todos os membros da família para garantir o equilíbrio das relações entre as gerações. O entendimento dos papéis e responsabilidades contribui para uma visão compartilhada da empresa possibilitando aos gestores (familiares ou não) ter mais clareza de suas responsabilidades e garantindo uma base emocional para tomar decisões mais assertivas.

CONSIDERAÇÕES FINAIS

Entender as diferenças entre a pequena empresa e a empresa familiar é um imperativo para estabelecer as fronteiras entre esses dois conceitos. Isso porque, conforme visto neste capítulo, e também no anterior (sobre o planejamento estratégico na pequena empresa), torna-se necessário delinear claramente o ambiente empresarial e o familiar para, a partir daí, alinhar os objetivos, metas e práticas de gestão e governança tanto no ambiente empresarial como familiar.

Antes de assumir que a pequena empresa é uma empresa familiar, ainda que o empreendimento seja liderado por um(a) dirigente que, na maioria das vezes, lidera uma família, deve-se ter o cuidado de qualificar as características do empreendimento à luz da definição de empresa familiar. Assim, caso a pequena empresa também seja qualificada como empresa familiar, torna-se premente levar em consideração as características de governança e sucessão familiar discutidas neste capítulo a fim de perenizar os esforços empreendedores do(a) fundador(a).

REFERÊNCIAS

[1] BARNEY, J. Firm Resources and Sustained Competitive Advantage. **Journal of Management**, v. 17, p. 99-129, 1991.

[2] BENNEDSEN, M.; PÉREZ-GONZÁLEZ, F.; WOLFENZON, D. The governance of family firms. *In*: BAKER, K. H.; ANDERSON, R. (Eds.), Corporate governance: A synthesis of theory, research, and practice. p. 371-389, Hoboken, NJ: Wiley, 2010.

[3] BERNHOEFT, R. **Empresa Familiar: Sucessão Profissionalizada ou Sobrevivência Comprometida**. São Paulo: Nobel, 1989.

[4] CORBETTA, G., SALVATO, C. The Board of Directors in Family Firms: One Size Fits All? **Family Business Review,** v. 17, n. 2, p. 119-134, junho de 2004.

[5] DAVIS, J. A. Governance of the Family Firm. **Harvard Business School Background Note.** p. 807-022, 2007.

[6] VILLALONGA, B. ; AMIT, R. Family ownership, **Oxford Review of Economic Policy**, v. 36,n. 2, p. 241–257, verão de 2020, https://doi.org/10.1093/oxrep/graa007.

[7] ENRIQUES, L.,VOLPIN, P. Corporate Governance Reforms in Continental Europe. **Journal of Economic Perspectives**, v. 21, n. 1, p. 117-140, 2007.

[8] FLORES JR., J. E.; GRISCI, C. L. T. Dilemas de Pais e Filhos no Processo Sucessório de Empresas Familiares. **Revista de Administração**, São Paulo, v. 47, n. 2, p. 325-337, abril/maio/junho de 2012.

[9] GERSICK, K. E.; DAVIS, J. A.; HAMPTON, M. M.; LANSBERG, I. **De Geração Para Geração: Ciclos de Vida das Empresas Familiares** (4ª ed.). Rio de Janeiro: Negócio, 1997.

[10] Global Family Index, Desenvolvido pelo Center of Family Business da Universidade de St. Gallen, Suíça, em conjunto com o Global Family Business Center of Excellence da EY, Disponível em: https://familybusinessindex.com/#index. Acesso em 28 de agosto de 2021.

[11] GRZYBOVSKI, D.; OLIVEIRA, A. Modelos de Análise do Processo de Crescimento e Desenvolvimento de Empresas Familiares. *In*: ENCONTRO DE ESTUDOS ORGANIZACIONAIS, 4, 2006, Porto Alegre. **Anais...** Porto Alegre: ANPAD, 2006. (CD-ROM).

[12] HABERMAN, H.; DANES, S. M. Father-Daughter and Father-Son Family Business Management Transfer Comparison: Family FIRO Model Application. **Family Business Review**, Thousand Oaks, v. 20, n. 2, p. 163-184, 2007.

[13] HUSE, M. **Boards, Governance and Value Creation.** Cambridge: Cambridge University Press, 2007.

[14] LAM, W. Dancing to Two Tunes: Multi-Entity Roles in the Family Business Succession Process**. International Small Business Journal**, v. 29, n. 5, p. 508-533, 2011.

[15] PFEFFER, J. Size and Composition of Corporate Boards of Directors: The Organization and Its Environment. **Administrative Science Quarterly.** v. 17, p. 218-228, 1972.

[16] POZA, E. **Family Business.** Mason, OH: South-Western Cengage Learning, 2010.

[17] ST-CYR, L.; RICHER, F. La Planification du Processus de Transmission dans les PME Québécoises. **Revue Internationale P.M.E**, v. 18, n. 3-4, p. 51-71, 2005.

[18] TAGIURI, R.; DAVIS, J. A. Bivalent Attributes of the Family Firm. **Family Business Review**, v. 9, n. 2, p. 199-208, verão de 1996. (Originalmente publicado como Working Paper em 1982, Harvard Business School, Cambridge: MA).

[19] VOZIKIS, G. S.; WEAVER, K. M.; GIBSON, B. Family Business Succession: Emphasis on the Family not the Business. **Indian Journal of Economics & Business**, Special Issue, p. 139-153, 2009.

GESTÃO DA INOVAÇÃO EM PEQUENAS EMPRESAS

ANTONIO IACONO

MARCELO SEIDO NAGANO

As empresas de pequeno porte desempenham um papel relevante no mundo não apenas na geração de emprego e renda, mas também assumem uma função importante no processo de inovação, estimulando o crescimento na economia como um todo.[1]

Inseridas, atualmente, em mercados mais competitivos e globalizados, as empresas de pequeno porte dependem cada vez mais da capacitação tecnológica e da geração de inovações para garantir sua sobrevivência e sucesso. De fato, as pequenas empresas precisam se preocupar com sua posição de mercado, suas trajetórias tecnológicas, seu desenvolvimento de competências e seus processos empresariais caso queiram permanecer nesse cenário competitivo.[28]

Podemos definir a inovação como a implementação de produtos e serviços novos ou melhorados, e de novos métodos organizacionais ou de marketing. Baseado nessa definição, a inovação pode ser vista como um conceito amplo que inclui uma ampla variedade de atividades que resultam em mudanças nos produtos e serviços, bem como na forma como tais produtos e serviços são entregues ao consumidor.[11] Essas mudanças podem variar de inovações mais simples (ou incrementais) a inovações mais complexas (ou radicais). A motivação em desenvolver inovações incrementais está em fazer melhor as coisas aumentando a capacidade existente, enquanto a motivação em desenvolver inovações radicais está em fazer diferente, regenerando a capacidade existente e adquirindo novos conhecimentos e recursos.

O sucesso da inovação não acontece por mero desejo. O processo complexo e arriscado de transformar ideias em algo significativo exige da empresa — além de paixão e energia —, organização e gestão estratégica.[28] O processo de inovação, embora contenha diversas particularidades mostradas em diferentes modelos que a literatura disponibiliza, apresenta uma estrutura genérica com quatro grandes fases: geração de ideias, seleção, desenvolvimento e difusão. Cada fase compreende funções específicas que precisam ser gerenciadas a partir de uma estrutura organizacional adequada para circunstâncias especiais.[4]

Apesar da ênfase da inovação em grandes empresas, ela não é uma exclusividade desse porte. Há inúmeros casos de sucesso protagonizados por pequenas empresas. Entretanto, as pequenas empresas apresentam dificuldades que são inerentes a seu porte e, portanto, o sucesso nos processos de inovação requer um tratamento que aborde suas especificidades. Vale destacar, por exemplo, que em pequenas empresas as inovações raramente resultam de atividades planejadas, caracterizadas por conhecimento científico e tecnológico, com recursos alocados em atividades formais de Pesquisa e Desenvolvimento. Em grande parte, as atividades de inovação integram suas operações comerciais diárias, como, por exemplo, nas relações de

O SUCESSO DA INOVAÇÃO NÃO ACONTECE POR MERO DESEJO. O PROCESSO COMPLEXO E ARRISCADO DE TRANSFORMAR IDEIAS EM ALGO SIGNIFICATIVO EXIGE DA EMPRESA — ALÉM DE PAIXÃO E ENERGIA —, ORGANIZAÇÃO E GESTÃO ESTRATÉGICA.

interação e cooperação com os clientes, nas atividades de produção e na melhoria da qualidade de seus produtos.[11]

Apesar das dificuldades, as pequenas empresas apresentam vantagens importantes que, se bem gerenciadas, podem promover com sucesso a inovação.

Partindo dos conceitos apresentados sobre inovação e gestão de seus processos, este capítulo objetiva contextualizar a inovação no âmbito da pequena empresa a partir de suas especificidades. Assim, são apresentadas as principais implicações do processo de inovação em pequenas empresas, com o propósito de contribuir para um melhor direcionamento na construção de uma organização inovadora.

INOVAÇÃO: CONCEITO E CARACTERIZAÇÃO

É consenso que as empresas que efetivamente almejam a inovação crescem mais do que aquelas que não inovam. A inovação justifica, em grande parte, o sucesso das empresas. A maior parte das inovações resulta da necessidade de mudança determinada pela própria inovação ou pelas novas oportunidades que surgem. As organizações que conseguem mobilizar conhecimento e avanços tecnológicos e conceber a criação de novidades em suas ofertas (produtos/serviços) e nas formas como criam e lançam essas ofertas, são favorecidas no cenário atual.

Considera-se uma inovação, segundo o Manual de Oslo,[22] a implementação de um produto (bem ou serviço) novo ou significativamente melhorado, bem como um processo, um novo método de marketing ou um novo método organizacional, seja nas práticas de negócios, na ordenação do local de trabalho ou nas relações externas.

Uma segunda dimensão importante da mudança técnica refere-se ao grau de novidade envolvido. Na literatura há diferentes formas de caracterizar os diferentes tipos de inovação em relação ao grau de novidade. Considerando o foco na inovação e desenvolvimento de novos produtos, Henderson e Clark[14] destacaram, conforme o Quadro 1, os seguintes tipos:

Quadro 1 » Tipos de inovação quanto ao grau de novidade (adaptado)[14]

Tipo de inovação	Descrição	Exemplo
Inovação radical	Compreende a criação de um produto totalmente novo, um novo projeto dominante, e por isso um novo conjunto de conceitos essenciais de design implementados em componentes em uma nova arquitetura.	Comunicação do tipo wireless.
Inovação incremental	Refina e amplia um design estabelecido. Envolve adaptações ou melhorias de produtos existentes. A melhoria ocorre nos componentes individuais, mas os conceitos essenciais subjacentes ao design e a ligação entre eles permanecem.	Próxima geração de um microprocessador.
Inovação modular	Muda apenas os conceitos essenciais do design de uma tecnologia, sem alterar a arquitetura do produto.	Substituição dos telefones analógicos pelos digitais.
Inovação arquitetural	Muda a arquitetura de um produto, mas não altera os componentes e os conceitos essenciais do design implementados por esses componentes. Sua essência está na reconfiguração de um sistema estabelecido para ligar os componentes existentes de uma nova maneira.	Efeitos da miniaturização dos componentes do rádio.

Essa classificação pode ser representada ao longo de uma dimensão horizontal e uma dimensão vertical, conforme mostrado na Figura 1.

Figura 1 » Estrutura para definir inovação[14]

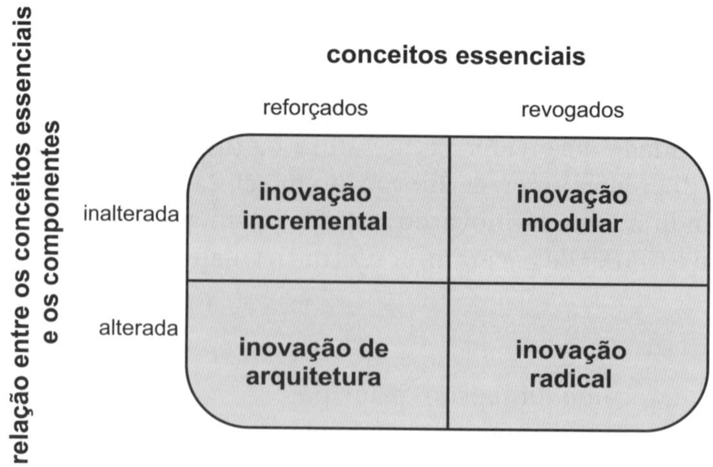

A dimensão horizontal captura o impacto de uma inovação sobre os componentes, enquanto a vertical captura seu impacto sobre a ligação entre os componentes. Vale observar que as inovações radical e incremental são pontos extremos ao longo de ambas as dimensões.

As inovações radicais e incrementais têm consequências competitivas tão diferentes porque requerem diferentes capacitações organizacionais. Enquanto a inovação incremental reforça as capacitações das organizações estabelecidas, a radical as leva a recorrer a novas habilidades técnicas e comerciais, e empregar novas abordagens de solução de programas. No entanto, é relevante destacar que a simples distinção entre inovação incremental e radical não basta para explicar por que inovações aparentemente menos importantes ou simples tomam esse caminho.[14] Cada vez mais surgem evidências de que inúmeras inovações que envolvem mudanças aparentemente modestas da tecnologia existente podem ter grandes consequências competitivas.

Nesse sentido, a matriz da Figura 1 tem sua importância na medida em que sugere que uma dada inovação pode ser menos radical ou uma inovação de arquitetura, e não que todo o conjunto poderia ser ordenadamente dividido em quatro quadrantes.[12]

A distinção acima tem uma importante contribuição para a contextualização da pequena empresa no âmbito da inovação. Dentre os tipos de inovação apresentados, a incremental assume uma relevância especial, pois esse tipo ocorre na maioria das vezes.

GESTÃO DA INOVAÇÃO

A inovação é resultado de um processo, e não um evento isolado.[28] Nesse sentido, pode então ser gerenciada, ou seja, as influências sobre seu processo podem ser manipuladas e afetar seu resultado. Também não há uma fórmula única e simples, mas um conjunto de comportamentos que levam ao sucesso. A inovação eficaz está fortemente relacionada à maneira pela qual a empresa escolhe e gerencia seus projetos e coordena o fluxo de suas diferentes funções. A gestão da inovação tem como propósito principal a busca de maior competitividade pela diferenciação.

> CADA VEZ MAIS SURGEM EVIDÊNCIAS DE QUE AS INOVAÇÕES INCREMENTAIS PODEM TER GRANDES CONSEQUÊNCIAS COMPETITIVAS.

> A INOVAÇÃO É RESULTADO DE UM PROCESSO, E NÃO UM EVENTO ISOLADO. TAMBÉM NÃO HÁ UMA FÓRMULA ÚNICA E SIMPLES, MAS UM CONJUNTO DE COMPORTAMENTOS QUE LEVAM AO SUCESSO.

A literatura ao longo das últimas décadas tem apresentado diversos modelos de gestão da inovação. A maior parte deles foi desenvolvido na década de 1990, e embora tenham como foco o produto — transformação de uma oportunidade de mercado em um produto comercializável[17] —, há modelos que também tratam da inovação de processo e inovação organizacional.

Apesar das particularidades contidas nos diversos modelos de gestão da inovação, é possível pensar em uma estrutura geral do processo, que opera a partir de ideias até chegar à implementação. Salerno et al.[25], baseado na representação de Hansen e Birkinshaw,[13] propõem uma estrutura hegemônica ou preponderante do processo de inovação cuja sequência pode ser assim representada: geração de ideias; seleção; desenvolvimento; e difusão, conforme mostrado na Figura 2. A descrição de cada uma dessas fases é feita a seguir:

Figura 2 >> Modelo simplificado de gestão da inovação

GERAÇÃO

A geração das possibilidades de inovação tem como propósito analisar o cenário (interno e externo), as ameaças e oportunidades. Nesse momento são detectados e processados os sinais de inovação potencial. Tais sinais podem compreender necessidades de vários tipos, oportunidades que surgem de atividades de pesquisa de algum outro lugar, ou pressões para adequação à legislação, ou ainda o comportamento de concorrentes. A etapa de geração de ideias pode ser orientada pelo planejamento estratégico da empresa e/ou pelo mercado. De qualquer modo, deve representar o conjunto de estímulos aos quais a empresa deve responder.

Em especial, nesta etapa é importante a interação da empresa com outros atores.[13] Vale lembrar que as ideias podem surgir da observação de um cliente, de uma necessidade ainda não atendida; das atividades de um concorrente; ou do próprio P&D (Pesquisa e Desenvolvimento). Igualmente importante, devemos considerar a busca de estímulos para a inovação no seio da organização.[28] O envolvimento de funcionários pode representar um recurso importante, em termos de ideias, especialmente para o incremento de inovações de melhorias. Explorar esse potencial de inovação tem se revelado muito útil para diversas organizações. Como exemplo, a Toyota, fabricante de automóveis, tem em sua história de crescimento inúmeras inovações incrementais originadas por sua força de trabalho.

SELEÇÃO

Esta fase compreende uma seleção estratégica a partir da análise das várias oportunidades tecnológicas e mercadológicas apresentadas na fase de geração.

A geração de muitas boas ideias só cumprirá seu papel se o processo de seleção for capaz de identificar a melhor escolha, isto é, novos conceitos não vão prosperar sem bons mecanismos de triagem. Três tipos de informação contribuem para direcionar o processo de seleção.[28] O primeiro é o fluxo de sinais sobre possíveis oportunidades tecnológicas e de mercado. O segundo refere-se à base tecnológica atual da empresa, sua própria competência tecnológica. Em outros termos, trata-se de quanto a empresa sabe sobre seu produto (como é fabricado e colocado no mercado de maneira eficaz) e sobre as propostas de mudanças a fazer. Este aspecto tem particular importância, pois o fracasso da inovação é normalmente causado por empresas que tentam lançar produtos não adequados à sua base de competência.[7] O terceiro, por fim, diz respeito à consistência com o negócio geral, ou seja, ao alinhamento da estratégia geral do negócio à estratégia de inovação.

DESENVOLVIMENTO

Após selecionar as ideias que serão apoiadas, é preciso implementá-las. Não importa quão bem conferidas e financiadas as ideias sejam, elas precisam ser transformadas em produtos que geram receitas. A fase de desenvolvimento constitui o cerne do processo de inovação, pois traduz o potencial da ideia em algo novo. Tal potencial pode significar um novo produto ou serviço, uma mudança de processo ou do modelo de negócio. Um fator relevante a ser considerado nesse processo é que uma vez selecionada a ideia, ela precisa ter sua prioridade dentro de tantas outras que a organização possui. Importante lembrar que durante essa fase se consome a maior parte do tempo, dos recursos e do comprometimento.[28]

De maneira geral, a fase de desenvolvimento compreende subetapas e alguma gestão de risco ao longo da implementação dos projetos de inovação. O grau de incerteza, presente nos processos de inovação, pode gerar eventos inesperados e imprevisíveis, levando a mudanças no projeto. O gerenciamento de risco torna-se crucial nesta fase. Conforme a empresa implementa seus projetos de inovação faz-se necessário um controle dos recursos alocados. Em outros termos, o risco deve ser gerenciado ao longo do processo.

Vale destacar que a tecnologia tem se tornado mais complexa e cada vez mais tem exigido o domínio de várias áreas do conhecimento para seu domínio e desenvolvimento. Tais características exigirão das empresas, além de elevados níveis de flexibilidade e criatividade,[18] maior integração com o ambiente externo na busca de novos conhecimentos e soluções. Muito do processo se baseia na combinação de diferentes formas de conhecimento, e a interação com os mais diversos tipos de organização, tais como universidades, fornecedores, órgãos de fomento, institutos de tecnologia, clientes, entre outros, tem sido de grande importância para os processos de aprendizagem organizacional e acúmulo de capacidade tecnológica.

A sinergia interna das diversas funções organizacionais também é fundamental nessa fase. Além de o processo de inovação apresentar dificuldades tanto nas áreas técnicas como de mercado, cumpre ressaltar que a inovação não se limita a laboratórios de P&D. O processo de inovação envolve muitas outras funções na organização. Nesse sentido, a solução de problemas emergentes não deve se limitar a uma sequência linear. Atividades das áreas de marketing, fabricação, qualidade, projetos, compras, entre outras, devem ser integradas. Cumpre enfatizar que a separação ou distanciamento da função projeto do mercado, por exemplo, pode resultar em modelos inadequados, nos quais as reais necessidades do cliente não são atendidas ou estão "acima das expectativas", gerando uma sofisticação técnica que excede as necessidades reais (podendo tornar-se, por consequência, muito caras).[28]

Em resumo, a gestão de projetos de inovação compreende mais do que uma simples organização de recursos em um cronograma e orçamento: sua eficácia requer da organização flexibilidade, criatividade e integração de seus processos internos e interação com seu ambiente externo.

DIFUSÃO

A fase de difusão completa o processo de inovação. Ela corresponde ao lançamento ou comercialização do produto; transforma as ideias em inovações de sucesso. Sem difusão a inovação não tem impacto econômico. A comercialização é crucial para o sucesso do processo de inovação.[2] Diferentemente das capacidades técnicas, que são determinantes nos primeiros estágios, o marketing (pesquisas e testes de mercado, promoção e outros) se torna fundamental e seu principal mecanismo de disseminação.

O comportamento do consumidor é o fator-chave nessa fase de difusão, e definir o desenvolvimento de mercado para um produto novo se constitui em uma tarefa bastante complexa. Não basta fazer com que as pessoas tomem conhecimento da existência de um novo produto por meio de anúncios etc., há necessidade de desenvolver um processo subjacente à adoção de algo novo, ou seja, envolver uma sequência de conhecimento, interesse, julgamento, avaliação e adoção.[28] É fundamental criar um elo entre o conceito do novo produto e uma necessidade pessoal. Em outras palavras, importa, e muito, buscar a participação do consumidor desde a fase inicial do processo de inovação; a participação ativa possibilita uma melhor aceitação e maior qualidade do novo produto.[29] Conway e Steward[6] também enfatizam a relevância do papel e da contínua interação com o usuário no processo de inovação. Algumas ferramentas voltadas para a simulação de opções alternativas podem ser vistas em Dodgson et al.[8] e Schrage.[26]

Nesta fase é importante analisar como o processo de difusão da inovação pode afetar sua adoção. São cinco as características que podem influenciá-la.[23] A primeira é a vantagem relativa, o grau em que se percebe uma inovação como sendo melhor em relação àquela que substitui ou à do concorrente. A segunda refere-se à compatibilidade, o quanto é percebida como coerente com valores, experiências e necessidades dos adotantes iniciais. A terceira, por sua vez, diz respeito à complexidade, que faz com que a inovação seja percebida como difícil de compreender ou utilizar. A quarta é a capacidade de experimentação e refere-se ao grau em que uma inovação pode ser experimentada sob determinadas condições. Por fim, a quinta é a capacidade de observação, que permite tornar visíveis para os outros os resultados de uma inovação. Cabe realçar que, embora esta seja a última fase, há necessidade de considerar de que maneira a difusão afetará sua adoção desde a primeira etapa do processo de inovação.

É importante dizer que o sucesso no processo de inovação apresentado por essas fases genéricas requer integração e a mesma eficácia entre as fases. A empresa precisa desenvolver habilidades em todas as fases, ou seja, não deve apresentar deficiências significativas em nenhuma delas. Não importa, por exemplo, quão eficaz seja o processo de seleção de ideias se apenas alguns bons conceitos são gerados ou se há deficiência no processo de desenvolvimento subsequente. É fundamental que a empresa concentre esforços de melhorias nas fases mais deficientes.

FATORES CRÍTICOS DE SUCESSO PARA A GESTÃO DA INOVAÇÃO

O sucesso nas referidas fases do processo de inovação exige da organização um conjunto de comportamentos que promovam a capacidade de inovar, a habilidade de organizar e gerenciar o processo.[28] Tais comportamentos contemplam temas ou áreas como *estratégia, interações* e *contexto organizacional,* e podem ser desdobrados em questões críticas para a gestão da inovação, conforme apresentado no Quadro 2.

A *estratégia* envolve a posição da empresa no que se refere a seus produtos, processos, tecnologias e o sistema de inovação no qual se insere, os caminhos tecnológicos e a aprendizagem estratégica além dos limites divisionais e funcionais.

A estratégia é um fator crítico para o sucesso da inovação. Diferentes estratégias tendem a influenciar diferentes tipos de inovação e desempenho.[27] As *interações* compreendem relacionamentos externos com fornecedores de tecnologias, mercado e colaboradores organizacionais, oferecendo oportunidades para aprendizagem com clientes difíceis e usuários importantes. Por fim, tem-se o *contexto organizacional* para que as ideias criativas possam emergir e serem implantadas. O contexto organizacional envolve o compartilhamento da identificação de problemas e a capacidade para capturar e acumular aprendizagem sobre tecnologia e gestão do processo de inovação.[20]

O SUCESSO DA GESTÃO DA INOVAÇÃO VAI DEPENDER DA ESTRATÉGIA, DAS INTERAÇÕES E DO CONTEXTO ORGANIZACIONAL.

Quadro 2 » Áreas e questões críticas para a gestão da inovação

Áreas/Temas	Questões críticas
Estratégias	Ideia clara de como a inovação pode ajudar a empresa a competir. Definição clara do diferencial competitivo da empresa diante do mercado. Utilização de ferramentas e técnicas de prospecção: ameaças e oportunidades do mercado. Visão compartilhada dos executivos de como a empresa se desenvolverá por meio da inovação. Ligação entre os projetos de inovação e a estratégia geral do negócio.
Processos	Organização dos processos para a gestão do desenvolvimento de um novo produto. Entendimento das necessidades do cliente por todos os funcionários, além dos de marketing. Envolvimento prévio dos departamentos no desenvolvimento de novos produtos/processos. Cumprimento de prazos e orçamentos dos projetos de inovação. Flexibilidade no sistema de desenvolvimento de produto para execução de pequenos projetos.
Organização	Trabalho em equipe além dos limites departamentais da empresa. Comunicação eficaz de cima para baixo, de baixo para cima e por meio da organização. Trabalho em equipe, intradepartamental. Envolvimento dos funcionários com sugestões para melhorias dos produtos ou processos. Estrutura para rápida tomada de decisão.
Interações e ações conjuntas com outros agentes	Interação com universidades, centros de pesquisa para o desenvolvimento de conhecimento Entendimento das necessidades de seus clientes/usuários. Ações conjuntas com outras empresas para o desenvolvimento de novos produtos e processos. Interação com clientes na exploração e no desenvolvimento de novos conceitos Desenvolvimento de redes de contato externas.
Aprendizagem	Comparação sistemática dos produtos e processos com os de outras empresas. Compartilhamento de experiências com outras empresas para o aprendizado. Treinamento e desenvolvimento de pessoal. Lições aprendidas. Disseminação interna do aprendizado adquirido.

COMPONENTES E COMPETÊNCIAS DA ORGANIZAÇÃO INOVADORA

A gestão da inovação não se resume em fazer uma ou duas coisas bem, mas tem a ver com um bom desempenho em todas as direções. Logo, ser uma empresa inovadora certamente implicará mais que uma estrutura. Na realidade, trata-se de um conjunto integrado de componentes e competências que trabalham juntos para criar e fortalecer o tipo de ambiente que permite que a inovação prospere.[3] Criar uma organização cuja estrutura e cultura (padrão de valores e crenças) apoiem a inovação passa a ser o grande desafio das empresas. No Quadro 3 são apresentados alguns dos principais componentes e competências que uma organização inovadora precisa deter.

Os Quadros 2 e 3 possibilitam afirmar que, em síntese, o sucesso da inovação compreende quatro grupos de comportamento que levam à promoção da inovação:[28] (i) a inovação de sucesso baseia-se em estratégia; (ii) a inovação depende de relacionamentos internos e externos eficazes; (iii) a inovação requer mecanismos que possibilitem que a mudança aconteça; e (iv) a inovação somente ocorre dentro de um contexto organizacional apoiador.

> **A INOVAÇÃO NAS PEQUENAS EMPRESAS DEVE ABORDAR AS PEQUENAS EMPRESAS EM UM CONTEXTO ORGANIZACIONAL EXCLUSIVO, QUE CONSIDERE AS CARACTERÍSTICAS INERENTES A SEU PORTE.**

Para as pequenas empresas, tais comportamentos ou características da gestão da inovação apresentam implicações específicas a seu porte. Em outras palavras, as pequenas empresas apresentam especificidades que determinam maiores ou menores facilidades para a construção de uma estrutura organizacional inovadora. Portanto, a inovação nas pequenas empresas deve abordar as pequenas empresas em um contexto organizacional exclusivo.[19] A seção a seguir apresenta algumas importantes implicações da gestão da inovação para as pequenas empresas.

Quadro 3 » Componentes e competências da organização inovadora

	Componentes/ competências	Descrição
Componentes	Visão compartilhada, liderança e desejo de inovar	Senso de propósito claramente compartilhado e articulado.
	Estrutura adequada	Projeto de organização que permite criatividade, aprendizagem e interação.
	Indivíduos-chave	Promotores, defensores e outras funções que energizam ou facilitam a inovação.
	Trabalho de equipe eficaz	Uso adequado de equipes para a solução de problemas.
	Desenvolvimento individual contínuo e amplo	Compromisso de longo prazo com ensino e treinamento para assegurar altos níveis de competência e habilidades para aprender eficazmente.
	Comunicação extensiva	Dentre e entre a organização, e fora dela. Internamente, em três direções: ascendente, descendente e lateralmente.
	Inovação de alto envolvimento	Participação de toda a organização em atividades de melhoria contínua.
	Foco externo	Orientação do cliente externo e interno. Extensivo trabalho em rede.
	Ambiente criativo	Abordagem positiva de ideias criativas, apoiadas por sistemas de motivação relevantes.
	Organizações que aprendem	Altos níveis de envolvimento dentro e fora da empresa em experimentação proativa, compartilhamento de experiências, captura e disseminação de conhecimentos.
Competências	Organizacionais	Favorecem a criação de novos conhecimentos. Dizem respeito à gestão de recursos humanos e à inovação em uma dimensão transversal no interior da empresa.
	Relacionais	Atuam sobre os mercados e estão relacionadas à capacidade de cooperar, formar alianças e se apropriar de tecnologias externas.
	Técnicas	São aquelas relacionadas à gestão da produção e das tecnologias essencialmente dentro da empresa.

Fonte: elaborado pelos autores a partir de Tidd e Bessant[28] e Alves e Bomtempo[3]

IMPLICAÇÕES PARA AS PEQUENAS EMPRESAS

Embora haja um processo de inovação genérico, os desafios de gestão para as pequenas empresas se apresentam de maneira particular. Diferentemente das grandes empresas, estudos apontam que a inovação em pequenas empresas é fortemente influenciada pelo ambiente em que operam e por sua localização. O ambiente influencia significativamente a oportunidade para inovação em um sentido tecnológico e de mercado, bem como a estratégia e os processos mais apropriados para inovação.[4,28] As oportunidades para inovação são também altamente influenciadas pelo perfil inovador de seus fornecedores e de seus clientes. Desse modo, a proximidade geográfica com fornecedores e clientes aumenta a probabilidade de ligações informais e a eficácia da inovação em pequenas empresas.

Quando comparadas às grandes empresas, as pequenas apresentam vantagens e desvantagens. As vantagens, em relação à inovação, têm origem nas estruturas de gestão.[24] Diferentemente das grandes empresas, a ausência de burocracia, a rapidez nas decisões e a maior propensão ao risco são fatores que favorecem o desenvolvimento de inovações. Pequenas empresas, também são, geralmente, mais flexíveis[10] e as abordagens de gestão são mais informais,[18] o que em certa medida as tornam organizações mais "orgânicas",[5] ou seja, mais adequadas à condição de mudança rápida. Tal característica é essencial para as primeiras fases do processo de inovação, as quais requerem uma estrutura que permita a criatividade (livre pensamento) e o livre fluxo de informação.[6]

Por outro lado, o porte pequeno de empresas tem algumas desvantagens. Por exemplo, os recursos financeiros e materiais são limitados e inibem o desenvolvimento bem-sucedido de novos produtos.[2] Intervenções de inovação, na forma de programas de aprendizagem, treinamento e desenvolvimento, são problemáticas para as pequenas empresas.[19] De maneira geral, as empresas de pequeno porte detêm poucos recursos e maiores dificuldades para liberar o tempo dos funcionários para treinamento e desenvolvimento.[18,21] A informalidade em sua gestão também pode atuar como um fator inibidor. Ao contrário das primeiras fases do processo de inovação, as últimas, em especial a fase de implementação (caracterizada por apresentar maiores definições técnicas), requerem uma estrutura mais estável, com maior controle e eficiência nos processos, ou seja, são mais aderentes a modelos de organização "mecanicistas".[5] Vale lembrar que os modelos orgânicos e mecanicistas representam uma polaridade e não uma dicotomia, portanto, uma organização pode construir características de ambos.[5]

Em termos de estratégia de inovação em pequenas empresas, podemos destacar que os fatores mais influentes se referem (i) ao acúmulo de competências tecnológicas, (ii) às fontes externas de inovação, e (iii) às habilidades gerenciais.[9] A seguir, uma breve descrição de cada um deles:

(i) *Acúmulo de competências tecnológicas*: as empresas com ampla experiência em inovação são mais capazes de lidar com as ameaças e oportunidades que emergem das rápidas mudanças tecnológicas. Muitas das pequenas empresas iniciam suas atividades com base em tecnologias desenvolvidas por outras empresas, e seu crescimento estratégico dependerá de seu desenvolvimento tecnológico interno. Sem essas capacidades internas não podem avançar nas tecnologias de seus produtos e acessar com êxito novas tecnologias a partir de fontes externas.

(ii) *Fontes externas para inovação*: pequenas empresas raramente possuem a base tecnológica ou recursos financeiros e de pessoal para desenvolver e comercializar suas próprias tecnologias. Elas precisam ser altamente receptivas aos modelos de inovação aberta, criar parcerias com outras empresas, centros de pesquisa e universidades.

(iii) *Habilidades gerenciais*: correspondem a uma gama de habilidades encontradas em grandes empresas e incluem avaliação tecnológica, construção e manutenção de benefícios de colaboração, comunicação dos objetivos estratégicos e integração da estratégia de inovação com os objetivos da organização. Pequenas empresas apresentam vantagens sobre as grandes empresas na medida em que podem oferecer uma grande flexibilidade e incentivos a seus funcionários.

Desse modo, para que as pequenas empresas possam ter crescimento com sucesso, com base em suas competências tecnológicas, precisam superar determinados "limiares" em suas atividades e comportamentos, capazes de inibir seu desenvolvimento.[9] Sendo assim, a expansão do produto e mercado têm importantes implicações. Muitas pequenas empresas precisam passar da produção de um único para múltiplos produtos, da produção customizada para grande quantidade, do foco em mercados pequenos para nichos de mercados com maiores volumes, mercados com produtos mais padronizados.

Por fim, outro aspecto importante que merece destaque se refere ao papel do executivo e à transformação gerencial. Em relação ao primeiro, em pequenas empresas as características do executivo — seu treinamento, experiência, responsabilidades e contatos externos — ou seja, seu nível de habilidade técnica e administrativa determinará se serão capazes de desenvolver e comercialmente explorar uma vantagem tecnológica específica da empresa.[28] Quanto à transformação gerencial, as empresas em crescimento precisam fazer a transformação de uma gestão centralizada no empreendedor para uma gestão profissional. Um empreendedor raramente é a pessoa mais adequada para gerir uma empresa maior.

CONSIDERAÇÕES FINAIS

A proposta deste capítulo foi contextualizar a inovação e gestão de seus processos no âmbito da pequena empresa a partir de suas especificidades. Apesar dos diversos modelos de gestão que a literatura tem estudado, é possível pensar em um processo de inovação central genérico, que representa a melhor prática de gestão, sem negligenciar que precisa ser modificado sob diferentes contingências organizacionais, tecnológicas e de mercado.[28]

Os desafios do processo de inovação para as empresas de pequeno porte se apresentam de forma diferente, com vantagens e desvantagens em relação às de grande porte. Pequenas empresas não possuem poder de mercado similar ao das grandes; elas são mais vulneráveis às condições externas; suas habilidades para responder às mudanças no mercado podem ser limitadas; têm recursos escassos; e seu estilo gerencial é menos formalizado.[11] Por outro lado, apresentam algumas vantagens, tais como flexibilidade; maior habilidade para adaptação e melhoria, e capacidade de implementar mudanças rapidamente. Tais vantagens são importantes e, se bem gerenciadas, podem promover com sucesso a inovação. Vale destacar que se as empresas são capazes de reconhecer as barreiras mais brevemente, têm maior propensão a encontrar soluções para eliminá-las.[15,16]

Outro aspecto significativo diz respeito ao acúmulo de competências tecnológicas. Diferentemente das grandes empresas, as pequenas precisam desenvolver suas capacidades internas para avançar nas tecnologias de seus produtos e acessar, com sucesso, novas tecnologias. É consenso que o sucesso está fortemente relacionado às habilidades dessas empresas em aprender e mudar. Em suma, acredita-se que para entender a inovação e seus processos no âmbito das pequenas empresas deve-se considerar as pequenas empresas em um contexto organizacional exclusivo.

Por fim, ressalte-se que apesar da importância vital das pequenas empresas para a economia, os processos e dinâmicas de como elas inovam, competem e crescem são ainda muito fragmentados e escassos.[11] A discussão sobre inovação e pequenas empresas concentra-se no pequeno grupo das bem-sucedidas de alta tecnologia,[28] carecendo assim de maiores estudos, principalmente naquelas que não são exatamente inovadoras, mas precisam enfrentar um ambiente com mudanças tecnológicas que afetam seus negócios.[28]

REFERÊNCIAS

[1] ACS, Z.; AUDRETSCH, D. **Innovation and small firms**. Cambridge, MA: MIT Press, 1990.

[2] ADAMS, R.; BESSANT, J.; PHELPS, R. Innovation management measurement: A review. **International Journal of Management Reviews**, v. 8, n. 1, p. 21-47, 2006.

[3] ALVES, F. C.; BOMTEMPO, J. V. Como distinguir firmas inovadoras e não inovadoras? Uma abordagem a partir da noção de competências para inovar. Em: XXXV ENCONTRO NACIONAL DE ECONOMIA, 35, 2007, Recife. **Anais...** 2007.

[4] BESSANT, J.; TIDD, J. **Inovação e empreendedorismo**. Bookman, 2009.

[5] BURNS, T.; STALKER, G. **The management of innovation**. Oxford University Press. 2001.

[6] CONWAY, S.; STEWARD, F. **Managing and shaping innovation**. Oxford University Press, 2009.

[7] COOPER, R. G.; KLEINSCHMIDT, E. J. **New products**: The key factors in success. Marketing Classics Press, 2011.

[8] DODGSON, M. J.; GANN, D.; SALTER, A. **Think, Play, Do**: Innovation, Techology, and Organization. Oxford University Press, 2005.

[9] DODGSON, M.; GANN, D. M.; SALTER, A. **The management of technological innovation:** strategy and practice. Oxford University Press, 2008.

[10] EDWARDS, T., DELBRIDGE, R.; MUNDAY, M. Understanding innovation in small and medium-sized enterprises: a process manifest, **Technovation,** v. 25, n. 10, p. 1119-27, 2005.

[11] FORSMAN, H. **Small Firms as Innovators**: from Innovation to Sustainable Growth. World Scientific, 2015.

[12] HAMEL, G.; PRAHALAD, C. K. **Competing for the Future**. Harvard Business Press, 1994.

[13] HANSEN, M. T.; BIRKINSHAW, J. The Innovation Value Chain. **Harvard Business Review**, v. 85, n. 6, p. 121-130, 2007.

[14] HENDERSON, R. M.; CLARK, K. B. Architectural innovation: The reconfiguration of existing product technologies and the failure of established firms. **Administrative science quarterly**, p. 9-30, 1990.

[15] HUESKE, A. K., ENDRIKAT, J., GUENTHER, E. External environment, the innovating organization, and its individuals: a multilevel model for identifying innovation barriers accounting for social uncertainties. ***Journal of Engineering and Technology Management***, 35 (1), p. 45–70, 2015.

[16] HVOLKOVA, L., KLEMENT, L., KLEMENTOVA, V., KOVALOVA, M. Barriers Hindering Innovations in Small and Medium-Sized Enterprises. **Journal of Competitiveness**, 11(2), p. 51–67, 2019.

[17] KRISHNAN, V.; ULRICH, K. T. Product development decisions: A review of the literature. **Management Science**, v. 47, n. 1, p. 1-21, 2001.

[18] LEE, G., BENNETT, D.; OAKES, I. Technological and organisational change in small-to medium-sized manufacturing companies: a learning perspective, **International Journal of Operations and Production Management**, v. 20, n. 5, p. 549-72, 2000.

[19] MCADAM, R., Large scale innovation–reengineering methodology in SMEs: positivistic and phenomenological approaches. ***International Small Business Journal***, v. 20, n. 1, p. 33-52, 2002.

[20] MILES, R. E.; SNOW C. C.; MEYER, A. D.; COLEMAN, H. J. Organizational strategy, structure, and process. **Academy of Management Review**, v. 3, n. 3, p. 546-562, 1978.

[21] MITRA, J. Making connections: innovation and collective learning in small business, **Education and Training,** v. 42, n. 4, p. 228-36, 2000.

[22] OCDE. **Oslo Manual**: guidelines for collecting and interpreting innovation data, 3rd Edition, 2005.

[23] ROGERS, E. M. **Diffusion of innovations**. Free Pres., Nova York, 2003.

[24] ROTHWELL, R. Small Firms, Innovation and Industrial Change. **Small Business Economics**, v. 1, n. 1, 1989.

[25] SALERNO, M. S. et al. Innovation processes: Which process for which project? **Technovation,** v. 35, p. 59-70, 2015.

[26] SCHRAGE, M. **Serious play**: how the world's best companies simulate to innovate. Harvard Business Press, 2013.

[27] TERZIOVSKI, M. **Building innovation capability in organizations:** an international cross-case perspective. Imperial College Press, 2007.

[28] TIDD, J.; BESSANT, J. ***Managing innovation***. Chichester: Wiley, 2009.

[29] VON HIPPEL, E. **The sources of innovation**. Oxford University Press, 1988.

CULTURA DA INOVAÇÃO EM PEQUENAS EMPRESAS

Marcelo Caetano Oliveira Alves

Com o crescente dinamismo da economia globalizada, buscar formas de se manterem competitivas é questão de sobrevivência para as empresas, principalmente as de pequeno porte, que além de enfrentarem forte concorrência, muitas vezes apresentam limitações internas e restrições de recursos de diversos tipos.

A prática da inovação pode ser fator decisivo no diferencial competitivo quando realizada de forma contínua e sistemática. Contudo, ser inovador costuma requerer uma mudança na cultura da empresa. A implantação de uma cultura baseada em inovação, por sua vez, demanda principalmente o envolvimento e empenho de todos dentro da empresa, partindo da diretoria. O papel do empresário, neste contexto, é ser a pessoa que promove a inovação, que cria as condições e o ambiente para a inovação, ou seja, torna-se um agente de mudanças na própria empresa. O empresário inovador promove práticas ou combinações mais eficientes dos fatores de produção em sua empresa para oferecer ao mercado novos produtos.[16] Percebe-se então que a inovação e seus processos devem ser compreendidos e praticados constantemente.

O CONCEITO DE INOVAÇÃO

Antes de se iniciar o estudo sobre a cultura da inovação na empresa, faz-se necessário entender o conceito de inovação e de que forma uma empresa pode inovar. Segundo o Manual de Oslo:[9]

> Uma inovação é a implementação de um produto (bem ou serviço) novo ou significativamente melhorado, ou um processo, ou um novo método de marketing, ou um novo método organizacional nas práticas de negócios, na organização do local de trabalho ou nas relações externas (p. 55).

No que tange à inovação de produtos, entende-se que o bem ou serviço em questão apresenta novidades no que concerne às suas características ou usos previstos. Nesse tipo de inovação estão compreendidas as melhorias nas características funcionais do produto, suas especificações técnicas, componentes e materiais utilizados, software embarcado ou mesmo na facilidade de utilização do bem ou serviço.[9]

A inovação de processos trata da implementação de um método de produção ou distribuição novo ou significativamente melhorado. Em tal tipo de inovação incluem-se as mudanças em técnicas, equipamentos e/ou softwares que permitem melhorar os resultados na empresa, reduzindo custos e tempos de produção e distribuição ou ainda melhorando a qualidade dos bens ou serviços.[9]

Uma inovação de marketing consiste na implementação de novos métodos envolvendo mudanças significativas na concepção do produto ou em sua embalagem, no posicionamento do produto, em sua promoção ou na precificação. As inovações em marketing têm por objetivo satisfazer as necessidades e anseios dos consumidores, agregando valor à marca ou reposicionando o produto visando aumentar as vendas.[9]

Por fim, a inovação organizacional compreende a implementação de um novo método organizacional nas práticas de negócios da empresa, na organização de seu local de trabalho ou em suas relações externas. Nesta modalidade estão inclusas novas formas de como a empresa realiza seus negócios, se relaciona com seus funcionários e realiza parcerias.[9]

Ainda segundo o Manual de Oslo,[9] a inovação precisa, no mínimo, ser novidade para a empresa, ou seja, passa a incorporar alguma prática que apesar de já conhecida pelo mercado não existia na empresa. Também pode ser novidade para o mercado local ou até mesmo novidade em nível mundial.

A CULTURA ORGANIZACIONAL E A INOVAÇÃO NAS EMPRESAS

Toda empresa, independentemente do setor ou segmento em que atua, ou mesmo de seu porte, deve estar preparada para inovar de forma sistemática e contínua. Esse procedimento somente passa a ser possível se os processos que levam à inovação fizerem parte da cultura da organização.[2] A cultura organizacional de uma empresa, quando compreende regras não escritas ou formais, crenças compartilhadas e também os modelos mentais dos indivíduos, acaba por interferir no modo como a inovação é desenvolvida.[3]

A cultura organizacional reflete a personalidade do fundador, que coloca seus valores, ideais e objetivos na organização, e as características do entorno da empresa.[14] A introdução de uma nova tecnologia, desconectada de um plano de adaptação, pode não resultar em aumento de competitividade para a empresa. Assim, é preciso, então, que as diretrizes e decisões oriundas da direção da empresa estejam alinhadas com um planejamento estratégico de longo prazo e que nesse planejamento, por sua vez, estejam inseridas as estratégias inovadoras da organização.[18] Percebe-se então que a estratégia e projeto de uma empresa de nada servem se não estiverem alinhadas com uma mudança cultural da empresa.[10] A inovação, portanto, pode ser considerada um ativo da empresa, com caráter singular e inimitável, e será significativo quando a estratégia de inovação da empresa se transformar na estratégia de negócios, quando o processo de inovação se transformar no processo de negócios e quando a cultura de inovação se transformar na cultura corporativa da empresa.[13]

Nesse contexto, o grande desafio das pequenas empresas é superar suas restrições em recursos financeiros e humanos para implantar a cultura da inovação. A inovação pode ocorrer mesmo com recursos escassos, uma vez que a inovação se baseia na criatividade focada na geração de boas ideias que se transformam em resultados positivos para as empresas. Boas ideias podem gerar boas invenções, contudo, é necessário discernir entre invenção e inovação. Invenção e inovação não são sinônimos,[15] pois inventar é algo essencialmente humano e a inovação envolve um processo interpessoal, ou seja, pessoas inventam, organizações inovam e a inovação se concretiza quando o mercado passa a aceitar o produto desse processo trazendo resultados para a empresa. As organizações inovadoras são aquelas que conseguem transformar suas invenções em sucessos comerciais.[1]

ESTRATÉGIAS E BOAS PRÁTICAS PARA INOVAÇÃO

Visando explorar ao máximo a criatividade dentro das empresas, são boas práticas direcionar os esforços para convertê-la em resultados, tais como: definir a oportunidade para inovação; determinar os objetivos a atingir; envolver os colaboradores nas sugestões; registrar as ideias que surgirem; estimular a participação de todos os envolvidos; organizar as ideias apresentadas; analisar as ideias mais viáveis; selecionar as ideias de acordo com objetivos; e, por fim, informar os colaboradores quanto ao encaminhamento dado às suas ideias.

De forma geral, as empresas poderão se beneficiar dos frutos da inovação quando efetivamente implantarem uma cultura de criação. A cultura criativa da empresa deve coexistir com o planejamento de inovação, com os processos de inovação e com um sistema de recompensa. Um processo criativo sistemático, contínuo e centrado na inovação faz com que a empresa tenha a cultura da inovação implementada. O ciclo da inovação envolve a prospecção das ideias, seleção daquelas com maior potencial, definição dos recursos e infraestruturas necessárias para a implementação, implementação propriamente dita e, ainda, o aprendizado dessa experiência. Durante esse ciclo, as maneiras pelas quais a empresa realiza a comunicação capacita os funcionários e reconhece e recompensa os esforços, são fundamentais para garantir a efetividade e sucesso no alcance dos objetivos traçados.[19]

O ciclo da inovação, porém, também depende de fatores externos à empresa. A inovação feita somente dentro da empresa pode acabar por despender recursos financeiros e humanos, componentes invariavelmente não abundantes nas empresas de pequeno porte. A cultura da inovação tem como componente essencial a cultura de rede. Quanto mais forte esta última, mais forte a primeira. Neste caso, considera-se ser fundamental que as empresas combinem recursos internos e externos de forma a incrementar o potencial inovativo.[8] Assim, a chamada inovação aberta (*open innovation*) pode ser uma estratégia eficiente. As empresas, portanto, precisam buscar constantemente fontes de inovação e, também, avaliar as mudanças e seus sintomas capazes de mostrar oportunidades para que a inovação tenha êxito.[4] Assim, pequenas empresas podem se beneficiar investindo em parcerias (inovação organizacional) para sustentar e perpetuar os ciclos de inovação nas demais áreas, ou seja, produtos, processos e marketing.

Para obter resultados com a prática da inovação, torna-se necessário que as pessoas canalizem seus esforços criativos para a resolução de determinado problema. A criatividade por si só não tem utilidade se não se transformar em um lançamento comercial de sucesso. E, ainda, é preciso entender a vida real dos consumidores e não simplesmente como se enquadram em determinada categoria.[7]

Fazendo com que ideias se transformem em realidade evita-se que a empresa seja relegada a jargões empresariais dos clientes. Além disso, novas formas de inspiração devem ser experimentadas em toda atribuição profissional. Por fim, a inovação é uma questão de comportamento e está relacionada ao modo como um indivíduo reage às ideias dos outros, intervindo em ideias boas ou sendo rígido com ideias ruins. Conviver e tolerar riscos e erros faz parte de qualquer processo de inovação. As ideias ruins não devem ser inibidas ou reprimidas assim como questionamentos entre colegas devem ser estimulados.[7]

A inovação depende de uma cultura de se valorizar o novo e da participação de cada um dos funcionários no desenho e construção desse novo. Para sustentar a cultura da inovação dentro das pequenas empresas, faz-se necessário que as pessoas que fazem parte dela estejam engajadas e focadas na resolução de problemas e na busca por soluções inovadoras para seus produtos, processos, técnicas de marketing e modelos organizacionais.[10]

Conforme o ciclo de vida do produto muda de fase, a necessidade de recursos humanos também se altera, indo de designers e engenheiros na fase de desenvolvimento, a operários de chão de fábrica na fase de maturidade do produto. Contudo, simplesmente deixá-las encarregadas da tarefa de inovar pode não bastar para gerar inovações. É preciso que as pessoas sejam sensibilizadas, estimuladas, direcionadas quanto à sua criatividade, capacitadas, reconhecidas e recompensadas pelos esforços e resultados.[18]

Os gestores das empresas devem não somente desenvolver estratégias e planos duradouros e cíclicos para a inovação, mas também estar engajados nesse processo. Deve-se tomar cuidado com a forma com que se apresenta o plano de inovação e as necessidades da empresa aos funcionários, assim como na distribuição das tarefas entre as pessoas. Não pode haver ruídos na comunicação de modo a evitar que toda uma cultura criada caia em descrédito. Assim, a comunicação dentro e fora da empresa deve ser sempre objetiva, clara e direcionada. Ainda, é importante definir as informações importantes a serem comunicadas no processo de inovação; estabelecer meios para divulgá-las; determinar a periodicidade com a qual as informações serão atualizadas, bem como o "prazo de validade" de tais informações; garantir que todos os envolvidos compreendam o conteúdo das mensagens; e, finalmente, avaliar se os canais utilizados para a comunicação foram adequados.[18]

Inovar sem aprendizados em diversas áreas pode ser uma tarefa árdua. Assim, os incentivos à aprendizagem e capacitação são fundamentais. Para a capacitação dos funcionários, é recomendável que sejam mapeadas capacidades técnicas e humanas a serem aprimoradas; criados grupos de capacitação como parte de um programa de formação continuada; envolvidos os colaboradores nas escolhas de fornecedores da capacitação; mensurado se a capacitação atingiu os objetivos de suprir as necessidades da empresa; estimulado o uso dos conhecimentos na melhoria dos processos e práticas da empresa; multiplicados os conhecimentos adquiridos, e desenvolvido o hábito permanente da aprendizagem.[6]

No que diz respeito ao reconhecimento e recompensa, pode-se sugerir que sejam definidos os meios para tanto: financeiramente, por meio de prêmios, homenagens, dentre outras; estabelecimento de um conjunto de indicadores/metas e prazo de execução do sistema de recompensa alinhados ao alcance de objetivos claros; metas estratégicas vinculadas ao processo de recompensa para equipes e indivíduos; avaliação do desempenho dos colaboradores a partir de indicadores preestabelecidos; e reconhecer e recompensar os envolvidos de acordo com as regras estabelecidas.

Estabelecidos os processos para capacitar e reconhecer os esforços voltados para inovação, é preciso então direcionar esses esforços de maneira mais produtiva. As tarefas que serão distribuídas e voltadas às atividades de inovação na empresa devem ser planejadas para que se obtenha o máximo resultado.

Os modelos para atribuição de tarefas de inovação dentro das empresas podem ser definidos como Simples (modelo S), Repetível (modelo R) ou Customizado (modelo C). Partindo do pressuposto de que há tempo ou "folgas" disponíveis durante as operações, o modelo S pretende utilizar as pessoas durante essas "folgas" para produzirem iniciativas de inovação simples e diferentes. Tal modelo parece ser bastante adequado às empresas de pequeno porte. A limitação desse modelo está na dificuldade de mapear as "folgas" e de organizar as pessoas para atividades de inovação nesses períodos. Dessa forma, o sucesso desse modelo está na motivação dos funcionários. Assim, as empresas precisam adequar seus métodos de comunicação e institucionalizar métodos para reconhecimento e recompensa daqueles funcionários que colaboram do ponto de vista da inovação.[5]

O modelo tipo R, diferentemente do modelo S, indica que a inovação deve ser a mais repetitiva e previsível quanto possível, ou seja, a empresa deve executar diversas ações de inovação similares. Quando as ações voltadas para a inovação são grandes demais para o modelo S e demasiadamente diferentes para o modelo R, pode-se lançar mão do modelo C. Neste modelo os recursos necessários para o processo de inovação em questão estarão dedicados a tal propósito e o farão somente para esse determinado projeto. Os três modelos apresentados têm características próprias e podem ser utilizados como referência dependendo da necessidade ou capacidade da empresa em alocar seus recursos para tal finalidade.[5]

Independentemente do modelo de inovação adotado pela empresa, algumas etapas são essenciais em um processo estruturado de busca pela inovação. Empresas inovadoras efetivamente gerenciam seu processo de inovação de forma sistêmica e alinhada à estratégia competitiva, apresentando práticas estruturadas para processos ou etapas críticas da inovação.[11] A primeira é a etapa de prospecção ou mapeamento de ideias. Trata-se de uma fase na qual se pode gerar a maior quantidade possível de ideias, com foco na resolução de um problema, mas sem um maior rigor com relação à viabilidade das ideias apresentadas. A segunda etapa cuida da seleção das ideias prospectadas na etapa anterior. Essa etapa é mais restritiva e rígida que a etapa anterior, assemelhando-se ao início da passagem de um "funil". Aqui, uma ou várias oportunidades de inovação são avaliadas e descartadas por meio de uma avaliação formal e sistemática. As melhores oportunidades identificadas a partir das ideias validadas devem ser classificadas e priorizadas levando-se em conta fatores como demanda e tamanho do mercado a ser atendido, retorno esperado, contribuição para aumento de receita, redução de custos, dentre outras. A terceira etapa trata da definição dos recursos que serão necessários para implementação da oportunidade selecionada. Nessa etapa, deve-se avaliar e mensurar a necessidade de recursos humanos, financeiros, tecnológicos e infraestrutura. A fase de implementação é a formalização de um plano de ação para se colocar em prática a primeira ideia inovadora. Aqui deve-se definir: o motivo da realização desse esforço (Por quê), o que se deseja fazer (O Quê), o responsável pela gestão do processo (Quem), o local onde o trabalho será realizado (Onde), o período de realização (Quando), a estratégia de implementação da ação (Como) e os custos envolvidos (Quanto). Por fim, resta a última e não menos importante etapa, que trata da documentação e aprendizagem de tudo o que foi feito em cada uma das etapas anteriores, registrando-se pontos fortes, pontos fracos, propostas de melhorias e qualquer outra observação que possa servir para auxiliar e facilitar os próximos ciclos.[12]

Em geral, percebe-se que a cultura da inovação pode ser implantada em empresas de qualquer setor, independentemente de seu segmento ou porte. A inovação tampouco precisa, necessariamente, demandar grande quantidade de recursos financeiros. As empresas, dentro do processo de implantação da cultura da inovação, precisam estar conscientes de que tudo é feito a partir do envolvimento das pessoas. As boas práticas que levam à inovação podem ser aprendidas, e qualquer pessoa dentro da empresa, independentemente do nível hierárquico, pode contribuir com ideias e soluções com potencial de gerar resultados para a empresa. Com o envolvimento de todas as pessoas e áreas da empresa diminui-se a dependência, mas não a importância, da Pesquisa e Desenvolvimento (P&D) tecnológico, ou seja, a inovação pode vir não apenas de P&D e estar relacionada com o "estado da arte" da tecnologia ou mesmo significar uma ruptura tecnológica, mas pode originar-se nas melhorias dos produtos e processos já existentes, ações de marketing e mudanças no modo como a empresa se relaciona com seus funcionários, com o mercado ou estabelece parcerias. Ainda, esta descentralização da "paternidade" da inovação dentro das empresas pode tornar o ciclo da inovação mais rápido e bem menos oneroso.

A partir do momento em que a inovação passa a incorporar a cultura da empresa, têm-se a inovação sistemática, na qual as oportunidades são geradas pela busca deliberada e organizada de mudanças, e na análise das oportunidades que essas mudanças podem trazer para a empresa, sejam financeiras, sociais ou mesmo ambientais. O empresário empreendedor precisa ainda estar preparado para identificar as formas como as oportunidades para inovar surgem.[4]

De uma maneira geral, o ciclo da inovação na empresa, fruto da cultura implantada, pode se tornar sistemático e contínuo quando as pessoas envolvidas com essa empresa, direta ou indiretamente, inseridas em um ambiente propício para estimular a criatividade, sentem-se sensibilizadas, capacitadas e valorizadas para contribuírem com ideias focadas na resolução de problemas ou na busca dos objetivos organizacionais.

O ambiente organizacional, para tanto, precisa ser pensado e planejado para inspirar as pessoas, estimular a criatividade, despertar a curiosidade pelo novo, proporcionar a integração das áreas internas e suas pessoas, conectar todos com o mundo exterior, com fornecedores, clientes, com a concorrência e as áreas acadêmicas de interesse. Essas pessoas precisam adquirir uma visão holística da empresa e estarem integradas com as demais áreas, a fim de poderem melhor contribuir com os objetivos da cultura da inovação. Ainda, precisam estar seguras de que erros oriundos do processo de inovação são tolerados e fazem parte do processo de aprendizagem. As ideias geradas por intermédio de estímulos focados na resolução dos problemas da empresa ou para o alcance dos objetivos da empresa, devem, por sua vez, ser avaliadas e validadas. Aqueles que contribuíram com as ideias validadas precisam estar sempre envolvidos no processo de utilização. Quando a ideia é promissora, as pessoas que a criaram podem colaborar para sua implantação. Caso a ideia parecer não muito promissora e não for validada, os que a propuseram também podem ser estimulados a refinar o raciocínio para tornar a iniciativa útil. À medida que o ambiente passa a estimular as pessoas a oferecerem ideias que trazem resultados para a empresa de uma forma contínua, forma-se o ciclo da inovação. Tal ciclo é ilustrado na figura 1.

Figura 1 » Ciclo da inovação na empresa

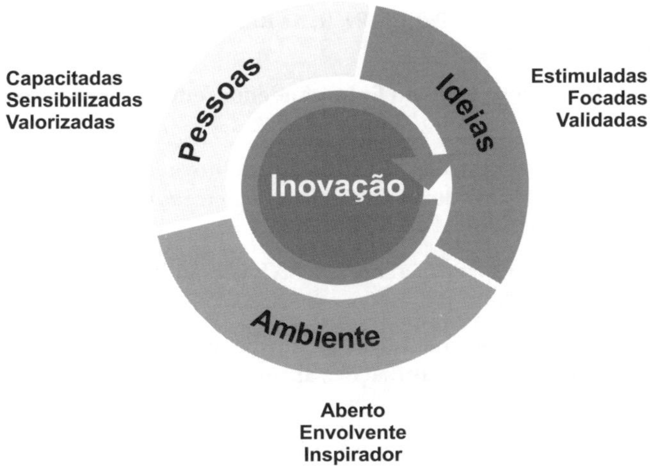

CONSIDERAÇÕES FINAIS

Caberá sempre ao empresário inovador a iniciativa de implantar a cultura da inovação em sua empresa. Para fazer uso de boas ideias, primeiramente é preciso aceitá-las. Isso requer abandonar velhos hábitos centralizadores na gestão do negócio e estar atento e aberto para as formas como a inovação pode se apresentar.

As inovações podem vir de diversas fontes. Podem ser acidentais ou inesperadas, por meio de inspirações, observações, regulamentações ou normalizações, exigências do mercado, ou pelo estímulo do conhecimento, dentre outras.[17] Ainda, a inovação pode surgir de forma inesperada, conforme necessidade de um processo, de acordo com mudanças estruturais do setor ou do mercado, a partir de mudanças demográficas na população, por meio da mudança na percepção do mercado ou via um conhecimento novo.[4] Seja qual for a maneira pela qual se apresentar, a oportunidade de inovar precisa ser aproveitada pela empresa e, para tanto, deverá ser chancelada pelo proprietário ou pela diretoria.

REFERÊNCIAS

[1] BARBIERI, José Carlos (Org). **Inovação nas Organizações Empresariais - Estudos e casos brasileiros**. Rio de Janeiro: Editora FGV, 2003.

[2] CARVALHO, H. G.; REIS, D. R.; CAVALCANTE, M. B. **Gestão da Inovação**. Curitiba: Aymará, 2011.

[3] DAVILA, T.; EPSTEIN, M. J.; SHELTON, R. **As Regras da Inovação**. São Paulo: Bookman Editora, 2009.

[4] DRUCKER, P. **Inovação e Espírito Empreendedor (entrepreneurship): prática e princípios**. São Paulo: Pioneira Thomson, 2002.

[5] GOVINDARAJAN, V.; TRIMBLE, C. **O Desafio da Inovação: Fundamentos para Construir Empresas Inovadoras em Meio a Incertezas e Complexidades**. Rio de Janeiro: Elsevier Brasil, 2014.

[6] GUPTA, P. **Inovação Empresarial no Sec. XXI: versão executiva**. Porto: Vida Econômica Editorial, 2009.

[7] KINGDON, M. **Os Verdadeiros Heróis da Inovação: Como desbloquear o crescimento nas grandes organizações aproveitando-se da serendipidade**. São Paulo: DVS Editora, 2014.

[8] LINDEGAARD, S. **A Revolução da Inovação Aberta: Princípios básicos, obstáculos e habilidades de liderança.** São Paulo: Évora, 2011.

[9] OCDE. **Manual de Oslo: Diretrizes para coleta e interpretação de dados sobre inovação.** Terceira edição. Rio de Janeiro: FINEP, 2004.

[10] PIERACCIANI, V. **Usina de inovações: guia prático para transformação de sua empresa.** São Paulo. Canal Certo, 2008.

[11] QUADROS, R. **Aprendendo a Inovar: Padrões de Gestão da Inovação Tecnológica em Empresas Industriais Brasileiras.** Campinas: GEMPI - Grupo de Estudos de Empresas e Inovação, 2008. Disponível em http://www.extecamp.unicamp.br/gestaodainovacao/biblioteca/Quadros_(2008).pdf. Acesso em outubro de 2015.

[12] REIS, D. R.; CARVALHO H. G. **Gestão da inovação: inovar para competir - guia do educador**. SEBRAE, 2009.

[13] SCHOLTISSEK, S. **Excelência em Inovação: Como criar mercados promissores nas áreas energéticas e de recursos naturais.** São Paulo: Elsevier, 2012.

[14] SCHREIBER, D. (Org). **Inovação e aprendizagem organizacional**. Novo Hamburgo: Feevale, 2013.

[15] SCHUMPETER, J. A. **Capitalism, socialism and democracy.** Nova York: Harper Torchbooks, 1975.

[16] SCHUMPETER, J. A. **Teoria do desenvolvimento econômico. Uma investigação sobre lucros, Capital, crédito, juro e o Ciclo econômico.** Tradução Maria Sílvia Possas. São Paulo: Nova Cultural, 1997.

[17] TIDD, J.; BESSANT, J.; PAVITT, K. **Gestão da Inovação - 5ª Edição**. Porto Alegre: Bookmam Editora, 2008.

[18] TIGRE, P. B. **Gestão da inovação: a economia da tecnologia do Brasil.** Rio de Janeiro: Elsevier, 2005.

[19] TRÍAS DE BES, F., KOTLER, P. **A Bíblia da Inovação.** Tradução Texto Editores. São Paulo: Leya, 2011.

CAPÍTULO 13

A INOVAÇÃO NA PEQUENA EMPRESA DE BASE TECNOLÓGICA

Tiago Fernando Musetti

Sergio Perussi Filho

Este capítulo tem por objetivo levar ao leitor a oportunidade de refletir sobre a importância da inovação para as empresas e organizações em geral e, de forma específica, apresentar conceitos, reflexões e aspectos práticos que orientam a inovação em empresas de base tecnológica. O tema será explorado contemplando aspectos relacionados com a criação de uma nova empresa, passando pela criação de novos produtos e soluções tecnológicas por empresas existentes, bem como de gestão do processo de inovação.

O capítulo inicia com considerações sobre a importância da inovação no contexto evolutivo da humanidade. Em seguida, trata de forma mais específica a inovação tecnológica sob a ótica do desenvolvimento de novas empresas, de pequeno porte, de base tecnológica, e de produtos e soluções tecnológicas fundadas em desenvolvimentos científico-tecnológicos recentes, algo que as caracteriza.

Cabe observar que parte do texto sustenta-se em referências a obras de autores tradicionais do tema da inovação. A parte complementar fundamenta-se na experiência de mais de vinte anos do segundo autor deste capítulo no estudo acadêmico e trabalhos de consultoria em empresas brasileiras de base tecnológica e sistemas de inovação.

Espera-se que após a leitura e reflexões sobre o conteúdo apresentado, o leitor possa ter adquirido um primeiro acervo de conhecimentos e modelos didáticos que lhe permita desenvolver cada vez mais o gosto pelo estudo e prática da inovação e, caso seja empreendedor, entender melhor, do ponto de vista teórico, suas próprias atividades.

A IMPORTÂNCIA DA INOVAÇÃO

A inovação é a própria essência de toda atividade empresarial. Afinal, sem algumas das formas de inovação, seja no produto, no processo, no modelo de negócio ou no que possa ser usada, torna-se praticamente impossível um empreendimento se manter bem-sucedido no mercado durante muito tempo. Na realidade, mesmo em um mercado com demanda maior que a oferta, o que permitiria que produtos ou modelos de negócios iguais prosperassem, praticamente inexiste a possibilidade de não haver algum tipo de inovação que torne diferentes negócios aparentemente iguais. Mesmo os empreendimentos modelados em sistemas de franquias, que apresentam produtos e processos padronizados, quando submetidos a uma análise comparativa minuciosa, revelam utilizar aspectos inovadores de maneira particular. Adequações do modelo para atender a mercados relativamente distintos (apesar de parecerem iguais), decisões sobre localização de unidades, equipes com paradigmas diferentes que influenciam aspectos de atendimento, fornecedores locais que muitas vezes diminuem custos, entre outras providências, trazem aspectos que diferenciam uma unidade da outra.

Ao contrário, em mercados nos quais a oferta é maior que a demanda, a inovação deve se apresentar com muito mais vigor, visto que não haveria sentido a entrada de mais um ofertante sem que alguma inovação fosse introduzida no mercado. Afinal, por que um comprador trocaria seu atual fornecedor (o ofertante, vendedor) se as condições gerais da oferta, como a localização, logística, atendimento, relacionamento, entre outras, fossem as mesmas caso comprasse dos atuais competidores? Da mesma forma, essa indagação se aplica para produtos de *per se:* Por que trocar de produto, adquirindo outro, se o que se oferece ao mercado é o mesmo já conhecido? Assim, somente com alguma inovação se poderá atrair o cliente para o novo empreendimento e/ou produto em mercados com oferta maior que a demanda, ou seja, em que há mais ofertantes e produtos ofertados que os demandados pelos clientes potenciais. O excesso de oferta exige que inovações sejam criadas para atrair os clientes. E este é o cenário dos tempos atuais.

Dessa forma, a dinâmica econômica move-se pela atitude do empreendedor em criar inovações, disponibilizar novos mix de oferta, que podem ser somente o produto, uma inovação em si, mas também, de outra forma, uma solução integrada que satisfaça as necessidades do comprador.

Mas para que se possa avançar com o tema, faz-se necessário conceituar, preliminarmente, o que é inovação. Além disso, é preciso que se dissipem as dúvidas sobre o que de fato distingue o conceito de inovação dos conceitos de tecnologia e ciência.

Parece existir ainda, entre estudantes de graduação e mesmo empreendedores, uma certa confusão entre esses conceitos. Pesquisas feitas em sala de aula pelo segundo autor deste capítulo, mostra que poucos são os alunos de graduação — e mesmo de pós-graduação — que conseguem ter a clareza da diferença, principalmente entre os conceitos de tecnologia e inovação. Porém, ao mesmo tempo, todos estão a todo momento falando em inovações tecnológicas.

Assim, o objetivo do próximo item é trazer à luz um modelo didático que, se espera, possa ajudar nesse entendimento.

O CICLO VIRTUOSO DA INOVAÇÃO

O Ciclo Virtuoso da Inovação apresenta a sinergia positiva criada devido aos esforços realizados pelo trabalho dos cientistas, técnicos e práticos (profissionais sem formação específica) e, de modo especial, dos empreendedores, na tradução do conhecimento científico e das experiências dos práticos em produtos e serviços para a melhora da qualidade de vida e do bem-estar das pessoas, objetivo final natural de todos esses esforços.

Um desenho esquemático desse ciclo está apresentado na Figura 1.

Figura 1 » Ciclo virtuoso da inovação

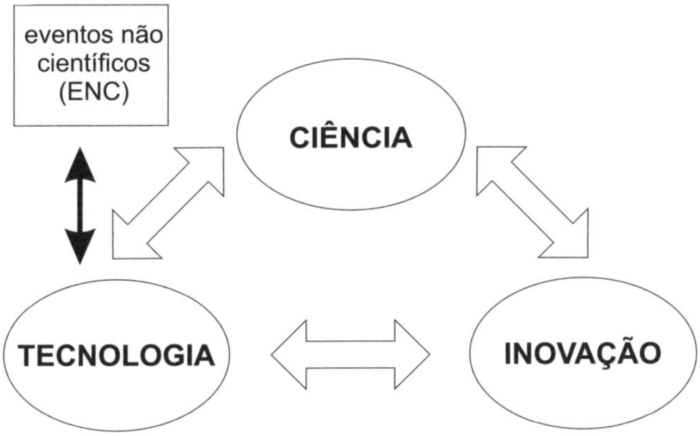

É o giro desse ciclo que viabiliza o progresso socioeconômico do mundo. A ausência da prática de qualquer um dos elementos desse ciclo inviabiliza sua virtuosidade ao bloquear seu progresso. Por outro lado, quanto mais rápida for a velocidade de giro do ciclo, maior o progresso e a criação de riqueza.

O ciclo se inicia na Ciência, na Tecnologia ou na Inovação? Considerando-se que a inovação resulta do conhecimento científico e tecnológico, pode-se afirmar que o início está nos trabalhos científicos — e portanto na Ciência — ou no trabalho dos práticos e nas situações fortuitas — e portanto na Tecnologia. A Inovação, por depender da Tecnologia e/ou da Ciência e/ou de Eventos Não Científicos (ENC), não pode originar o ciclo, uma vez que se sustenta e se viabiliza por produtos e/ou processos criados pelo esforço dos dois outros elementos do ciclo, ou seja, a Ciência e/ou Tecnologia. Assim, volta-se à questão inicial: A Ciência ou a Tecnologia inicia o ciclo? As duas, por certo, mas em graus diferentes, em épocas diferentes. No passado, antes do desenvolvimento do método científico, no século XVII, a tecnologia foi, de forma mais significativa, a responsável pelas inovações, já que o conhecimento científico da natureza era muito incipiente comparado ao que ocorreu com e após a revolução científica do século XVII. Assim, nessa época, o "aprender fazendo" e as situações fortuitas tiveram maior impacto nas inovações. Mesmo no desenvolvimento de inovações que impactaram o mundo de forma importante, como nas revoluções industriais dos séculos XVIII e XIX, a tecnologia poderia ser considerada como fonte mais importante das inovações do que o próprio conhecimento científico fundamentado na metodologia científica. Muitas tecnologias surgiram sem a devida explicação detalhada de qual princípio científico ali se aplicava, ao menos no grau de profundidade e detalhe conhecido hoje. O uso do sal e das especiarias para a preservação da carne e dos peixes exemplifica essa afirmação, bem como o uso de uma série de instrumentos de guerra, as denominadas tecnologias de guerra, que também careciam de fundamentos científicos que as explicassem. Eram úteis, realizavam o que se desejava, mas na maioria das vezes não havia explicação para seu desempenho, o que acabou acontecendo muito mais tarde e em tempos mais próximos da atualidade.

Muitas inovações nascem de experimentações no próprio ambiente de trabalho devido à necessidade de resolver algum problema, em um processo de aprender fazendo. De fato, uma definição de tecnologia que pode facilitar a compreensão de sua natureza é que a "tecnologia é algo que facilita o trabalho", ou seja, o trabalho tradicional de enfrentamento de um desafio ou mesmo algo que se queira fazer a título de lazer ou diversão. Quando usamos caneta e papel para escrever, nos valemos de uma tecnologia; quando escrevemos estas linhas na tela do computador, utilizamos uma tecnologia; quando nos sentamos em uma cadeira em frente ao computador, estamos usando uma tecnologia; e quando subimos acima do nível da superfície em uma "roda gigante" ou em um "balão", o fazemos graças a uma tecnologia que facilita nosso trabalho ou lazer. Nos séculos mais remotos e até mesmo no início do século XX, a influência das universidades era muito menor do que observamos atualmente, pois as inovações nasciam majoritariamente no ambiente das empresas, as quais, quando de grande porte, possuíam seus laboratórios de Pesquisa e Desenvolvimento (P&D). Com o passar do tempo essas instituições foram criando departamentos de pesquisa e desenvolvimento, tornando-se, década após década, mais fundamentais para o progresso ocorrido desde a primeira metade do século XX até hoje em dia. O livro denominado *Inovação Aberta*[1] apresenta aspectos técnicos e históricos sobre o aumento significativo da importância das universidades e institutos de pesquisas públicos e privados na evolução da inovação durante o século XX.

Com o desenvolvimento da metodologia científica e dos aparatos técnicos — em especial os desenvolvimentos da óptica (telescópios e microscópios), da eletricidade, da eletrônica, da microeletrônica e da biologia — cada vez mais o conhecimento científico foi ganhando importância para as inovações, resultando que, nos dias atuais, a maioria das tecnologias origina-se de conhecimentos científicos, fazendo com que a Ciência passe, de fato, a ser o elemento que inicia a virtuosidade do ciclo. É impossível imaginar o mundo moderno sem os frutos do conhecimento científico. Telefones celulares, televisores, computadores, telecomunicações, novos fármacos, internet, GPS e muitos outros produtos tecnológicos só têm sido possíveis em virtude do conhecimento científico. Trata-se de algo distinto, por exemplo, de desenvolver uma tecnologia como a enxada ou uma flecha, que facilita nosso trabalho de remoção de terra ou de caça e que pode ser obtida diretamente da natureza ao se trabalhar a madeira com ferramentas (tecnologias) relativamente rudimentares, criadas com materiais disponíveis na natureza.

De fato, o mundo moderno está impactado de maneira marcante por produtos cuja origem não está diretamente no uso da natureza de *per se*, mas sim no conhecimento científico que permite o entendimento da natureza e sua transformação em novos materiais com diversas utilidades. É isso que explica o sucesso socioeconômico dos países mais avançados, um forte conhecimento científico que gera tecnologias não triviais, lançadas no mercado como inovações de alto impacto mundial, gerando riquezas e progresso econômico e social.

De modo geral, pode-se definir como ciência a busca de conhecimento sobre o universo e a natureza e, quando necessário, sua adequação às necessidades das pessoas. A tecnologia, por outro lado, pode ser definida como o meio pelo qual conseguimos tornar útil o conhecimento científico ou a experiência não científica para aplicação na solução dos problemas ou mesmo para buscar novos conhecimentos científicos. De fato, como já apresentado anteriormente, um aparato técnico facilita o trabalho a ser realizado. A inovação, fechando o ciclo virtuoso, coloca a tecnologia em condições de uso efetivo por muitas pessoas por intermédio de sua comercialização, ou seja, extraindo-a do ambiente da pesquisa ou da experiência isolada, e a transformando em produto ou serviço disponível para mercados amplos ou mesmo algum segmento de mercado.

Na Figura 2, essas três lógicas são apresentadas: a Ciência, com a lógica do saber, cognitiva; a Tecnologia, com a lógica técnica, do funcionar bem; e, finalmente, a Inovação com a lógica econômica, da criação de valor econômico, do vender bem, ou seja, ser útil e disseminada para melhorar o bem-estar de todos. Assim, a melhor maneira de memorizar o conceito de inovação é associar a essa palavra o cifrão, ou seja, enfatizar ser a inovação algo que cria riqueza, valor econômico.

Figura 2 » As três lógicas do ciclo virtuoso da inovação

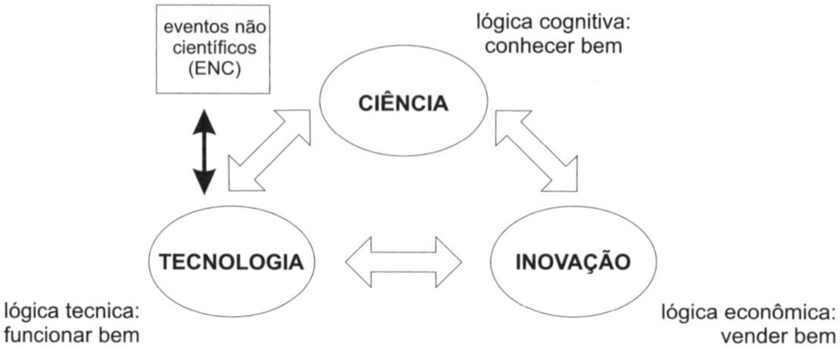

Por que a criação de valor econômico é importante? Primeiro, porque algo que seja útil para as pessoas e para as organizações e que melhore as condições de trabalho ou de vida, tem valor, e sendo assim é passível de ser trocado pelos recursos (monetários) dos interessados. A troca, segundos os conceitos econômicos, só acontece quando ambos os agentes (o comprador e o vendedor) se satisfazem em suas intenções. Entretanto, dois outros aspectos são importantes de ser considerados em todo esse esforço de criação de inovação: a necessidade de se realimentar esse ciclo de recursos econômicos para sua perpetuação, e a necessidade de se potencializar a busca de novos conhecimentos científicos e tecnológicos com as inovações.

Com o auxílio da Figura 3, esses aspectos podem ficar mais claros. Como se observa na figura, a busca pelo conhecimento e geração de tecnologia consome elevado montante de recursos, tanto das empresas quanto dos governos. Em países como o Brasil, no qual quase toda a atividade científica é realizada por instituições públicas — universidades, institutos de pesquisas e empresas públicas — isso significa um consumo considerável de recursos escassos que poderiam ser aplicados em outros setores, como saúde, educação e segurança. Assim, faz-se necessário ter acesso a uma fonte contínua de recursos que viabilize a realização da atividade científica, fundamental para o progresso do país.

É verdade também que a tecnologia, ou seja, o conhecimento dominado, traduzido em aparato técnico e reprodutível, pode ser comercializado por essas instituições públicas via transferência de tecnologia. Contudo, esse processo, ainda incipiente na economia brasileira e mesmo em países desenvolvidos, é marginal quando comparado aos recursos gerados pela comercialização de uma tecnologia via inovação direta, com produtos e serviços tecnológicos no mercado de massa ou de nicho. Assim, cria-se muito mais valor econômico quando produtos e serviços tecnológicos alcançam diretamente o mercado, via empresas *spin off*, criadas como fruto de pesquisas realizadas nos laboratórios das universidades e institutos de pesquisa, do que quando colocadas em uma "prateleira" dessas instituições à espera de que sejam transferidas via aquisição por parte de empresas de grande porte. Mesmo em instituições com tradição em transferência de tecnologia, como o MIT (Massachusetts Institute of Technology), dos Estados Unidos da América, a transferência via *spin off* acaba tendo mais importância econômica e social do que as transferências feitas diretamente às empresas de maior porte existentes, segundo o escritório de transferência de tecnologia daquele instituto em entrevista ao segundo autor deste capítulo, em 2013.

Figura 3 » Consumo e geração de recursos no ciclo virtuoso da inovação

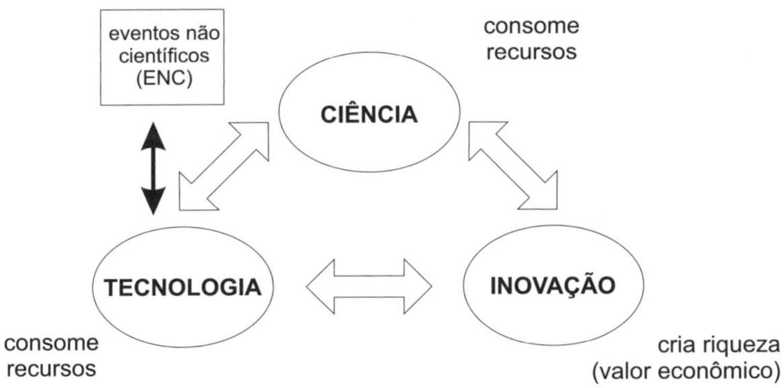

Assim, resta à inovação recompor esse fluxo de recursos para que o ciclo se mantenha virtuoso. Como isso acontece? Via comercialização de produtos e serviços tecnológicos, ou seja, por meio do processo de inovação. Os recursos investidos a montante (nas atividades de pesquisa científica e de desenvolvimento tecnológico) retornam a seus financiadores por intermédio das vendas e dos lucros (no caso das empresas que financiam o processo de inovação), ou mediante os impostos pagos pelas empresas ao governo (no caso de o governo ter investido nas pesquisas e tecnologias, como tem sido a prática no Brasil). Com isso se dá a recomposição da capacidade econômica do agente (empresa ou governo), o que permitirá a realimentação do ciclo virtuoso. Há um grande número de empresas no Brasil e no mundo que já retribuíram os investimentos governamentais feitos em suas pesquisas tecnológicas iniciais, via pagamentos de vultosas somas de impostos que agora alimentam outras empresas. Este é, então, um dos aspectos da virtuosidade do ciclo.

Outro aspecto importante dessa virtuosidade relaciona-se com a potencialização da busca de novos conhecimentos científicos e tecnológicos que a inovação permite. Assim como a inovação propicia novos produtos tecnológicos para melhorar o trabalho e as condições de vida das pessoas, ela também auxilia os cientistas e práticos na busca de novos conhecimentos e no desenvolvimento de novas tecnologias. Isso significa que ao lançar uma inovação no mercado o empreendedor ou o empresário realimentarão o ciclo virtuoso, no sentido de propiciar que novos conhecimentos sejam obtidos com aquela inovação.

Deve também ser considerado o conjunto de agentes envolvidos para que a virtuosidade do ciclo se realize plenamente. A Figura 4 apresenta um diagrama no qual esses agentes estão apresentados e posicionados em cada fase do processo.

Figura 4 » O ciclo virtuoso da inovação e os agentes envolvidos

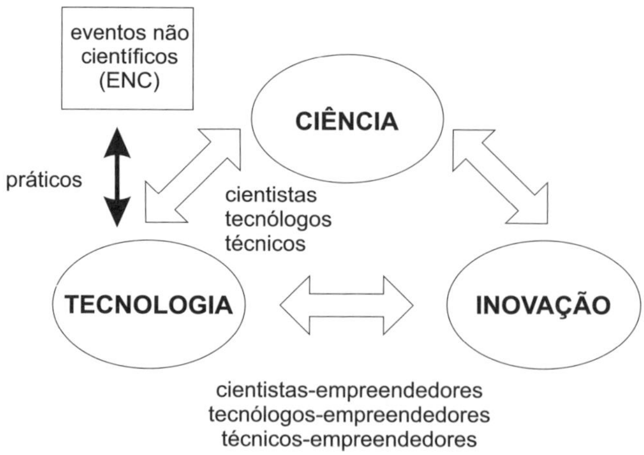

Como pode ser observado na figura, cada etapa do ciclo conta com a ação mais efetiva de um tipo de profissional. Cientistas típicos (aqueles que habitam os laboratórios e as salas de aulas, buscando novos conhecimentos e teorizando suas descobertas, sem avançarem para o ambiente empreendedor, de negócios), e também os tecnólogos, técnicos e práticos, agem mais na produção do conhecimento e da tecnologia. São todos fundamentais para essa fase. Cientistas-empreendedores (aqueles cientistas que, além de habitarem as salas de aulas e laboratórios, avançam no processo de transformar o conhecimento científico-tecnológico em inovação, ao atuarem com a visão e a prática mais empreendedora em seus grupos de pesquisas), bem como os cientistas das empresas, os empreendedores e os técnicos--empreendedores, atuam na interface tecnologia-inovação, empurrando o processo em direção à criação efetiva de valor, a inovação. Já os empresários (aqueles que foram empreendedores um dia e agora estão em um ambiente de tecnologia e mercado mais maduro), bem como os empreendedores de empresas emergentes, viabilizam produtos tecnológicos robustos que realimentarão o processo de novas descobertas científicas, além de propiciar produtos tecnológicos para a solução dos problemas da sociedade.

Todos são de extrema importância para fazer o ciclo girar, mas alguns, como os cientistas- empreendedores, contribuem de forma mais fundamental, atuando, direta ou indiretamente, nas interfaces fundamentais que conectam os elementos do ciclo, evitando, assim, que o conhecimento fique somente nas "estantes" das universidades, alimentando o conhecimento universal, fator importante mas que não se traduz em inovações e riquezas.

AS PEQUENAS EMPRESAS DE BASE TECNOLÓGICA

Definições clássicas de empresas de base tecnológica (EBT) sempre procuram enfatizar o aspecto de realização, pela empresa, de atividades de pesquisa e desenvolvimento como uma característica fundamental de suas atividades.[8,10,11] A EBT também pode ser definida como:[5]

> Empresas de base tecnológica são empresas industriais [...], que estão comprometidas com o projeto, desenvolvimento e produção de novos produtos e/ou processos, caracterizando-se, ainda, pela aplicação sistemática de conhecimento técnico-científico. Estas empresas usam tecnologias inovadoras, têm uma alta proporção de gastos com P&D, empregam uma alta proporção de pessoal técnico-científico e de engenharia e servem a mercados [...] específicos.[5]

Assim, pode-se afirmar que as pequenas empresas de base tecnológica (PEBTs) são empresas que usam de forma intensiva o conhecimento científico-tecnológico recente, gerado por conta própria ou em processos de parcerias, para a produção de produtos inovadores. Muitas vezes o conhecimento é gerado pelo próprio empreendedor, fruto de um trabalho de mestrado ou doutorado, por exemplo, ou por grupos de pesquisa de universidades ou institutos de pesquisa de que ele tenha participado; em outras vezes, ele se apropria, por meio de licenciamento da tecnologia, muitas vezes patenteada, dos conhecimentos gerados por outros pesquisadores ou grupos de pesquisadores. Isso ocorre também por desenvolvimentos conjuntos entre esses agentes (os empreendedores e grupos de pesquisas).

Desse modo, essas empresas geralmente possuem sistemas de inovação próprios que, entre outros componentes, podem contar com um subsistema tradicionalmente denominado de departamento de P&D, mas no qual, hoje, procura-se inserir a letra I para enfatizar que a Inovação é fundamental no processo, tornando-se então Departamento de PDI ou mesmo de PDEI, incluindo a fundamental fase de Engenharia, tanto do produto quanto do processo. De forma mais atual, diz-se sistema e não departamento, para não confinar a inovação a uma área específica da empresa e, sim, de forma orgânica em um sistema que a faça acontecer valendo-se de uma atividade coordenada de inovação, que conta com a participação de todas as áreas e pessoas da organização em suas várias fases.

Um tipo de PEBTs muito comum são as denominadas empresas *spin off*, tipo de EBT criada com os resultados de pesquisas tecnológicas desenvolvidas em laboratórios universitários ou de institutos de pesquisas ou de empresas (públicas ou privadas), e mesmo em parcerias entre essas instituições.

Na apresentação do livro *Empreendedorismo de Base Tecnológica*[2], os autores apresentam a seguinte definição de *spin off*:

> *Spin offs* são processos e movimentos de geração de novas empresas e novos negócios, a partir de organizações existentes, as empresas-mães, e de centros de pesquisas. São como empresas "filhotes" que são "ejetadas". Saem "girando" e se apresentando ao mercado, bem vivas, pois nasceram em função de oportunidades identificadas de inovação e de criação de valor e que exigiam novos modelos de negócios, seja em formatos organizacionais diferentes da organização de origem, seja criando "famílias", genealogias de negócios assemelhados e com algum grau de parentesco entre si. No contexto do empreendedorismo e novos negócios [...] o termo *spin off*, de uso consagrado mundialmente, é uma metáfora que de imediato nos traz a imagem de movimento e agilidade.[2]

Movimento e agilidade, conforme fecha a definição acima, típicos da natureza do empreendedor (ou da equipe de empreendedores), para aproveitar a janela de oportunidade que se abre no mercado, fruto do conhecimento científico-tecnológico recente, que se traduzirá em novas soluções para os problemas enfrentados pela sociedade, muitos dos quais trazidos à tona devido às próprias inovações do passado remoto ou recente, construindo assim a saga da humanidade em busca de melhor qualidade de vida e bem-estar.

Mas qual o papel da pequena empresa EBT na criação de inovações? É um papel mais ou menos importante que o da empresa de grande porte? Ou apenas diferente? É isso que o próximo item procura refletir.

EMPRESAS DE BASE TECNOLÓGICA E A INOVAÇÃO

Há maior facilidade em inovar na pequena ou na grande empresa? Ah, na grande, se poderia responder imediatamente, pois elas possuem mais recursos, o que permite mais investimento em busca de conhecimento científico-tecnológico, fontes das inovações mais significativas no mundo contemporâneo. No entanto, a resposta também poderia ser a pequena. Afinal, a pequena empresa é mais livre em sua fase inicial, sem amarrações quanto à necessidade de cumprir compromissos de produção de alto volume, já contratada, algo típico de empresas de grande porte, e de gerar fluxo de caixa contínuo para a manutenção de suas atividades. Nas grandes empresas, contudo, produto e mercado são bem conhecidos, fruto da maturidade adquirida pela empresa, o que a levou a crescer em tamanho e, portanto, demanda esforços focados para dar conta desse processo maduro.

Na pequena empresa a criatividade ainda é predominante, ou seja, o foco ainda reside no desenvolvimento de um produto que possa ser aceito pelo mercado e não no processo de otimização de um produto já aceito amplamente. No início de uma nova indústria, ou seja, no lançamento no mercado de um novo produto que cria uma nova indústria (um novo setor econômico), o foco das atenções da empresa se concentra no produto e não no processo.[9] É preciso, nessa fase inicial, colocar no mercado o produto que se criou, e nem sempre o mercado quer o produto como ele foi criado. Há necessidade de adaptações e mesmo de concorrer com outros produtos lançados no mesmo mercado, fruto da competição que se instala a partir de uma inovação que cria um novo paradigma tecnológico ou de modelo de negócio. Definitivamente, as pequenas empresas, mesmo sem recursos, precisam de algum modo ter seu produto aceito pelo mercado, o que exige um trabalho de criatividade muito grande para atrair os potenciais consumidores.

Como as EBTs nascem fundamentalmente de trabalhos científico-tecnológicos, torna-se necessário entender a dinâmica do processo de inovação para que se possa extrair as fases e a essência do trabalho inovador nessas empresas.

Uma maneira de entender o processo é refletindo sobre as fases de viabilização de uma inovação, o que aqui se denomina de Processo PDEI, composto das atividades de Pesquisa, Desenvolvimento, Engenharização (no sentido de se fazer a engenharia do produto e/ou processo) e Inovação, conforme mostrado na Figura 5.

Figura 5 » O processo PDEI

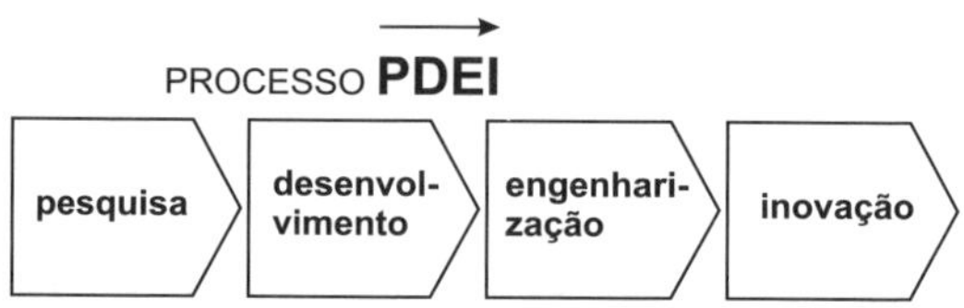

Cada uma dessas fases exige conhecimentos e habilidades específicas, sendo desenvolvidas, nos tempos atuais, de forma integrada e não linear, ou seja, não há a necessidade de uma fase ser terminada para que uma nova seja iniciada, o que possibilita o encurtamento do ciclo de desenvolvimento da inovação. A figura 6 exemplifica essa situação, na qual ocorre o solapamento de fases (simples, duplo e mesmo triplo solapamento).

Figura 6 » Modos de Realização de Atividades de PDEI

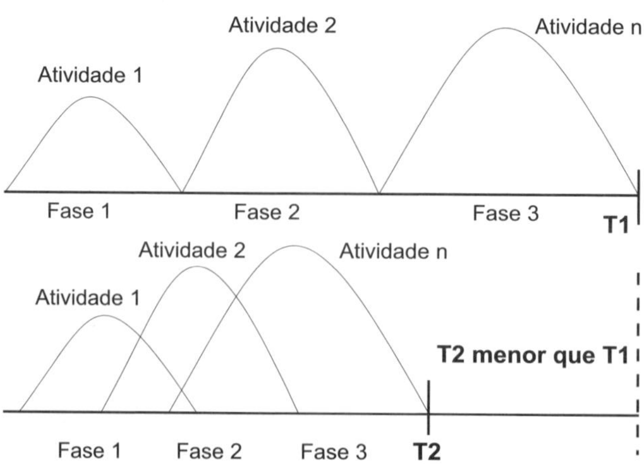

O importante a ser destacado é que quando se trabalha com a busca do conhecimento de *per se,* sem a perspectiva em mente da potencial oportunidade de inovação no fim do processo, o trabalho poderá ter um valor muito significativo para o conhecimento científico, mas valor relativamente menos significativo para a criação de riqueza mais imediata. Claro, o conhecimento científico poderá parecer não ter importância prática agora, mas será muito importante no futuro, o que valoriza qualquer trabalho científico de qualidade. Muitas vezes fica difícil saber de antemão o provável resultado de um estudo científico. Entretanto, um esforço importante deve ser feito nesse sentido, o de criar-se uma perspectiva de utilização prática do conhecimento, caso contrário a atividade se traduzirá mais em filosofia natural do que em trabalho científico potencialmente gerador de riqueza.

O que parece ser essencial na participação da pequena empresa nos processos de inovação está em sua capacidade de "empurrar" o conhecimento científico-tecnológico para o fim do processo PDEI, ou seja, gerar de fato a inovação que cria valor econômico e muitas vezes social de forma concomitante. Sem as EBTs, especialmente as *spin offs,* muito conhecimento científico- tecnológico ficaria somente como acervo de conhecimento da humanidade e estocado nas bibliotecas universitárias, uma vez que não seriam utilizados de forma mais concreta em prol do progresso mais imediato.

É a empresa recém-criada, geralmente por um dos pesquisadores envolvidos no processo de busca do conhecimento científico-tecnológico, que provavelmente desenvolverá os subprocessos a jusante, de Engenharização e Inovação, para que os esforços de pesquisa e desenvolvimento se traduzam em inovação. Para tanto, faz-se necessário dispor de habilidades diferentes daquelas das duas fases iniciais, a montante, do processo. E essas habilidades, reunidas pelo empreendedor, exigirão dele, diferentemente da atividade científica, um trabalho árduo para tornar o produto robusto e de acordo com normas exigentes de segurança e sanitárias, entre outras, dependendo do tipo de produto ou solução tecnológica integrada.

Nesta problemática, a criação da PEBT, faz com que o processo avance em direção à inovação.[6] A Figura 7 apresenta um diagrama que procura ilustrar essa questão.

A figura procura evidenciar que as atividades típicas dos pesquisadores tendem a se concentrar nas duas primeiras fases do processo PDEI, uma vez que as habilidades e mesmo os processos de avaliação dos resultados de suas atividades os fazem concentrar a atenção em ambas. Assim, sem um agente que "empurre" esse processo para a frente, a tendência é que muito conhecimento científico-tecnológico fique represado no ambiente típico de pesquisa, não se traduzindo, portanto, em inovação. Desse modo, torna-se fundamental um novo agente para que o processo continue a jusante, levando os esforços anteriores a se traduzirem em ganho efetivo para a sociedade, por meio de inovações, gerando progresso socioeconômico.

Figura 7 » Fluxo de atividades de PDEI e a importância das PEBTs[6]

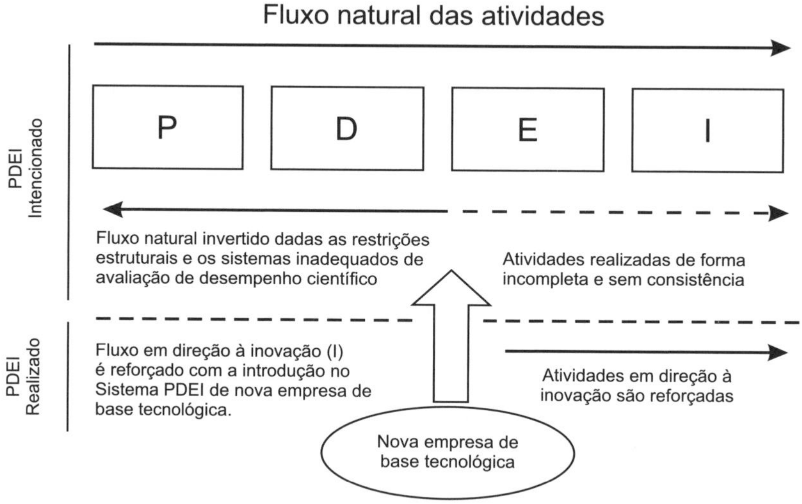

A GESTÃO DA INOVAÇÃO NAS EBTS

A gestão da inovação é vista muitas vezes como algo diferente do que normalmente se faz em uma empresa. Entretanto, assim como se faz na gestão da produção, do marketing, dos recursos humanos, das finanças, a gestão da inovação contempla atividades típicas do processo administrativo, ou seja, as atividades de planejamento das atividades, a organização dos recursos para o trabalho, o direcionamento dos esforços empresariais e, por fim, o controle ou avaliação dos resultados obtidos. Trata-se do tradicional processo PODC (Planejamento, Organização, Direção e Controle) que tem sua origem na primeira metade do século XX com os trabalhos desenvolvidos por Fayol,[4] e posteriormente modernizado com a contribuição de vários teóricos da administração.

A novidade, de fato, fica por conta de que esse tipo de gestão era pouco considerado há três décadas pelas empresas, da mesma maneira que a gestão do marketing, das pessoas, também foi sendo incorporada à prática administrativa no decorrer do século XX. Assim, a gestão da inovação é uma das fronteiras mais recentes do desenvolvimento de arcabouços técnicos para que a inovação seja realizada de forma eficiente e eficaz, objetivo fundamental de todo processo administrativo.

No Brasil, a inovação passou a ter uma atenção mais especial a partir da criação dos Polos Tecnológicos, em meados da década de 1980, em ação desencadeada pelo CNPq e outros parceiros institucionais. Essa ação deu início a mudanças da cultura universitária na direção de trabalhar para além da pesquisa científica básica, rumo à inovação, com apoio da rede brasileira de incubadoras de empresas. De forma ainda mais significativa, isso se deu a partir da promulgação da Lei de Inovação em dezembro de 2004, a qual deu início à criação de um arcabouço institucional e jurídico para fomentar a inovação tecnológica no país.

Desse modo, o processo de gestão da inovação contempla o planejamento da inovação, com definições dos objetivos e estratégias que se pretende perseguir; da organização dos recursos materiais, pessoais e de sistemas para que a estratégia possa ser realizada; do direcionamento das ações, por meio da comunicação, liderança e motivação das pessoas e, por fim, do controle, o que permite que o processo seja avaliado quanto aos resultados.

Diversas técnicas específicas têm sido desenvolvidas nas últimas décadas visando criar um acervo de ferramentas administrativas viabilizadoras de uma gestão eficaz do processo de inovação e, de forma ainda mais importante, sistemas computadorizados que facilitam a gestão do processo, estes de uso mais adequado às grandes empresas, dada a complexidade maior de seus processos de inovação e de seus sistemas de integração de profissionais envolvidos no processo, muitas vezes localizados em diversos países. Entretanto, independentemente do uso de técnicas específicas, que em cada situação e fase do processo poderão se mostrar úteis, alguns aspectos relacionados com a gestão devem ser enfatizados. Esses aspectos são:

1. A criação de um sistema de inovação na empresa, envolvendo-a toda no processo, em vez de confiná-la a um departamento de inovação. Tal decisão passa pela criação inicial de um comitê de inovação que coordenará as atividades de inovação, incluindo a definição de objetivos (alinhados com a estratégia global da empresa) e metas, bem como de estratégias para alcançá-los em um tempo razoavelmente definido (lembrando que muitas vezes o processo não tem horizonte de tempo muito claro; olhar a Inovação (I), em perspectiva, quando se está ainda na Pesquisa (P) do processo

PDEI nem sempre é fácil, ao contrário, é geralmente difícil estimar o tempo com grau alto de precisão). Além disso, faz-se necessário definir que tipo de estratégia será adotada para inovar. Uma estratégia baseada em "inovação fechada" ou "inovação aberta"[1] implicará tomar decisões acerca de se criar subsistemas de parcerias ou não com outras instituições, concorrentes, fornecedores, clientes, entre outros.

2. A estruturação do sistema de inovação, contemplando materiais, equipamentos, pessoas e sistemas necessários a seu desenvolvimento. Neste aspecto, dependendo da decisão quanto à estratégia por um dos dois tipos de inovação — aberta ou fechada — ou mesmo ambos, a complexidade dos sistemas administrativos pode aumentar significativamente;
3. Ter o entendimento claro de que a inovação tem como objetivo gerar produtos com ciclo de vida condizente com o ciclo de desenvolvimento do processo PDEI, ou seja, é preciso gerenciar de forma muito criteriosa o tempo de desenvolvimentos dos produtos vis-à-vis as oportunidades que o mesmo terá de se manter no mercado por um determinado tempo. De forma mais direta: Os custos de desenvolvimento do processo PDEI serão compensados pelo Ciclo de Vida do Produto no mercado (tempo que o produto, após ser lançado, gerará receitas e lucros no mercado)? Cada vez mais se observa a diminuição do ciclo do produto no mercado, exigindo que, em seu desenvolvimento, as atividades de PDEI sejam realizadas em menos tempo.
4. Ter a clareza da necessidade de planejar um portfólio de inovações e não somente trabalhar com o foco em um produto inovador. Virão do portfólio (carteira) de inovações que a empresa criará as condições de se manter longeva no mercado, visto que o sucesso de uma empresa é obtido pelo sucesso de uma série de produtos lançados de tempos em tempos no mercado. O mercado é dinâmico em todos os aspectos (fidelidade de clientes, inovações de concorrentes, mudanças tecnológicas de ruptura e incrementais), e nenhuma empresa sobreviverá ao longo do tempo com um produto único. O processo de "destruição criativa"[7] é um dos fundamentos do progresso e, por isso, sem inovação não se cria perspectiva de longevidade para a empresa;

5. A inovação cada vez menos tem origem no trabalho de um gênio. É preciso criar condições para que modelos mentais[3] diferentes possam interagir e, na força do trabalho coletivo, obter a inovação[7]. Como visto, a inovação consiste em um processo composto de atividades que exigem habilidades diferentes. Mesmo que "a luz seja dada por um", sem outros fica praticamente impossível chegar, de fato, à inovação.

CONSIDERAÇÕES FINAIS

As empresas de base tecnológica, à vista do texto acima apresentado, têm importância fundamental nos sistemas de inovação dos países que almejam um desenvolvimento socioeconômico significativo. Sem eles, boa parte do conhecimento científico-tecnológico jamais seria disponibilizado para a sociedade, ainda mais no mundo atual, onde as inovações dependem fortemente de empreendedores que não apenas usam o que está disponível na natureza, de forma bruta como no passado relativamente recente, mas com conhecimento especializado e profundo sobre os elementos que a compõem. Com isso, tais empresas aprimoram a qualidade de sua produção, adequando-a aos tempos atuais.

Assim, espera-se que este capítulo tenha contribuído para a reflexão do leitor a respeito do tema da inovação em EBTs e que, a partir de agora, sinta-se estimulado a buscar mais conhecimento sobre o tema, em um processo virtuoso de crescimento profissional.

REFERÊNCIAS

[1] CHESBROUGH, H. **Inovação aberta**: como criar e lucrar com a tecnologia. Porto Alegre: Bookman, 2011.

[2] COZZI, A.; JUDICE, V.; DOLABELA, F.; FILION, L. J. **Empreendedorismo de base tecnológica**. Spin-Off: criação de novos negócios por empresas constituídas, universidades e centros de pesquisa. Rio de Janeiro: Elsevier, 2008.

[3] CRAIG, K. **The nature of explanation**. Cambridge: University Press, 1967.

[4] FAYOL, H. **Administração industrial e geral**. 10. ed. São Paulo: Atlas, 1990.

[5] MACHADO, S. A.; PIZYSIEZNIG FILHO, J.; CARVALHO, M. M.; RABECHINI JUNIOR, R. Empresas de base tecnológica: conceituação, formas de financiamento

e análise de casos brasileiros. **MPEs de base tecnológica**: conceituação, formas de financiamento e análise de casos brasileiros. São Paulo, v. 1, n. 1, p. 1-71, Julho de 2001.

[6] PERUSSI FILHO, S., BISCEGLI, C. I. Criação de pequenas empresas de base tecnológica via transferência de tecnologia: reflexões sobre o potencial de sucesso do processo de transferência. **Locus Científico**, v. 2, n. 2, p. 44–53, 2008.

[7] SCHUMPETER, J. A. **Teoria do desenvolvimento econômico**. São Paulo: Nova Cultural, 1997.

[8] STAM, E.; WENNBERG, K. The roles of R&D in new firm growth. **Small Business Economics**, v. 33, n. 1, p. 77– 89, 2009.

[9] UTERBACK, J. **Dominando a dinâmica da inovação**. Rio de Janeiro: Qualitymark Editora LTDA, 1996.

[10] VERDU, A. J.; TAMAYO, I.; RUIZ-MORENO, A. The moderating effect of environmental uncertainty on the relationship between real options and technological innovation in high-tech firms. **Technovation**, v. 32, n. 9–10, p. 579–590, 2012.

[11] ZARZEWSKA-BIELAWSKA, A. The strategic dilemmas of innovative enterprises: Proposals for high-technology sectors. **R and D Management**, v. 42, n. 4, p. 303–314, 2012.

CAPÍTULO 14

GESTÃO DO CONHECIMENTO NAS PEQUENAS EMPRESAS:

APROVEITANDO O AMBIENTE ENXUTO PARA POTENCIALIZAR O COMPARTILHAMENTO DE CONHECIMENTO ENTRE AS PESSOAS

Giovana Escrivão

Sergio Luis da Silva

Uma série de transformações econômicas, sociais, tecnológicas e organizacionais têm ocorrido desde a década de 1970 afetando as relações e práticas de trabalho e gerando a necessidade de as empresas se adaptarem ao novo ambiente. O mercado tornou-se global, com concorrentes localizados em regiões distantes, que se multiplicaram. As mudanças no mercado se tornaram mais constantes, as tecnologias proliferaram e os produtos ficaram obsoletos rapidamente.

Nesse contexto, além dos fatores tradicionais de produção da Era Industrial, como a matéria-prima, o capital e a força de trabalho, o conhecimento ganha importância crescente para o alcance da vantagem competitiva e o sucesso de uma empresa.[44] O poder econômico de uma empresa passou a ser medido não somente por seu patrimônio físico, como prédios e equipamento, mas também, e principalmente, pelo valor agregado por seu patrimônio intangível: suas capacidades intelectuais, marcas, *know-how*, inovação etc.[21] Como consequência desse novo contexto, gerenciar o conhecimento passou a ser a mais recente estratégia para otimizar o uso do novo recurso e gerar vantagem competitiva.[14]

O CONHECIMENTO ORGANIZACIONAL

Conhecimento é um recurso necessário à realização das atividades de uma organização que, assim como outros, se for bem gerido, implicará benefícios organizacionais diretos e indiretos. Ele é considerado um fator-chave que apoia diversas atividades organizacionais como o planejamento, as definições de estratégias, a tomada de decisão, a elaboração de projetos, o desenvolvimento de melhorias, as previsões, as avaliações, as análises, os julgamentos etc.[38,41]

A definição de conhecimento está diretamente relacionada aos conceitos de dado e informação. Dado, definido como um fato ou um número bruto que sozinho não tem significado, é a matéria-prima da informação, que são dados classificados, analisados e inseridos em um contexto, gerando algum significado. E conhecimento é informação processada pelo indivíduo a partir de suas experiências, valores, crenças, ideias e intuições, inseridas em um contexto.[1,17,45] A informação se torna conhecimento quando os indivíduos podem aplicar sua própria experiência, compreensão contextual, interpretação e implicações voltadas para ação e resolução de um problema.[18]

O CONHECIMENTO ESTÁ NA MENTE DAS PESSOAS, É PRODUZIDO POR ELAS, É PRODUTO DA REFLEXÃO, DA EXPERIÊNCIA E DA COMPLEXIDADE HUMANA.[5,16,25] DESSA FORMA, ELE NÃO PODE SER DESVINCULADO DO INDIVÍDUO, POIS ESTÁ ESTRITAMENTE RELACIONADO COM A PERCEPÇÃO DELE, QUE CODIFICA, DECODIFICA, ANALISA E USA A INFORMAÇÃO DE ACORDO COM SUAS CARACTERÍSTICAS PESSOAIS, OU SEJA, DE ACORDO COM SEUS MODELOS MENTAIS.[3]

Assim, a diferença entre, de um lado, dados e informação, de outro, conhecimento, está em que os dois primeiros podem facilmente ser armazenados em bancos de dados, livros, documentos e manuais, enquanto somente uma parte do conhecimento pode ser armazenada dessa forma e ser facilmente expressada, pois a maior parte dele está armazenada na mente das pessoas e depende de seus julgamentos, experiências, modelos mentais e intuições.

A literatura apresenta diversas tipologias que classificam o conhecimento de acordo com algumas características: individual ou coletivo; formal ou informal; sistematizado ou não sistematizado; codificado ou não codificado; tácito ou explícito, dentre outros.

O conhecimento individual é criado pelo indivíduo e existe nele, e o coletivo resulta da interação inerente a ações coletivas. O conhecimento coletivo pode estar presente em um grupo de indivíduos, numa parte da organização, na organização como um todo ou entre organizações. O conhecimento pode ser informal, inserido na mente das pessoas e nas atividades diárias conforme as experiências de cada indivíduo, ou formal, fora das pessoas, armazenado em bases de dados e sistemas de informação de maneira que as pessoas qualificadas para tal possam entendê-lo facilmente. Sistematizado, se inserido em regras formais da organização seguindo um padrão que o descreve de acordo com objetivos claros, ou não sistematizado, realizado segundo a percepção de cada indivíduo. Codificado para entendimento pleno, quando representado por diversas formas para que todos na organização o compreendam, e não codificado, quando está apenas na cabeça de um único indivíduo, não sendo representado por formatos que outros possam entender.[28,37]

Uma classificação amplamente citada identifica duas dimensões do conhecimento nas organizações: tácito e explícito.[39,40] O conhecimento explícito é o conhecimento que pode ser codificado, comunicado e compartilhado facilmente. Já o conhecimento tácito vincula-se aos sentidos, à percepção individual, à capacidade de expressão, às perspectivas e, por isso, um conhecimento de difícil expressão e transmissão. Este último é formado por dois elementos: o cognitivo, composto por modelos mentais de cada indivíduo, por crenças, paradigmas e pontos de vista; e o técnico, que consiste no know-how, no artesanato e nas competências que se aplicam a um contexto específico.[26,36,50]

Com uma visão mais voltada à prática organizacional, De Long e Fahey[18] diferenciam os tipos de conhecimento de acordo com seu uso na organização. Segundo os autores, o conhecimento pode ser humano, social ou estruturado. O conhecimento humano é o que os indivíduos conhecem ou sabem fazer, e se manifesta por meio da habilidade ou da especialização e, normalmente, compreende tanto o conhecimento explícito quanto o tácito. Esse tipo de conhecimento pode estar localizado no corpo (como saber escrever ou andar de bicicleta) ou pode ser cognitivo (conceitual e abstrato). O conhecimento social existe nas relações entre indivíduos, sendo, em grande parte, tácito. Por exemplo, em equipes de alto desempenho constituídas de cientistas compartilhando conhecimento coletivo, há mais do que a soma do conhecimento individual dos membros das equipes. E conhecimento estruturado é o conhecimento incorporado em sistemas, processos, ferramentas e rotinas. Ele é explícito e baseado em regras.

Normalmente, tanto pesquisadores quanto consultores tendem a se concentrar em um tipo de conhecimento apenas, ignorando os outros tipos. Aqueles com uma orientação voltada à tecnologia se preocupam principalmente com o conhecimento estruturado, descartando a importância do conhecimento humano e social. Por outro lado, há quem argumente que o conhecimento social é a única noção válida de conhecimento com que os gestores devem se preocupar. Acredita-se que para melhorar efetivamente a capacidade da organização em criar, compartilhar e usar o conhecimento, os gestores devem levar em conta todos os tipos de conhecimento.[18]

A GESTÃO DO CONHECIMENTO

Com o conhecimento como principal ingrediente do que é realizado, produzido, comprado e vendido, faz-se necessário aprender a administrá-lo de forma que se possa capturá-lo, armazená-lo, compartilhá-lo e criá-lo da maneira mais eficiente possível. Assim, a gestão do conhecimento torna-se essencial a todo e qualquer tipo de organização para renovar e melhorar as práticas organizacionais.

O conceito gestão do conhecimento surgiu no início da década de 1980, primeiramente no mundo dos negócios, e em seguida passou a ser utilizado e estudado no meio acadêmico.

A gestão do conhecimento pode ser definida como esforços deliberados, planejados e sistemáticos que uma organização realiza no sentido de otimizar o uso desse recurso. Esse processo envolve as atividades de aquisição, armazenamento, combinação, disseminação, criação e aplicação de conhecimento a favor dos objetivos organizacionais. Cada uma dessas atividades é essencial para a efetiva gestão do conhecimento organizacional, e podem ser pensadas como elos de uma cadeia: se um deles estiver fraco ou falhar, a eficácia e a integridade do processo todo ficarão comprometidas. Além disso, é importante ressaltar que a fonte da vantagem competitiva na gestão do conhecimento reside no processo de aplicação do conhecimento para inovar e resolver problemas; se ele não for aplicado, nenhum valor será gerado e agregado à organização.[2]

Há autores que acrescentam existir algumas variáveis que exercem influência sobre o conhecimento nas organizações, agindo como fatores que podem dificultar ou facilitar sua gestão[23]. Os principais fatores citados pela literatura são: infraestrutura organizacional, tecnologia da informação e comunicação, cultura organizacional, gestão dos recursos humanos e apoio da alta gerência. De acordo com o comportamento desses fatores eles podem propiciar ou inibir a gestão do conhecimento, sendo críticos a esse gerenciamento no contexto organizacional.

A GESTÃO DO CONHECIMENTO NAS PEQUENAS EMPRESAS

Apesar do crescente interesse sobre o conhecimento e sua gestão, grande parte dos textos, pesquisas e iniciativas está voltada às grandes organizações. Geralmente, a abordagem é distante da realidade, do ambiente, das pequenas empresas, induzindo o administrador a pensar a gestão do conhecimento condicionada a grandes corporações,[7] equivocadamente considerada como que somente viável em empresas desse porte. Consequentemente, o potencial da gestão do conhecimento nas pequenas organizações ainda não foi amplamente explorado.[24]

Não obstante as evidências a respeito da importância das grandes corporações para o desenvolvimento nacional, estudos econômicos recentes vêm apontando uma relevância crescente da atuação das pequenas empresas brasileiras.[4] Frente ao papel social e econômico desempenhado por elas, diversos autores têm evidenciado a importância da sustentabilidade dessas empresas.[9,48] Outros autores argumentam que a gestão do conhecimento pode auxiliar essas empresas no alcance e manutenção da competitividade e sustentabilidade.[32]

As pequenas empresas não podem ser consideradas grandes empresas em tamanhos menores, elas diferem das grandes corporações em alguns aspectos.[21] Como qualquer tipo específico de organização, a pequena empresa tem características particulares. As especificidades das pequenas empresas revelam que elas enfrentam desafios inerentes a seu contexto e a suas características, diferentes dos desafios enfrentados pelas grandes empresas.[13,22]

Geralmente a direção é pouco especializada e a gestão ocorre de forma mais pessoal, não profissional e com grande influência do proprietário-dirigente. No entanto, ela é também mais ágil, enxuta e flexível que em grandes corporações, se adaptando melhor às transformações conjunturais de seu ambiente. As pequenas empresas têm uma relação mais estreita entre proprietário, empregados, fornecedores e clientes e comumente utilizam trabalho próprio ou de familiares. Normalmente, planejamento e investimento ocorrem no curto prazo. Na maior parte das vezes elas apresentam melhor desempenho que grandes corporações no que diz respeito a atividades que requerem habilidades ou serviços especializados.[10]

As características específicas da pequena empresa podem atuar tanto de forma positiva como negativa no que se refere à gestão do conhecimento. Essas empresas estão mais vulneráveis à perda de pessoal e, consequentemente à perda de conhecimento.[33] Elas buscam informação e conhecimento quando necessário, mas raramente realizam pesquisas de mercado, refinam, sistematizam e armazenam informações necessárias ao negócio.[12] A gestão é centralizada e há uma resistência à proposição de novas ideias, o que dificulta a participação das pessoas e a criação de um ambiente que gera novas ideias.[31] Menos recursos e especialistas, e menor poder de mercado também são características dessas organizações.[15] A maior dificuldade das pequenas empresas é a mudança da cultura organizacional, cujos valores ainda estão muito ligados a ativos tangíveis, dificultando a sugestão de ideias e colaboração.[42]

Diferentemente das grandes empresas, as pequenas não apresentam, em geral, uma política ou estratégia específica de gestão do conhecimento.[8,29] As pequenas empresas enfatizam o conhecimento tácito mais que as grandes empresas, entretanto, não há uma formalização, sistematização e disseminação. Às vezes, com receio de que o conhecimento saia da empresa, os gestores de pequenas empresas tentam dificultar o compartilhamento de conhecimento.[29]

Por outro lado, elas têm uma estrutura mais simples e menos burocrática que grandes empresas, são também mais flexíveis e dinâmicas, características necessárias no contexto atual de mercado em constantes mudanças, o que encoraja o empreendedorismo e a inovação.[22,27,31] Elas tomam decisões e se adaptam às mudanças do mercado mais rapidamente que grandes empresas.[30] Nas pequenas empresas o processo de contratação de pessoal é facilitado e a manutenção menos complexa o que simplifica a gestão.[34]

Muitas vezes, por não contar com um profissional especializado, a empresa é forçada a buscar informação e conhecimento a respeito de determinada tarefa, processo ou atividade, algo que geralmente gera a aprendizagem, essencial para a gestão e criação de conhecimento.[31]

A partir de ampla revisão teórica de diversas pesquisas sobre gestão do conhecimento nas pequenas empresas,[21] observam-se diferenças entre as pequenas empresas em três áreas — aspectos estruturais, comunicativos e qualitativos — que podem ser exploradas pelas pequenas empresas.

No que concerne aos aspectos estruturais, as pequenas empresas devem manter suas estruturas flexíveis e simples e os relacionamentos mais estreitos entre as pessoas, o que promove a confiança entre os trabalhadores, melhora a transferência de conhecimento e reduz o problema de perda de informação quando um funcionário deixa a empresa, e aumenta a redundância de informações, requisito essencial para criar conhecimentos.[6,19] Normalmente, essas empresas não têm uma política ou estratégia de gestão do conhecimento,[49] o que se torna uma barreira para o processo de transferência de conhecimento.[47] Elas relutam em buscar conhecimento no mercado, o que reduz o controle do mercado e da concorrência e dificulta a adaptação às mudanças do ambiente em que a empresa está inserida.[15]

No que tange aos aspectos da comunicação, as pesquisas demonstram que a linha de comunicação curta e informal melhora a transferência de conhecimento nas pequenas empresas.[30,35,46] Elas são altamente sociais e promovem comunicação dentro da organização produzindo um contexto social por meio do qual o conhecimento é compartilhado.[33] As pesquisas demonstram ainda que as pequenas empresas apresentam alto grau de socialização e a comunicação é muito ativa, criando um conhecimento dinâmico que não costuma ser codificado.[20]

Quanto aos aspectos qualitativos, as pequenas empresas têm um processo de tomada de decisão mais rápido, uma capacidade de customização e podem rapidamente aprender e se adaptar a novas rotinas e estratégias, traços culturais que fazem parte de um ambiente de compartilhamento e criação de conhecimento.[30]

Citados como principais fatores-chave necessários à gestão do conhecimento na pequena empresa, o incentivo e a recompensa pela transferência e criação de conhecimento por parte da gestão de recursos humanos e a criação de métricas específicas para a realidade delas podem alavancar esse processo.[20,46]

Os principais aspectos positivos e negativos para a gestão do conhecimento presente na pequena empresa estão resumidos no Quadro 1:

Quadro 1 » Gestão do conhecimento na pequena empresa

Gestão do conhecimento na pequena empresa	
Aspectos negativos	**Aspectos positivos**
Maior vulnerabilidade à perda de pessoal e, consequentemente, conhecimento	Estrutura mais horizontalizada, flexível e menos burocrática facilita a adaptação a novas situações
Não sistematiza ou formaliza informação e conhecimento	Não conta com profissional especializado, o que exige busca de conhecimento e gera aprendizagem
Cultura resistente à proposição de novas ideias e participação	Comunicação curta e informal auxilia a transferência de conhecimento
Menos recursos e especialistas	Alto grau de socialização e comunicação auxilia o compartilhamento de conhecimento
Menor poder de mercado	Relação mais estreita com funcionários gera confiança e propicia transmissão de conhecimento
Não tem estratégia específica de gestão do conhecimento	

> ALGUMAS CARACTERÍSTICAS ESPECÍFICAS DAS EMPRESAS DE PEQUENO PORTE, COMO ALTO GRAU DE CONFIANÇA, SOCIALIZAÇÃO CONSTANTE, COMUNICAÇÃO INFORMAL, BUSCA DE CONHECIMENTO EXTERNO E CONSEQUENTE APRENDIZAGEM E FLEXIBILIDADE PARA ABSORVER MUDANÇAS, FAVORECEM A GESTÃO E A CRIAÇÃO DE CONHECIMENTOS.

Com a literatura e pesquisas tratando quase que exclusivamente de iniciativas em grandes corporações, tem-se a impressão de que a gestão do conhecimento é algo aplicável somente a essas organizações ou algo difícil de ser implementado por pequenas empresas. Contudo, alguns autores têm demonstrado que a gestão do conhecimento pode ser implementada por pequenas empresas independentemente das restrições econômicas e financeiras às quais elas geralmente estão submetidas.

Ainda, alguns exemplos demonstram que não há necessidade de um alto investimento ou complexidade para implementar práticas que estimulem a gestão do conhecimento na pequena empresa: recompensas por participação e criação; satisfação do indivíduo no trabalho; trabalho em equipe e colaboração; incentivo à interação social e redes de interação como comunidades de prática e fóruns; atividades de busca e análise de informação como *benchmarking* e grupos de melhoria contínua, e criação de um ambiente favorável à criação de conhecimento.[32]

Alguns fatores que facilitam o desenvolvimento das práticas de gestão do conhecimento podem ser explorados por qualquer organização, independentemente de suas especificidades:[23]

- Uso de ferramentas tecnológicas de suporte às atividades de registro de informação auxilia algumas das práticas de gestão do conhecimento.
- Desenvolvimento de uma cultura pautada em valores voltados ao trabalho em equipe, à colaboração, à troca de conhecimentos e à busca pela aprendizagem.
- Apoio dos gestores no sentido de coordenar a iniciativa, orientar as pessoas e motivá-las a participar.
- Gestão dos recursos humanos no sentido de qualificar e treinar as pessoas quanto a novas práticas de gestão do conhecimento, oferecer oportunidades de participação a todos e reconhecer e recompensar as pessoas quando necessário.
- E, por fim, proporcionar uma infraestrutura que pode favorecer a gestão do conhecimento existente nas organizações por meio de uma tomada de decisão mais descentralizada que permite maior participação das pessoas em todos os níveis organizacionais; favorecer a comunicação em todos os sentidos, evitando que ela ocorra somente em uma única direção; e propiciar um ambiente físico e virtual que favorece a socialização, a colaboração e a troca de informação e conhecimentos entre as pessoas.

Assim, por meio de práticas e pequenas alterações de alguns aspectos organizacionais, que não exigem grande investimento ou profissional especializado, como, por exemplo, o favorecimento do trabalho em equipe de preferência ao trabalho individual, a pequena empresa pode administrar a informação e o conhecimento existentes dentro e fora de suas fronteiras para aplicá-los em seus produtos, processos e serviços, gerando vantagem competitiva, tal como empresas de grande porte têm feito nas últimas décadas.

CONSIDERAÇÕES FINAIS

A gestão do conhecimento não deve ser tratada como algo complicado pelas pequenas empresas, ela não exige, necessariamente, grandes investimentos em ferramentas tecnológicas ou consultores; e suas práticas podem ser tratadas com simplicidade.[43] Independentemente do porte da empresa, do foco, métodos e tecnologias utilizadas, a gestão do conhecimento pode auxiliar os resultados organizacionais, reduzir o risco de erro, acelerar a tomada de decisões, aumentar a participação e colaboração, gerar novos conhecimentos e inovação etc.[11]

A pequena empresa pode, ainda, aproveitar os aspectos inerentes a seu porte que lhe conferem vantagem em relação às empresas de grande porte e propiciam um ambiente favorável à troca de conhecimentos. Dessa forma, ela pode explorar: as vantagens de sua estrutura, geralmente mais flexível e horizontalizada do que comumente é encontrado em empresas de grande porte, permitindo melhor absorção das mudanças; as vantagens da relação mais estreita existente em empresas de pequeno porte, conferindo maior confiança para as pessoas trocarem conhecimentos e; principalmente, as vantagens do alto grau de socialização e da comunicação predominantemente informal, que propiciam o compartilhamento de informações e conhecimentos, influenciando os processos de aprendizagem e inovação.

REFERÊNCIAS

[1] ALAVI, M.; LEIDNER, D. Knowledge management and knowledge management systems: conceptual foundations and research issues. **MIS Quarterly**, v. 25, n. 6, p. 95-116, 2001.

[2] ALAVI, M.; LEIDNER, D. Knowledge management system: issues, challenges and benefits. **Communications of the Association for Information System**, v. 1, n. 7, p. 2-41, 1999.

[3] ANGELONI, M. T. Elementos intervenientes na tomada de decisão. **Ciência da Informação**, v. 32, n. 1, p. 17-22, 2003.

[4] BARBOSA, C. A. Relações públicas somente para grandes empresas? **Revista Brasileira de Comunicação Organizacional e Relações Públicas**, v. 3, n. 5, p. 135-151, 2006.

[5] BASSANI, D. T. L; NIKITIUK, S.; QUELHAS, O. A empresa como sede do conhecimento. **Revista Produção**, v. 13, n. 2, p. 42-56, 2003.

[6] BAUMARD, P. Tacit knowledge in professional firms: the teachings of firms in very puzzling situations. **Journal of Knowledge Management**, v. 6, p. 135-151, 2002.

[7] BEDÊ, M. A. (Coord.). **Onde estão as micros e pequenas empresas no Brasil.** São Paulo: SEBRAE, 2006.

[8] BEIJERSE, R. P. Knowledge management in small and medium-sized companies: knowledge management for entrepreneurs. **Journal of Knowledge Management**, v. 4, n. 2, p. 162-179, 2000.

[9] BELMONTE, D. L.; SCANDELARI, L.; FRANCISCO, A. C.; PILATTI, L. A. A gestão do conhecimento nas pequenas e médias empresas brasileiras. **Publicatio**, v. 13, n. 2, p. 121-125, dezembro de 2005.

[10] BIGATON, A. L. W. **Gestão estratégica da informação nas pequenas empresas**: estudo comparativo de casos em empresas do setor industrial de São José do Rio Preto-SP. 200p. Dissertação (Mestrado em Engenharia de Produção) - Escola de Engenharia de São Carlos, Universidade de São Paulo, 2005.

[11] CANAVARRO, M. Gestão do saber. Disponível em: <http://www.timaster.com.br/revista/materias/main_materia.asp?codigo=853>. Acesso em 19 janeiro 2016.

[12] CANEDO, M. T. P. **Condicionantes de desempenho em pequenas e médias empresas**: Um estudo empírico no setor de supermercados. Dissertação (Mestrado em Administração) - Faculdade de Economia, Administração e Contabilidade, Universidade de São Paulo, 1998.

[13] CÊRA, K.; ESCRIVÃO FILHO, E. **Particularidades de gestão da pequena empresa: condicionantes ambientais, organizacionais e comportamentais do dirigente.** *In*: EGEPE - Encontro de estudos sobre empreendedorismo e gestão de pequenas empresas. Brasília: Universidade Estadual de Maringá/Universidade Estadual de Londrina/Universidade de Brasília, p. 796-812, 2003.

[14] CHEN, M.; CHEN, A. Knowledge management performance evaluation: a decade review from 1995 to 2004. **Journal of Information Science**, v. 32, n. 1, p. 17-38, 2006.

[15] CHEN, S.; DUAN, Y.; EDWARDS J. S.; LEHANEY, B. Toward understanding inter-organizational knowledge transfer needs in SMEs: Insight from a UK investigation. **Journal of Knowledge Management**, v. 10, n. 3, p. 6-23, 2006.

[16] DAVENPORT, T. H.; PRUSAK, L. **Working knowledge: How organizations manage what they know.** Boston, MA: Harvard Business School Press, 1998.

[17] DAVENPORT, T.; PRUSAK, L. **Conhecimento empresarial**. Rio de Janeiro: Campus, 2003.

[18] DE LONG, D. W.; FAHEY, L. Diagnosing cultural barriers to knowledge management. **Academy of Management Executive**, v. 14, n. 4, p. 113-127, 2000.

[19] DESOUZA, K. C.; AWAZU, Y. Knowledge management at SMEs: five peculiarities. **Journal of Knowledge Management**, v. 10, n. 1, p. 32-43, 2006.

[20] DIPASQUALE, J.; MCINERNEY, C. R. Knowledge management in small- and medium-sized enterprises. **Journal of Information & Knowledge Management**, v. 9, n. 4, p. 341-353, 2010.

[21] DRUCKER, P. F. A **sociedade pós-capitalista.** São Paulo: Pioneira, 1993.

[22] EDVARDSSON, I. R.; DURST, S. The benefits of knowledge management in small and medium-sized enterprises. **Procedia-Social and Behavioral Sciences**, v. 81, p. 351-354, 2013.

[23] ESCRIVÃO, G. **Fatores críticos de sucesso e estágios da maturidade da gestão do conhecimento**: Um estudo na Embrapa. Tese (Mestrado em Engenharia de Produção) - Universidade Federal de São Carlos, 2015.

[24] EVANGELISTA, P.; ESPOSITO, E.; LAURO, V.; RAFFA, M. The adoption of knowledge management systems in small firms. **Electronic Journal of Knowledge Management**, v. 8, n. 1, p 33-42, 2010.

[25] GRANT, R. M. Toward a knowledge-based theory of the firm. **Strategic Management Journal**, v. 17, n. 7, p. 109-122, 1996.

[26] GROVER, V.; DAVENPORT, T. General perspectives on knowledge management: fostering a research agenda. **Journal of Management Information Systems**, v. 18, n. 1, p. 5-22, 2001.

[27] HANDZIC, M. Knowledge management in SMEs. **CACCI Journal,** v. 1, p. 1–11, 2006.

[28] HEDLUND, G. A model of knowledge management and the N-form corporation. **Strategic Management Journal**, v. 15, p. 73-90, 1994.

[29] HUTCHINSON, V.; QUINTAS, P. Do SMEs do knowledge management? Or simply manage what they know? **International Small Business Journal**, v. 26, n. 2, p. 131-154, 2008.

[30] KERSTE, R.; MUIZER, A. Effective knowledge transfer to SMEs: lessons from marketing and knowledge management. **Strategic Study**, B200202, EIM Zoetermeer, 2002.

[31] KRUGLIANNKAS, I. **Tornando a pequena e média empresa competitiva.** São Paulo: Instituto de Estudos Gerenciais, 1996.

[32] KRUGLIANSKAS, I.; TERRA, J. **Gestão do conhecimento em pequenas e médias empresas.** Rio de Janeiro: Campus, 2003.

[33] LIM, D.; KLOBAS, J. Knowledge management in small enterprises. **The Electronic Library,** v. 18, n. 6, p. 420-33, 2000.

[34] LONGENECKER, J. G.; MOORE, C. W. ; PETTY, J. W. **Administração de pequenas empresas:** Ênfase na gerência empresarial. São Paulo: Makron Books, 1997.

[35] MCADAM, R.; REID, R. SME and large organization perceptions of knowledge management: comparisons and contrasts. **Journal of Knowledge Management**, v. 5, n. 3, p. 231-41, 2001.

[36] NONAKA, I. The Knowledge-creating company. **Harvard Business Review**, v. 69, n. 6, p. 96-104, 1991.

[37] NONAKA, I.; TAKEUCHI, H. **The knowledge-creating company.** Nova York: Oxford University Press, 1995.

[38] NONAKA, I.; TOYAMA, R. The knowledge-creating theory revisited: knowledge creation as a synthesizing process. **Knowledge Management Research & Practice**, v. 1, n. 1, p. 2-10, 2003.

[39] POLANYI, M. (1962) The Republic of Science: Its Political and Economic Theory. **Minerva** 1(1), p. 54-73.

[40] POLANYI, M. (1967) The Growth of Science in Society. **Minerva**, 5(4), p. 533-545.

[41] RUS, I.; LINDVALL, M. Knowledge management in software engineering. **IEEE Software**, v. 19, n. 3, p. 26, 2002.

[42] SESERING, S.; MARTINS, A.; BULGARIM, M. C.; JULIANI, J. P. A gestão do conhecimento como uma ferramenta de competitividade para micro, pequenas e médias empresas. **Revista Científica Internacional**. Ano 4 - nº 16, janeiro/março de 2011.

[43] SOUZA, H. A. **Gestão do conhecimento na pequena empresa: A modelagem organizacional como ferramenta para gerir seu conhecimento e capital intelectual.** Dissertação (Mestrado em Engenharia de Produção) - Escola de Engenharia de São Carlos, Universidade de São Paulo, 2007.

[44] STEWART, T. A. **Capital intelectual**. Rio de Janeiro: Campus, 1998.

[45] STEWART, T. A. **Intellectual capital: the new wealth of organizations.** Nova York: Doubleday/Currency, 1997.

[46] SUPYUENYONG, V.; ISLAM, N.; KULKARNI, U. Influence of SME characteristics on knowledge management processes: The case study of enterprise resource planning service providers. **Journal of Enterprise Information Management**, v. 22, n. 1/2, p. 63-80, 2009.

[47] SZULANSKI, G. Exploring internal stickiness: impediments to the transfer of best practices within the firm. **Strategic Management Journal**, v. 17, p. 27-42, 1996.

[48] TERENCE, A. C.; ESCRIVÃO FILHO, E. Elaboração do planejamento estratégico: estudo e aplicação de um roteiro em pequenas empresas. **Revista da Micro e Pequena Empresa**, v. 1, n. 2, p. 34-50, 2011.

[49] UIT BEIJERSE, R. Knowledge management in small and medium-sized companies: Knowledge management for entrepreneurs. **Journal of Knowledge Management**, v. 4, n. 1, p. 162- 179, 2000.

[50] VON KROGH, G.; ICHIJO, K.; NONAKA, I. **Facilitando a criação do conhecimento:** reinventando a empresa com o poder da inovação contínua. Rio de Janeiro: Campus, 2001.

GESTÃO AMBIENTAL EM PEQUENAS EMPRESAS

PAULO SÉRGIO MARTINS

MARCELO SEIDO NAGANO

SÉRGIO AZEVEDO FONSECA

A gestão ambiental pode ser entendida como um conjunto de ações, tanto em termos estratégicos quanto operacionais, realizado pelas organizações de modo sistêmico e com o propósito de reduzir ou evitar os impactos ambientais negativos ocasionados por suas atividades.

As pequenas empresas possuem especificidades de gestão e de organização que as diferenciam das grandes empresas. Isso significa dizer que as empresas de menor porte não podem simplesmente empregar, em escala reduzida, soluções desenvolvidas por, e para, grandes organizações para enfrentar as diversas pressões relacionadas ao meio ambiente que se configuram em seu cenário organizacional.

Este capítulo aborda a gestão ambiental de forma particular ao segmento das pequenas empresas, apresentando fatores indutores e barreiras para a implementação de práticas ambientais. Desse modo, visa proporcionar um melhor entendimento de como as empresas de menor porte podem lidar com suas questões ambientais.

O MEIO AMBIENTE NO CONTEXTO ORGANIZACIONAL DAS PEQUENAS EMPRESAS

Atualmente, *stakeholders* como clientes, fornecedores, comunidades e governos são os principais responsáveis por pressões para a implementação de práticas empresariais que proporcionem melhores condições ambientais para o planeta. Empresas de grande porte, além de estarem mais preparadas para atender a esses requisitos, também adotam as ferramentas de gestão ambiental a partir de uma visão estratégica, buscando alcançar, simultaneamente, um melhor desempenho ambiental e econômico. Contudo, as pequenas empresas não dispõem dos mesmos instrumentos utilizados pelas grandes organizações para minimizar os impactos ambientais causados por suas atividades. Nesse cenário, desponta a importância de se compreender os fatores inerentes às pequenas empresas que potencialmente possam restringir ou estimular ações no campo ambiental.

Embora, individualmente, cada empresa de pequeno porte responda por apenas uma minúscula parcela da poluição global,[21] estima-se que a soma total do impacto negativo causado pelas pequenas empresas no meio ambiente seja substancial, podendo ser maior, inclusive, que os danos causados pelas grandes empresas.[9] O numeroso grupo de empresas de pequeno porte, na maioria dos países, aliado à baixa adoção de medidas ambientais, pode explicar a dimensão do impacto na natureza. Assim, essas empresas desempenham papel crítico para a resolução dos problemas ambientais, especialmente na esfera industrial. É imprescindível, portanto, que as operações das pequenas empresas se tornem ambientalmente amigáveis,[18] ou

> **NO ENTANTO, O PERCURSO PARA A ADOÇÃO E MANUTENÇÃO DE PRÁTICAS AMBIENTALMENTE RESPONSÁVEIS REVELA DESAFIOS SIGNIFICATIVOS ÀS PEQUENAS EMPRESAS. O MAIS CRÍTICO, PROVAVELMENTE, É SUPERAR AS DIVERSAS BARREIRAS QUE SURGEM QUANDO DA IMPLANTAÇÃO DAS FERRAMENTAS DE GESTÃO AMBIENTAL.**

seja, causem o mínimo dano possível ao ambiente natural. Uma forma pela qual as empresas de menor porte podem alcançar um melhor desempenho ambiental é por meio da implantação de atividades de gestão ambiental.

Os estudos sobre as pequenas empresas e o meio ambiente são escassos, tanto no Brasil quanto no exterior. Uma lacuna comum deixada pela maioria dos estudiosos dessa área consiste em não considerar as especificidades das pequenas empresas como fatores que podem exercer influência na adoção de práticas ambientais. Essas especificidades, abordadas no primeiro capítulo deste livro, têm grande importância para a elaboração de estratégias e programas voltados ao meio ambiente.

Nas seções seguintes, apresentaremos os principais fatores indutores e as principais barreiras da adoção de práticas ambientais pelas pequenas empresas. Em sequência, serão discutidas as ligações entre esses fatores com as especificidades de gestão e organização da pequena empresa: dirigente, organização e contexto.

FATORES INDUTORES DA GESTÃO AMBIENTAL EM PEQUENAS EMPRESAS

Em meio à grande relevância da discussão em torno do tema responsabilidade ambiental, uma importante indagação surgiu: O que motiva uma empresa a implantar atividades de gestão ambiental? Nesta seção, responderemos a este questionamento apresentando uma proposta de classificação de tais fatores para o segmento das empresas de pequeno porte.

O atendimento aos requisitos da legislação é visto como um dos mais importantes motivadores para o engajamento das pequenas empresas em iniciativas de gestão ambiental e, em alguns casos, esses requisitos são vistos como o principal elemento que conduz à mudança ambiental.[20] Contudo, as empresas que adotam práticas ambientais com o simples objetivo de atender à legislação têm uma postura meramente reativa. Desse modo, essas empresas, além de ficarem estagnadas no estágio inicial da gestão ambiental, que objetiva apenas controlar a poluição gerada, não conseguem vislumbrar vantagens econômicas dessa ação. O benefício de se cumprir a legislação repousa simplesmente em evitar punições e multas em decorrência de danos ambientais.

Nichos de mercado são vistos como oportunidades para encontrar consumidores dispostos a pagar um preço um pouco maior por produtos fabricados de maneira ambientalmente amigável. O mercado, então, absorveria parte do aumento dos custos decorrentes da fabricação de produtos verdes[3].

Saber utilizar estratégias para gerar inovações ambientais pode proporcionar uma rica oportunidade de internacionalização para as pequenas empresas, pois clientes lá fora com mentalidade ecológica desenvolvida podem demonstrar preferência por empresas que cuidem do meio ambiente.[14] Portanto, oferecer produtos ambientalmente corretos permite às empresas de menor porte diferenciar seus produtos, evitando competição sobre custos em que, geralmente, as grandes empresas levam vantagem pois desfrutam de economias de escala.[13]

Ademais, como um grande número de pequenas empresas está inserido em redes comandadas por grandes organizações, geralmente multinacionais, e essas empresas já adotaram ou adotarão normas de certificação ambiental,[15] as empresas de pequeno porte que almejam ser ou continuar suas parceiras como fornecedoras terão de adotar práticas ambientalmente sustentáveis. Logo, a demanda de clientes figura como importante motivador para os dirigentes de pequenas empresas implantarem atividades de gestão ambiental.

Quando as boas práticas ambientais são adotadas voluntariamente, as pequenas empresas podem obter simultaneamente um melhor desempenho ambiental e de negócios, de maneira a criar o que tem sido chamado de duplo dividendo do comportamento ambiental.[28] Com isso, essas empresas conseguem reduzir os impactos ambientais ocasionados por suas atividades e, ao mesmo tempo, auferir benefícios econômicos e financeiros em decorrência da redução de custos proporcionada pelo uso eficiente da água, energia, matérias-primas e recursos em geral. Há, ainda, a possibilidade de explorar novos mercados por intermédio da melhoria da imagem institucional da empresa e da oferta de novos produtos. Por isso, muitos dirigentes de pequenas empresas estão dispostos a se engajar em projetos ambientais se percebem ganhos econômicos potenciais.[4]

Por fim, encontra-se o interesse pessoal dos dirigentes-proprietários como um dos motivadores para a reforma ambiental.[19] Nesse caso, a preocupação ou ética do empresário com o meio ambiente se constitui em importante diretriz para guiar a empresa em sua estratégia. O fato de os dirigentes das pequenas empresas centralizarem a gestão se torna um ponto positivo para a disseminação de crenças e valores por toda a empresa. Isso tende a se tornar um facilitador para a implementação de práticas ambientais sustentáveis, pois as questões relacionadas ao meio ambiente passam a se tornar indissociáveis da atividade-fim da empresa. Apesar de incipiente, esse movimento de conscientização pode demonstrar que está ocorrendo uma mudança de paradigma no campo da gestão de negócios.

De acordo com a discussão apresentada, propõe-se um agrupamento dos fatores indutores da gestão ambiental em pequenas empresas em quatro categorias (figura 1).

Figura 1 » Fatores indutores da gestão ambiental em pequenas empresas

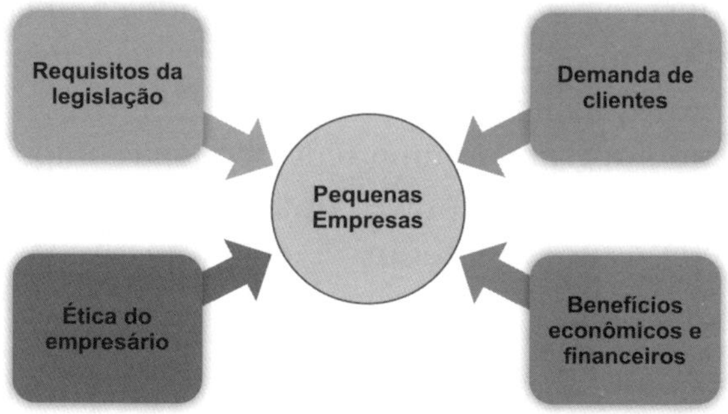

Para o atendimento aos requisitos da legislação temos uma abordagem meramente reativa. Com relação à demanda de clientes, uma empresa pode estar utilizando as atividades de gestão ambiental de modo tanto reativo quanto proativo, pois caso essa demanda seja na realidade uma pressão de fornecedores, a postura será reativa. Por outro lado, se o dirigente da empresa estiver vislumbrando uma oportunidade de diferenciação pelo atendimento a nichos de mercado, a empresa será proativa. Os outros dois fatores (benefícios econômicos/financeiros e ética do empresário) constituem um patamar mais elevado quanto às oportunidades e preocupações com relação às práticas empresariais e ao meio ambiente, abordagens exclusivamente proativas.

NESTE GRUPO DE INDUTORES DA GESTÃO AMBIENTAL, UMA IMPORTANTE DISTINÇÃO PODE SER FEITA COM RELAÇÃO À POSTURA DA EMPRESA COM O MEIO AMBIENTE, OU SEJA, SE É REATIVA OU PROATIVA.

BARREIRAS DA GESTÃO AMBIENTAL EM PEQUENAS EMPRESAS

Apesar de os recursos financeiros serem relevantes à interiorização da dimensão ambiental nas pequenas empresas, alguns estudos demonstram que a questão financeira não é sempre o principal fator para a adoção da gestão ambiental e que não pode ser considerada condição determinante para o desenvolvimento de uma estratégia competitiva baseada na proatividade ambiental.[13]

As pequenas empresas enfrentam diversas barreiras que dificultam ou impedem a adoção de atividades de gestão ambiental. Esses obstáculos podem ser internos ou externos à empresa.[10] Nas seções seguintes, apresentamos uma sistematização das principais barreiras identificadas na literatura de gestão ambiental e pequenas empresas.

FALTA DE CONSCIENTIZAÇÃO DOS BENEFÍCIOS DA GESTÃO AMBIENTAL

As razões para as pequenas empresas não se envolverem em boas práticas ambientais, além dos requisitos da legislação, ou de fazerem melhorias ambientais, podem estar relacionadas à falta de consciência das vantagens que podem advir da implementação da gestão ambiental em suas atividades de negócios[2] e/ou à percepção de que essas atividades são onerosas[25]. A responsabilidade ambiental é considerada uma carga extra à empresa[24] que, em muitos casos, não pode ser repassada aos seus clientes,[23] mostrando que, em uma relação custo/benefício, a vantagem da melhoria ambiental tende a ser superada pelo total de gastos.[28] Muitas vezes, dirigentes não esperam que um melhor desempenho ambiental possa ajudar a aumentar as vendas, melhorar a competitividade ou motivar funcionários[6], lembrando que o fundamental é a sobrevivência do negócio.[27]

FALTA DE CONHECIMENTO DOS DIRIGENTES NO CAMPO AMBIENTAL

Os dirigentes das pequenas empresas têm pouco conhecimento da gestão ambiental, em virtude, dentre outras razões, de uma escassez de treinamento ambiental.[22] Cabe destacar a dificuldade, por parte das empresas de menor porte, em saber como lidar com a legislação ambiental e, portanto, como cumpri-la.[8] Ademais, muitas facilidades como financiamento tecnológico, oportunidades de mercado e incentivos, bem como transferência de tecnologias ambientalmente amigáveis, também não são, habitualmente, de conhecimento deles.[17] Por isso, quando essas empresas manifestam o desejo de se tornarem mais responsáveis ambientalmente, elas não dispõem de conhecimento e habilidades[15] ou das soluções necessárias que lhes permitam integrar medidas ambientais às práticas empresariais.

INCONSCIÊNCIA DE DANOS AMBIENTAIS

Dirigentes de pequenas empresas frequentemente tratam as questões ambientais de nível global, como a mudança climática, como um tema abstrato e distante no espaço e no tempo, e para o qual assumem pouca responsabilidade.[16] Muitas vezes as atitudes dessas empresas são similares em relação ao meio ambiente, por exemplo, ao considerarem medidas de gestão ambiental como inapropriadas ou desnecessárias,[26] por desconhecerem a extensão de seus impactos[29] ou por terem a visão de que seus negócios não têm nenhuma relação com o problema ambiental. Assim, a maioria das empresas de menor porte percebe seus impactos no meio ambiente como ínfimos ou inexistentes.[1]

FALTA DE TEMPO DO DIRIGENTE

Barreiras para a implementação de ações ambientais também estão relacionadas à disponibilidade de tempo dos dirigentes.[25] A restrição de tempo pode ser considerada uma das mais desafiantes barreiras a ser superada pelas pequenas empresas com relação à adoção da gestão ambiental,[17] já que muitos dirigentes, apesar de posturas favoráveis ao meio ambiente, trabalham com longas jornadas diárias, não tendo tempo para realizar tarefas adicionais[20]. A disponibilidade de tempo está diretamente relacionada à capacidade do dirigente-proprietário para coletar e processar informações — incluindo as ambientais — de maneira efetiva; tendo tempo livre ele pode coletar mais informações, analisá-las e agir sobre elas.[21]

FALTA DE RECURSOS FINANCEIROS

O escasso desenvolvimento das pequenas empresas a respeito de suas práticas ambientais está intimamente ligado à carência de recursos financeiros.[26] Em diversos casos, os dirigentes dessas empresas não acreditam que os recursos para fazer as mudanças necessárias[11] estejam a seu alcance, especialmente pelo fato de que o custo de implantação de tecnologias de produção mais limpa ser consideravelmente alto quando comparado ao de tecnologias convencionais.[22] Assim, a restrição financeira reduz a probabilidade de as empresas de menor porte gerarem inovações ambientais[5]. E caso a empresa tenha o objetivo de adotar normas da série ISO 14000, é necessário o desembolso de volume significativo de recursos financeiros,[15] por vezes de maneira desproporcional em relação ao faturamento das pequenas empresas, podendo comprometer suas margens de lucro.[11]

CARÊNCIA DE RECURSOS HUMANOS

Os recursos humanos podem ser um fator mais preponderante do que os recursos financeiros para a implementação de sistemas de gestão ambiental nas pequenas empresas. A carência de recursos humanos e a natureza multifuncional do estafe tornam-se de importância crescente quando o tamanho da empresa diminui, não somente para a implementação, mas também para a manutenção dos sistemas de gestão ambiental.[10] Para adoção e aplicação de iniciativas verdes bem-sucedidas dentro de uma empresa, deve-se atribuir papéis aos respectivos responsáveis, tendo em conta os meios para realizar a tarefa prevista e a atribuição de tempo disponível para realizá-la. Ao abordar os recursos, vale a pena notar que essa característica multifuncional do pessoal, à qual é atribuída a responsabilidade ambiental nas pequenas empresas, pode se traduzir em importante barreira na tentativa de implementar a gestão ambiental. Em outras palavras, a maioria do pessoal dessas empresas tem obrigações adicionais como a gestão da produção ou da qualidade.[12]

BAIXA PRESSÃO DE CLIENTES

A falta de indagação ou interesse, por parte de clientes, a propósito de medidas de responsabilidade ambiental adotadas pelas pequenas empresas pode ser considerada como obstáculo à gestão ambiental,[25] posto que a pressão de clientes para as empresas se tornarem mais sustentáveis ambientalmente tem papel significativo. Não obstante as pequenas empresas estejam menos expostas às pressões públicas, em relação às grandes empresas, elas são fortemente influenciadas pelas atitudes e demandas ambientais de seus clientes.[24] Logo, a consciência ecológica dos clientes se torna importante para aumentar a demanda por produtos verdes e, por conseguinte, estimular as inovações ambientais nas empresas de menor porte.[5]

BARREIRAS DA GESTÃO AMBIENTAL E ESPECIFICIDADES DAS PEQUENAS EMPRESAS

Os fatores vistos nas seções anteriores têm o potencial de influenciar negativamente a adoção de práticas ambientais pelas pequenas empresas. Tais fatores constituem algumas das principais barreiras enfrentadas pelas empresas de pequeno porte quando buscam empreender ações no campo ambiental. Há que se mencionar, contudo, o fato de a maioria dos pesquisadores que identificaram esses obstáculos não terem relacionado esses fatores com as especificidades de gestão e de organização das pequenas empresas. Diante disso, apresenta-se aqui uma discussão das barreiras da gestão ambiental à luz das características inerentes às pequenas empresas, ou seja, considera-se os obstáculos que guardam ligação com ao menos uma das dimensões das especificidades de gestão e organização dessas empresas, conforme o Quadro 1.

Quadro 1 » Ligação entre barreiras da gestão ambiental e especificidades das pequenas empresas

Barreiras da gestão ambiental	Dirigente	Organização	Contexto
Falta de conscientização dos benefícios da gestão ambiental	X		
Falta de conhecimento dos dirigentes no campo ambiental	X		
Inconsciência dos danos ambientais	X		
Falta de tempo do dirigente	X		
Carência de recursos financeiros		X	
Carência de recursos humanos		X	
Baixa pressão de clientes			X

NESSE SENTIDO, O PRIMEIRO PASSO É CONSIDERAR AS CARACTERÍSTICAS INERENTES ÀS PEQUENAS EMPRESAS COMO FATORES QUE PODEM INFLUENCIAR SEU COMPORTAMENTO AMBIENTAL, POIS AS BARREIRAS PARA A IMPLANTAÇÃO DA GESTÃO AMBIENTAL EM PEQUENAS EMPRESAS PODEM SER DECORRENTES DE SUAS ESPECIFICIDADES.

Merece destaque o fato de que quase todos os fatores estão vinculados aos aspectos internos da gestão das pequenas empresas, ou seja, às especificidades do dirigente e da organização. Apenas a barreira “baixa pressão de clientes” aparece relacionada à dimensão do contexto externo. Isso torna claro que, pela literatura pesquisada, os fatores internos são os mais significativos para a adoção da gestão ambiental nas empresas de pequeno porte.

O objetivo principal de se fazer as associações representadas no Quadro 1 consiste em traçar um caminho para o estudo e implementação da gestão ambiental nas pequenas empresas. Em outras palavras: Se as empresas de menor porte apresentam especificidades, o que pode ser feito para melhorar sua gestão interna?

A Figura 2 mostra a representação das influências sofridas pelas empresas de pequeno porte quando do processo de implantação de práticas ambientais.

Figura 2 » Barreiras da implantação da gestão ambiental em pequenas empresas

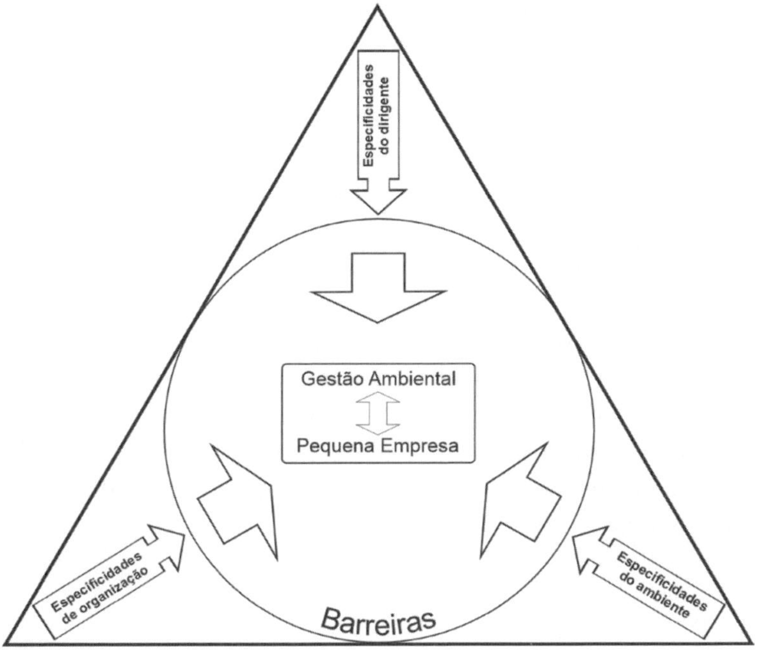

Desse modo, pode-se dizer que os efeitos causados nas empresas são potencializados. Por exemplo, a centralização da gestão nos dirigentes, uma das especificidades da pequena empresa, pode resultar em barreiras específicas à adoção da gestão ambiental, pois caso o empresário não tenha uma visão positiva sobre a necessidade de sua empresa contribuir para a mitigação de problemas ambientais, aspectos como a falta de conhecimento e falta de tempo podem ser superdimensionados.

Nessa mesma linha de raciocínio, as barreiras da gestão ambiental ligadas à carência de recursos financeiros e de recursos humanos estão intrinsecamente ligadas à dimensão organização das pequenas empresas, ou seja, a escassez de recursos é uma das características típicas desse segmento empresarial.

CONSIDERAÇÕES FINAIS

Apesar de existirem diversos benefícios decorrentes da implantação da gestão ambiental, as pequenas empresas encontram inúmeras barreiras que dificultam ou impedem a adoção de práticas ambientais. Isso nos leva a sugerir que o caminho a ser percorrido por essas empresas para se tornarem ambientalmente sustentáveis ainda é longo. Importante salientar o fato de que essas barreiras vão muito além da simples falta de recursos financeiros, uma vez que fatores como o pouco conhecimento dos dirigentes no campo ambiental, a ausência de pressões de clientes e a carência de recursos humanos podem ser aspectos ainda mais relevantes.

Sendo assim, conhecer os fatores que restringem as ações ambientais nas empresas de pequeno porte tem grande importância na formulação de políticas públicas voltadas à sua atenuação ou remoção, e visa, principalmente, apoiar a tomada de decisão dos dirigentes das pequenas empresas quanto à formulação das políticas ambientais de seus negócios.

Como os fatores internos das especificidades de gestão e organização das pequenas empresas, relacionados à gestão, recursos, competências organizacionais, entre outros, foram considerados como os mais críticos para a implantação da gestão ambiental, são eles, por conseguinte, os que merecem maior atenção.

REFERÊNCIAS

[1] BATTISTI, M.; PERRY, M. (2011). Walking the Talk? Environmental responsibility from the perspective of small-business owners. **Corporate Social Responsibility and Environmental Management**, 18, p. 172–185.

[2] BRAMMER, S.; HOEJMOSE, S.; MARCHANT, K. (2012). Environmental Management in SMEs in the UK: Practices, Pressures and Perceived Benefits. **Business Strategy and the Environment**, 21, p. 423–434.

[3] CAMBRA-FIERRO, J.; HART, S.; POLO-REDONDO, Y. (2008). Environmental respect: ethics or simply business? A study in the small and medium enterprise (SME) context. **Journal of Business Ethics**, v, 82, p. 645-656.

[4] CORDANO, M.; MARSHALL, R. S.; SILVERMAN, M. (2010). How do small and medium enterprises go "green"? A study of environmental management programs in the U.S. wine industry. **Journal of Business Ethics**, v. 92, n. 3, p. 463-478.

[5] CUERVA, M. C.; TRIGUERO-CANO, A.; CÓRCOLES, D. (2014). Drivers of green and non-green innovation: empirical evidence in Low-Tech SMEs. **Journal of Cleaner Production,** 68, p. 104-113.

[6] FERNÁNDEZ-VIÑE, M. B.; GÓMEZ-NAVARRO, T.; CAPUZ-RIZO, S. F. (2010). Eco-efficiency in the SMEs of Venezuela: Current status and future perspectives. **Journal of Cleaner Production,** 18, p. 736-746.

[7] HALILA, F.; TELL, J. (2013). Creating synergies between SMEs and universities for ISO 14001 certification. **Journal of Cleaner Production,** 48, p. 85-92.

[8] HERAS, I.; ARANA, G. (2010). Alternative models for environmental management in SMEs: the case of Ekoscan vs. ISO 14001. **Journal of Cleaner Production**, 18, p. 726-735.

[9] HILLARY, R. **Small and medium-sized enterprises and the environment***:* business imperatives. Sheffield: Greenleaf Publishing, 2000.

[10] HILLARY, R. (2004). Environmental management systems and the smaller enterprise. **Journal of Cleaner Production**, 12, p. 561-569.

[11] JOHANNSON, L. (1997). The challenge of implementing ISO 14001 for small and medium-sized enterprises surviving in the new global jungle. **Environmental Quality Management**, Winter, p. 9-19.

[12] LEE, K. H. (2009). Why and how to adopt green management into business organizations? The case study of Korean SMEs in manufacturing industry. **Management Decision**, 47(7), p. 1101-1121.

[13] MARTÍN-TAPIA, I.; ARAGÓN-CORREA, J. A.; RUEDA-MANZANARES, A. (2010). Environmental strategy and exports in medium, small and micro-enterprises. **Journal of Word Business**, 45(3), p. 266-275.

[14] MARTIN-TAPIA, I.; ARAGÓN-CORREA, J. A.; SENISE-BARRIO, M. E. (2008). Being green and export intensity of SMEs: the moderating influence of perceived uncertainty, **Ecological Economics**, 68, p. 56-67.

[15] MILES, M. P.; MUNILLA, L. S.; MCCLURG, T. (1999). The impact of ISO 14000 environmental management standards on small and medium sized enterprises. **Journal of Quality Management**, 4(1), p. 111-122.

[16] NORTH, P.; NURSE, A. (2014). "War Stories": Morality, curiosity, enthusiasm and commitment as facilitators of SMEs owner's engagement in low carbon transitions. **Geoforum**, 52, p. 32-41.

[17] RAO, P. et al. (2006). Environmental indicators for small and medium enterprises in the Philippines: an empirical research. **Journal of Cleaner Production**, 14, p. 505-515.

[18] RAO, P. et al. (2009). A metric for corporate environmental indicators... for small and medium enterprises in the Philippines. **Business Strategy and the Environment**, 18, p. 14-31.

[19] REVELL, A.; STOKES, D.; CHEN, H. (2010). Small business and the environment: turning over a new leaf? **Business Strategy and the Environment,** 19(5), p. 273-288.

[20] RUTHERFOORD, R.; BLACKBURN, R. A.; SPENCE, L. J. (2000). Environmental management and the small firm: an international comparison. **International Journal of Entrepreneurial Behaviour & Research**, 6(6), p. 310-325.

[21] SCHAPER, M. (2002). Small firms and environmental management: predictors of green purchasing in western Australian pharmacies. **International Small Business Journal**, 20(3), p. 235-251.

[22] SHI, H. et al. (2008). Barriers to the implementation of cleaner production in Chinese SMEs: government, industry and expert stakeholders' perspectives. **Journal of Cleaner Production**, 16, p. 842-852.

[23] SIMPSON, M.; TAYLOR, N.; BARKER, K. (2004). Environmental responsibility in SMEs: does it deliver competitive advantage? **Business Strategy and the Environment**, v. 13, p. 156-171.

[24] STUDER, S.; WELFORD, R.; HILLS, P. (2006). Engaging Hong Kong business in environmental change: drivers and barriers. **Business Strategy and the Environment**, 15, p. 416-431.

[25] TAMAJÓN, L. G.; AULET, X. F. (2013). Corporate social responsibility in tourism small and medium enterprises evidence from Europe and Latin America. **Tourism Management Perspectives**, 7, p. 38-46.

[26] TIKUL, N. (2014). Assessing environmental impact of small and medium ceramic tile manufacturing enterprises in Thailand. **Journal of Manufacturing Systems**, 33, p. 1-6.

[27] TRIANNI, A.; CAGNO, E.; WORRELL, E. (2013). Innovation and adoption of energy efficient technologies: An exploratory analysis of Italian primary metal manufacturing SMEs. **Energy Policy**, 61, p. 430-440.

[28] WORTHINGTON, I.; PATTON, D. (2005). Strategic intent in the management of the Green environment within SMEs. **Long Range Planning**, 38, p. 197-212.

[29] ZORPAS, A. (2010). Environmental management systems as sustainable tools in the way of life for the SMEs and VSMEs. **Bioresource Technology**, 101, p. 1544-1557.

A

B

C

I

K

L

M

N

O

P